广东财经大学学术文库

公司治理视角下

中国上市公司高管超额薪酬问题研究

陈晓珊 ◎ 著

中国财经出版传媒集团
经济科学出版社
Economic Science Press
·北京·

图书在版编目（CIP）数据

公司治理视角下中国上市公司高管超额薪酬问题研究／陈晓珊著．－－北京：经济科学出版社，2025.6.
ISBN 978－7－5218－6978－1
Ⅰ．F279.246

中国国家版本馆 CIP 数据核字第 202554QW84 号

责任编辑：何　宁　王文泽
责任校对：郑淑艳
责任印制：张佳裕

公司治理视角下中国上市公司高管超额薪酬问题研究
GONGSI ZHILI SHIJIAOXIA ZHONGGUO SHANGSHI GONGSI
GAOGUAN CHAOE XINCHOU WENTI YANJIU
陈晓珊　著
经济科学出版社出版、发行　新华书店经销
社址：北京市海淀区阜成路甲 28 号　邮编：100142
总编部电话：010－88191217　发行部电话：010－88191522
网址：www.esp.com.cn
电子邮箱：esp@esp.com.cn
天猫网店：经济科学出版社旗舰店
网址：http://jjkxcbs.tmall.com
北京季蜂印刷有限公司印装
710×1000　16 开　13.5 印张　210000 字
2025 年 6 月第 1 版　2025 年 6 月第 1 次印刷
ISBN 978－7－5218－6978－1　定价：65.00 元
（图书出现印装问题，本社负责调换。电话：010－88191545）
（版权所有　侵权必究　打击盗版　举报热线：010－88191661
QQ：2242791300　营销中心电话：010－88191537
电子邮箱：dbts@esp.com.cn）

前言

我国上市公司高管获得"天价薪酬"的现象引起社会各界的广泛关注。最优契约理论认为,董事会建立基于公司业绩的薪酬制度把股东与高管的利益联系起来,有助于降低由于信息不对称引致的代理成本,从而提升公司治理水平。高管的薪酬契约敏感性越高,意味着公司业绩的增长大部分应归功于高管的努力,此时高管获得的高薪是高管的能力和努力工作的合理性补偿。然而,这一观点却不断受到管理层权力理论的挑战。管理层权力理论指出,高管获得超额薪酬实质上是高管利用权力扭曲薪酬契约并谋取私利的证据。高管薪酬契约中存在一部分与业绩脱钩的报酬,即使公司业绩不好,高管也可以获得超额薪酬。此时的超额薪酬是高管干预董事会的薪酬契约设计,导致薪酬契约偏离有效的激励约束,从而获得超过正常谈判所得的收入,被视为是股东与高管之间的代理成本。

上述两种关于高管超额薪酬理论的观点分歧,构成了本书写作的初衷。而通过文献追踪和梳理发现,既有研究未能从根本上厘清高管超额薪酬的本质和理论内涵,进一步推动了本书的写作。本书综合运用产业组织理论、博弈论、微观经济学、管理学、公司金融学、心理学等多个学科的基本理论与原理,基于公司治理视角对中国上市公司高管超额薪酬问题进行了深入的跨学科综合性研究,并主要通过公司内部治理机制、外部治理机制和联合治理机制三个维度的剖析来尝试性解答关于高管超额薪酬的本质和影响因素,从而明确目前我国上市公司高管超额薪酬的理论内涵,为更好提升上市公司治理水平的顶层设计提供学理支撑和决策参考。考虑到2018年之前,高管市场化薪酬体系并不完善,高管获取超额薪酬的现象频发,而2018年中国证监会修订并发布了《上市公司治理准则》,明确上市公司应当建立薪酬与公司绩效、个人业绩相联系的机制,由此,本书将大部分数据分析研究聚焦于2017年及之前的时期可以更好地捕捉高管超额薪酬的典型事实。基于上述写作思路,本书的主要内容包括以下四个部分共计七个章节。

"理论基础"部分：本书第一章为导论，主要介绍本成果的研究背景、研究意义、研究思路、研究内容、研究方法及创新之处；本书第二章首先对高管超额薪酬的核心概念和指标刻画进行界定与解析，同时梳理公司治理领域内相关经典理论的演化脉络，进而对研究框架所涉及的相关文献进行持续追踪和梳理，以明确高管薪酬研究动态并掌握文献的研究技巧。

"典型事实"部分：本书第三章首先结合我国劳动者工资分配制度和国有企业的改革历程，梳理我国上市公司薪酬制度的演变和高管薪酬契约设计的发展脉络，进而明确薪酬制度的改革方向；其次结合实践数据对我国上市公司高管薪酬的特征性事实进行描述性统计分析，剖析我国上市公司高管薪酬制度、薪酬水平、薪酬结构的现状及存在的问题。

"实证依据"部分：本书第四章分别从内部控制质量、冗员负担、独立董事薪酬激励、实际控制人境外居留权特征等内部治理机制视角，实证分析公司内部治理与高管超额薪酬之间的相关关系及其作用机制；本书第五章分别从机构投资者持股和产品市场竞争等外部治理机制视角，实证分析公司外部治理与高管超额薪酬之间的相关关系及其作用机制；本书第六章从治理机制的联合使用视角，实证分析公司联合治理与高管超额薪酬之间的相关关系、各治理机制间关于公司治理效应的相互关系，以及具体的作用机制等。上述三个实证章节构成本研究成果的核心内容。

"政策建议"部分：本书第七章首先归纳总结前文关于理论与实证研究的结论，进而在研究结论的基础上分别基于政府层面和企业层面提出相应的政策建议，并对未来的研究计划作进一步展望。

本书将公司内部治理机制、外部治理机制和联合治理机制三个维度与高管超额薪酬纳入同一个分析框架，是对既有文献的有益补充。在理论价值上，本书既拓展了高管超额薪酬问题的研究视野，也深化了对高管超额薪酬本质的理解。在实践价值上，本书的研究结论为我国上市公司更好地完善治理框架提供了理论支撑和经验证据，与此同时，对于政府部门持续完善法治建设、充分发挥"引导人"角色、积极营造良好的市场竞争环境等均有着重要的启示意义。

目录

第一章　导论 ··· 1
第一节　研究背景与研究意义 ······································· 1
第二节　研究思路与研究内容 ······································· 3
第三节　研究方法 ·· 6
第四节　创新之处 ·· 7

第二章　理论基础与文献综述 ··· 9
第一节　概念界定与指标衡量 ······································· 9
第二节　理论基础 ·· 10
第三节　文献综述 ·· 13
第四节　文献评述 ·· 22

第三章　中国上市公司高管薪酬的制度背景和现状 ········ 24
第一节　中国上市公司高管薪酬制度背景 ················· 24
第二节　中国上市公司高管薪酬现状 ························· 25

第四章　公司内部治理与高管超额薪酬 ··························· 39
第一节　公司内部治理与高管超额薪酬：内部控制质量视角 ······ 39
第二节　公司内部治理与高管超额薪酬：冗员负担视角 ·········· 59
第三节　公司内部治理与高管超额薪酬：独立董事薪酬激励视角 ··· 74
第四节　公司内部治理与高管超额薪酬：实际控制人境外居留权视角 ··· 92

第五章 公司外部治理与高管超额薪酬 …… 118
第一节 异质个体机构投资者持股与高管超额薪酬 …… 118
第二节 产品市场竞争、机构投资者持股与高管超额薪酬 …… 139

第六章 公司联合治理与高管超额薪酬：高管薪酬契约有效性视角 …… 157
第一节 引言 …… 157
第二节 理论模型 …… 160
第三节 理论分析与研究假设 …… 166
第四节 研究设计 …… 169
第五节 实证分析 …… 172
第六节 机制分析：基于企业生命周期视角 …… 181
第七节 本章小结 …… 183

第七章 研究结论和政策建议 …… 186
第一节 研究结论 …… 186
第二节 政策建议 …… 188
第三节 研究不足与未来展望 …… 191

参考文献 …… 194

第一章 导　　论

第一节　研究背景与研究意义

一、研究背景

现代公司制度的确立使得公司的所有权与经营权相分离,"两权分离"让高管拥有公司主要的经营控制权,虽然有助于高管在工作过程中权责分明,但信息不对称容易导致高管产生管理松懈。拥有经营控制权的高管作为理性的经济人,有着强烈的动机利用其权力影响董事会对其薪酬契约的制定过程,与此同时也有可能利用各种短视投资项目谋取私人利益。这不仅会增加代理成本,也会加大企业内部的薪酬差距,进而影响员工的工作积极性并最终损害企业的发展。时有关于我国上市公司高管获得"天价薪酬"的新闻报道,使得高管超额薪酬问题成为学者们关注和研究的热点话题。

2024年5月30日,《中国企业家价值报告(2024)》正式发布。该报告指出,在可统计范围内,2023年我国上市公司高管年薪排名前十的公司为药明康德(603259)、迈瑞医疗(300760)、伊利股份(600887)、百济神州(688235)、聚和材料(688503)、美的集团(000333)、江瀚新材(603281)、传音控股(688036)、TCL科技(000100)、梅花生物(600873)。其中,药明康德(603259)董事长李革年薪达4196.86万元。

最优契约理论认为,董事会建立基于公司业绩的薪酬制度把股东与高管的利益联系起来，有助于降低公司由于信息不对称引致的代理成本，从而提升公司治理水平。高管的薪酬契约敏感性越高，意味着公司业绩的增长大部分应归功于高管的努力，此时高管获得的高薪是高管的能力和努力工作的合理性补偿。在上述理论支撑下，我国大部分上市公司已基本建立基于公司业绩的市场化薪酬契约。然而，"业绩型薪酬契约"的设计存在这样一个悖论，即当公司业绩提升时，高管薪酬确实能够得到相应的提升，但是当公司业绩下滑时，却难以有效降低高管薪酬（刘运国等，2024）。相关研究表明，高管会将公司业绩的上升归功于自己的努力，以此要求更高的报酬，相反地，公司业绩下滑时高管又常常会以生产成本上升、外部市场竞争加剧等外部因素为由将业绩下滑归因于外部环境的恶化，以此推脱责任（王永恒等，2024）。这种高管薪酬在企业业绩上升时的增加幅度远大于企业业绩下滑时的减少幅度的现象被称为高管薪酬粘性（孙世敏和张汉南，2021；王静等，2022；张易等，2023）。据东方财富 Choice 数据显示，2022 年将近一半的 A 股上市公司业绩同比下降，但在公司总经理的薪酬方面，却呈现出涨薪多于降薪的情况。由此可见，由于高管薪酬粘性的存在，上市公司基于本企业业绩对高管能力进行评价的机制并不完善。

此外，随着理论的演进和发展，相关学者也指出，最优契约理论的成立有严格的前提条件，即公司董事会存在有效的谈判能力、公司外部市场存在有效的约束力、公司内部股东存在有效的控制力。在上述条件不完全满足的情况下，管理层都会通过其所掌握的控制权力对公司剩余控制权进行扩张，从而利用其日益膨胀的管理层权力谋取私人利益。管理层权力理论指出，高管获得超额薪酬实质上是高管利用权力扭曲薪酬契约并牟取私利的证据。高管薪酬契约中存在一部分与业绩脱钩的报酬，即使公司业绩不好，高管也可以获得超额薪酬。此时的超额薪酬是高管干预董事会的薪酬契约设计，导致薪酬契约偏离有效的激励约束，从而获得超过正常谈判所得的收入，被视为是股东与高管之间的代理成本。

综上所述，在我国的具体实践中，上市公司高管获得超额薪酬究竟是其努力工作的合理性补偿还是利用权力谋取的私人利益？这是本书要重点回答的问题。本书将综合运用产业组织理论、博弈论、微观经济学、管理学、公司金融学、心理学等多个学科的基本理论与原理，基于公司治理视角对中国上市公司高管超额薪酬问题进行深入的跨学科综合性研究，试图通过公司内部治理机制、外部治理机制和联合治理机制三个维度的剖析来尝试性解答关于高管超额薪酬的本质和影响因素，从而明确我国上市公司高管超额薪酬的理论内涵，为更好提升上市公司治理水平的顶层设计提供学理支撑和决策参考。

二、研究意义

本书基于最优契约理论和管理层权力理论构建关于公司治理机制与高管超额薪酬的理论分析框架，进而基于公司治理视角选择上市公司的微观层面数据实证检验公司内部治理机制、外部治理机制、联合治理机制与高管超额薪酬之间的相关关系及其背后的作用机制，对于理论发展和实践操作均具有重要的意义。

在理论价值上，本书将从公司内部治理机制、外部治理机制、联合治理机制三个维度与高管超额薪酬纳入同一个分析框架，是对既有文献的有益补充。本书既拓展了高管超额薪酬问题的研究视野，也深化了对高管超额薪酬本质的理解。

在实践价值上，本书基于公司治理视角深入研究高管超额薪酬的理论内涵与影响因素，研究结论有助于从微观层面厘清最优契约理论与管理层权力理论的观点分歧，明确高管超额薪酬作为公司代理成本的本质，为我国上市公司完善公司治理体系的顶层设计提供学理支撑与决策参考，与此同时，对于政府部门持续完善法治建设、充分发挥"引导人"角色、积极营造良好的市场竞争环境等均有着重要的启示意义。

第二节 研究思路与研究内容

一、研究思路

本书的研究思路主要基于"现实背景→理论基础→典型事实→实证依

据→政策建议"这一主线开展,具体而言:

从"现实背景"出发,本书主要通过关注上市公司政策文件、浏览财经时事、阅读财经报纸等渠道了解我国上市公司的监管制度,以掌握现实背景,从而明确本书研究主题的理论意义和实践价值。

从"理论基础"出发,本书首先对本书主题所涉及的核心名词进行概念界定,并对指标的衡量方法进行解析;其次,结合研究主题,对涉及的领域内经典公司治理理论的演化脉络进行有序梳理和归纳,明确各理论的中心思想及火花碰撞点,进而确定本书研究视角的价值、创新性及必要性,重点通过理论的比较细化本书的分析框架;最后,重点对本书的研究框架所涉及的相关文献进行持续追踪和梳理,以明确研究情况并掌握文献的研究技巧,与此同时,通过文献的评述突出本书的创新性。

从"典型事实"出发,本书首先梳理我国上市公司薪酬制度的演变和高管薪酬契约设计的发展脉络,以明确薪酬制度的改革方向;其次,结合实践数据对我国上市公司高管薪酬和公司治理的特征性事实进行描述性统计分析,剖析我国上市公司高管薪酬的情况,为实证研究奠定基础事实。

从"实证依据"出发,本书设计三章丰富的实证内容,分别从内部治理、外部治理、联合治理三个维度深入剖析上市公司高管超额薪酬的理论内涵和影响因素,为我国上市公司更好地完善公司治理、监管部门更好地健全监管制度等提供经验证据。

从"政策建议"出发,本书属于应用性研究,其实践意义在于通过研究给出建设性建议,从而服务于决策部门。

二、研究内容

结合上述研究思路,本书的主要内容包括以下四个部分,共计七个章节:

作为本研究成果的"理论基础"部分:第一章为导论,主要介绍本书的研究背景、研究意义、研究思路、研究内容、研究方法及创新之处等;第二章先对高管超额薪酬、公司治理机制等涉及的相关名词进行明确的概念界定，进而结合既有文献的研究技巧，选择合适的指标进行刻画；与此同时，追踪和梳理产权理论、信息不对称理论、委托—代理理论、最优契约理论、管理层权力理论等公司治理领域内相关经典理论的演化脉络，厘清各经典理论的中心思想和主要观点，比较和提炼理论思想的主要碰撞点。此外，重点对本书研究框架中所涉及的国内外理论与实证文献进行持续追踪和梳理，了解研究情况并掌握文献的研究技巧，最后归纳总结出现有文献的研究思路、研究视角、研究贡献和研究不足等，以凸显本书的创新之处。

作为本研究成果的"典型事实"部分：第三章首先结合我国劳动者工资分配制度和国有企业的改革历程，梳理我国上市公司薪酬制度的演变和高管薪酬契约设计的发展脉络，进而明确薪酬制度的改革方向；其次，结合实践数据对我国上市公司高管薪酬的特征性事实进行描述性统计分析，剖析我国上市公司高管薪酬制度、薪酬结构、薪酬水平等的状况及存在的问题。

作为本研究成果的"实证依据"部分：第四章分别从内部控制质量、冗员负担、独立董事薪酬激励、实际控制人境外居留权特征等内部治理机制视角，实证分析公司内部治理与高管超额薪酬之间的相关关系及其作用机制；第五章分别从机构投资者持股和产品市场竞争等外部治理机制视角，实证分析公司外部治理与高管超额薪酬之间的相关关系及其作用机制；第六章从治理机制的联合使用视角，实证分析公司联合治理与高管超额薪酬之间的相关关系、各治理机制间关于公司治理效应的相互关系，以及具体的作用机制等。上述三个实证章节构成本研究成果的核心内容，笔者试图从内部治理机制、外部治理机制、联合治理机制三个维度剖析高管超额薪酬的理论内涵和影响因素，从而明确高管超额薪酬的本质，为上市公司更好地健全公司治理体系、政府部门进一步完善监管制度等提供经验证据和决策启示。

作为本研究成果的"结论"部分：第七章首先归纳总结前文关于理论与实证研究的结论，进而在研究结论的基础上分别基于政府层面和企业层面提出相应的政策建议，并对未来的研究计划作进一步展望。

具体研究内容如图 1-1 所示。

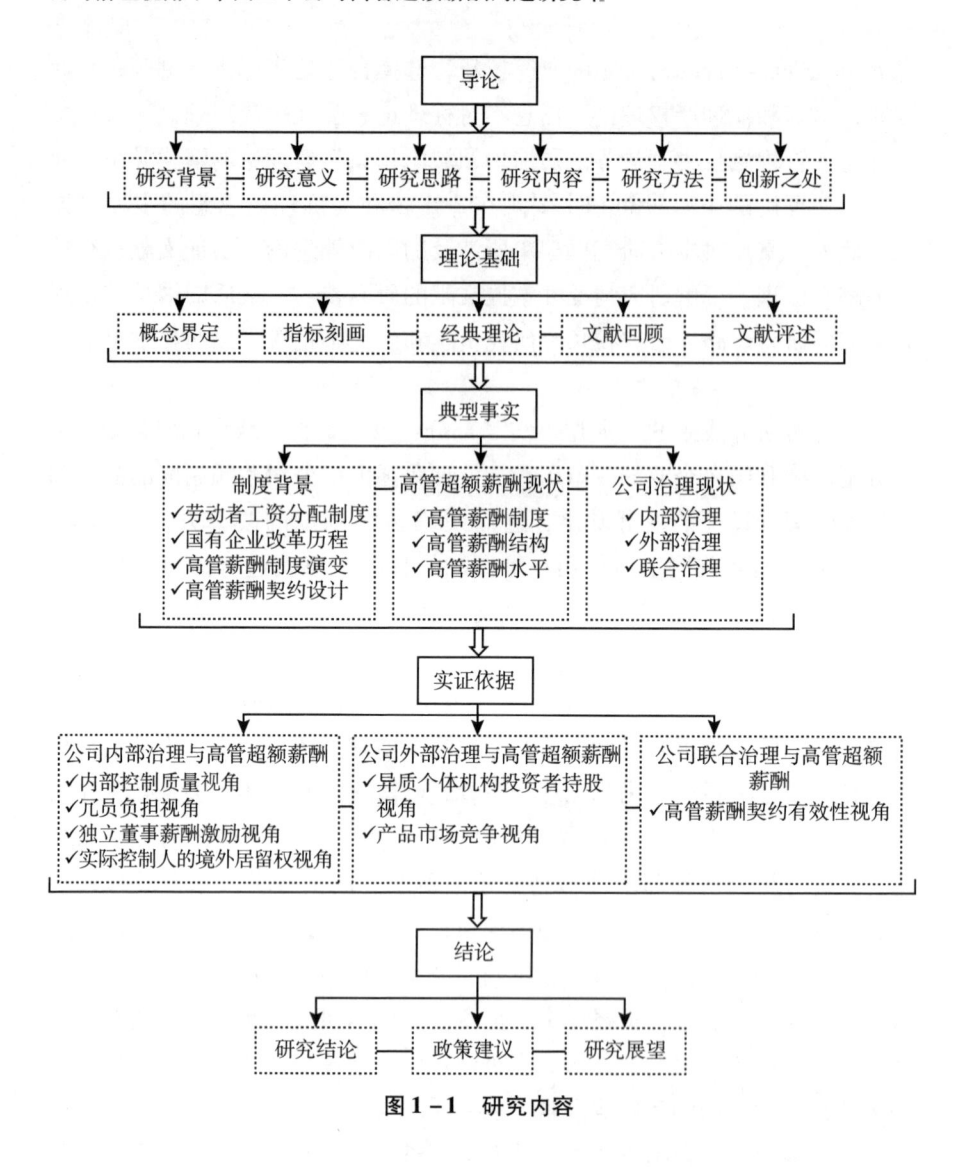

```
                          ┌─────────┐
                          │  导论   │
                          └────┬────┘
    ┌──────┬──────┬──────┼──────┬──────┐
  研究背景 研究意义 研究思路 研究内容 研究方法 创新之处

                          ┌─────────┐
                          │ 理论基础 │
                          └────┬────┘
       ┌──────┬──────┬──────┬──────┐
    概念界定 指标刻画 经典理论 文献回顾 文献评述

                          ┌─────────┐
                          │ 典型事实 │
                          └────┬────┘
```

制度背景	高管超额薪酬现状	公司治理现状
✓劳动者工资分配制度 ✓国有企业改革历程 ✓高管薪酬制度演变 ✓高管薪酬契约设计	✓高管薪酬制度 ✓高管薪酬结构 ✓高管薪酬水平	✓内部治理 ✓外部治理 ✓联合治理

```
                          ┌─────────┐
                          │ 实证依据 │
                          └────┬────┘
```

公司内部治理与高管超额薪酬	公司外部治理与高管超额薪酬	公司联合治理与高管超额薪酬
✓内部控制质量视角 ✓冗员负担视角 ✓独立董事薪酬激励视角 ✓实际控制人的境外居留权视角	✓异质个体机构投资者持股视角 ✓产品市场竞争视角	✓高管薪酬契约有效性视角

```
                          ┌─────────┐
                          │   结论  │
                          └────┬────┘
             ┌───────────┼───────────┐
          研究结论     政策建议     研究展望
```

图 1-1 研究内容

第三节 研究方法

本书综合运用产业组织理论、博弈论、微观经济学、管理学、公司金融学、心理学等多个学科的基本理论与原理，基于公司治理视角对中国上市公司高管超额薪酬问题进行了深入的跨学科综合性研究，综合运用了文献分析法（主要应用于第二章）、定性分析与定量分析相结合及比较分析法（主要应用于第三章）、理论分析与实证分析相结合（主要应用于第四章至第六章）、规范分析法（主要应用于第七章）等多种研究方法。

第四节　创新之处

一、研究视角创新

本书以最优契约理论和管理层权力理论的观点分歧为导向，基于公司治理视角深入剖析中国上市公司高管超额薪酬的理论内涵和影响因素。从公司内部治理机制、外部治理机制、联合治理机制多个维度提出相应的对策建议，形成对高管获得超额薪酬的整体认知，拓展高管超额薪酬问题的研究视野，指出高管获得超额薪酬的实践来源，为上市公司进一步完善公司治理体系的顶层设计提供学理支撑与决策参考。

二、研究内容创新

区别于既有文献，本书属于交叉学科的综合性研究，并主要基于"现实背景→理论基础→典型事实→实证依据→政策建议"这一主线开展研究。整体内容丰富，涵盖制度现状剖析、理论基础阐述、特征事实分析、博弈模型构建、理论模型构建、计量实证、经验启示等多个方面。尤其是将计量实证作为核心章节，本书分别从内部治理机制、外部治理机制、联合治理机制三个维度进行剖析，所选择的治理机制均具有重要的代表性，能基本涵盖公司治理视角。

三、研究方法创新

本书综合运用产业组织理论、博弈论、微观经济学、管理学、公司金融学、心理学等多个学科的基本理论与原理，综合运用了文献分析法、定性分析与定量分析相结合、理论分析与实证分析相结合、比较分析法以及规范分析法等多种研究方法。其中，在基于独立董事薪酬激励视角研究公司内部治理与高管超额薪酬之间的相关关系时，本书运用产业组织理论领域内的博弈论方法，构建一个参与人分别为独立董事和高管的双方静态博弈模型。通过运用博弈论和计量统计相结合的方法进行研究，有效弥补了既有文献缺乏理论数理依据的局限性。

第二章 理论基础与文献综述

第一节 概念界定与指标衡量

现代公司制度确立后，上市公司经营权与控制权相分离不可避免地导致股东与高管之间的代理问题。根据最优契约理论的思想，将高管的薪酬与企业业绩紧密挂钩可以保证股东与高管的利益趋向一致，降低代理成本。然而，我国上市公司的董事会可能因自身的规模或结构问题，在公司治理中有时不能发挥相应的监督职能，出现董事会虚设的问题；此外，理性的高管也容易利用手中的控制权去调整薪酬契约的制定过程，进而谋取超额薪酬（Brick et al., 2006；郑志刚等，2012），由此导致高管的"业绩型薪酬契约"并不完全有效。

关于上市公司高管获得"天价薪酬"的现象[①]以及公司处于低谷时期的高管仍能获得高薪的"薪酬倒挂"现象[②]均引发了社会公众的广泛关注。外界关注的焦点是：高管所获得的高额薪酬是否为其努力经营的合理所得以及企业的业绩能否真正反映高管的努力程度？事实上，高管的"业绩型薪酬契约"中可能包含了与高管努力程度无关的"噪声"[③]，拥有控

[①] 据商汤科技在港交所发布的招股书中披露，2021年上半年，商汤科技高管徐立、王晓刚、徐冰的薪酬分别为5.12亿元、3.75亿元和3.05亿元，总计达到11.93亿元。据同花顺iFinD统计，2023年度药明康德董事长、实际控制人李革，税前年薪为4196.86万元。

[②] 根据中邮人寿发布的第四季度偿付能力报告，2023年中国邮政集团旗下的中邮人寿亏损额达114亿元，但其高管最高薪酬达414万元，对比2022年薪资涨幅超90%。

[③] 高管薪酬契约中的"噪声"包罗万象，譬如经济危机导致市场需求下降、自然灾害导致市场不景气等引起企业业绩下降的行业或者风险因素都属于高管无法控制的外部"噪声"，除此之外，诸如政府补助、外部捐赠等有助于提升企业业绩的因素同样是与高管努力程度无关的"噪声"。

制权的高管会利用对自己有益的"噪声"谋取私人利益，即通过非经常性损益进行盈余操纵进而提高自身薪酬（刘俊等，2016）。因此，本书界定，高管超额薪酬是指高管利用手中的控制权谋取私人利益或者寻租董事会所获得的超过预期正常薪酬的异常收入（Bebchuk and Fried，2003；Bebchuk et al.，2010）。

关于高管超额薪酬的衡量，本书主要借鉴科尔等（Core et al.，2008）、陈晓珊和刘洪铎（2019）的做法构建模型（2-1）进行回归估计，得到预期的高管正常薪酬水平，再采用实际的高管薪酬水平减去模型估算得到的预期的正常薪酬水平，便可得到高管超额薪酬（overpay）。高管超额薪酬水平的估算模型设定如下：

$$\begin{cases} pay_{i,t} = \beta_0 + \beta_1 \sum con_{i,t} + \sum year_t + \sum industry_i + \varepsilon_{i,t} \\ overpay_{i,t} = pay_{i,t} - \hat{pay}_{i,t} \end{cases} \quad (2-1)$$

其中，变量 pay 表示高管绝对薪酬，本书选择上市公司年报中披露的"薪酬最高前三名高管的薪酬总额"取其自然对数进行衡量。$\sum con$ 为控制变量组，主要控制公司规模、总资产收益率、资产负债率、董事长与总经理两职兼任、第一大股东持股比例、董事会规模、监事会规模等。变量 year、industry 分别为年份和行业哑变量，当对应某一年度、某一行业时，year、industry 分别取值 1，否则取值 0。

第二节 理论基础

伯利和米恩斯（Berle and Means，1932）是最早讨论公司治理问题的文献。该文献指出，上市公司所有权分散促使高管成为公司的实际决策者，但作为理性经济人，高管的利益却并未与股东保持一致。在该文献的基础上，詹森和麦克林（Jensen and Meckling，1976）进一步分析发现，高管与股东之间存在代理冲突，并且高管存在机会主义行为。通过文献追踪和梳理，发现我国上市公司治理问题的经典理论包括产权理论、信息不对称理论、委托—代理理论、最优契约理论，以及管理层权力理论等。

一、产权理论

产权理论（theory of property）由诺贝尔经济学奖得主罗纳德·哈里·科斯（Ronald H. Coase）提出，其主要理论贡献是引入了交易费用的概率，强调了产权明晰的重要性，并形成科斯三大定理。科斯于1937年和1960年发表了两篇能直接体现其经济思想的文章，分别为发表在《经济学家》（Economica）杂志上的《企业的性质》（The Nature of the Firm）及发表在《法学与经济学》（The Journal of Law & Economics）杂志上的《社会成果问题》（The Problem of Social Cost）。科斯认为，清晰界定各经济主体的权利、责任和义务，有助于降低代理成本，进而推动企业长远发展。

现代公司制度确立后，公司产权包括"剩余索取权"和"控制权"两部分。前者掌握在股东手中，后者中有一部分由高管行使，另一部分仍由股东持有。这种分配机制使得高管与股东的利益难以趋向一致。理性的高管有强烈的动机寻求控制权的扩张。

二、信息不对称理论

1970年，阿克尔洛夫（Akerlof）在《次品问题》（The Market for Lemons: Quality Uncertainty and the Market Mechanism）一文中首次提出"信息市场"的概念，后经多位学者共同完善，形成了信息不对称理论（asymmetric information theory）。该文指出，在现实的经济活动中，"经济人"所拥有的信息并不是绝对完全的，一方当事人可能处于信息优势，而另一方则可能处于信息劣势。信息不对等的双方，会引致道德风险和逆向选择，从而阻碍了正常的市场交易活动。

在现代公司实践中，公司所有者与高管之间存在明显的信息不对称，公司所有者将经营控制权委托给高管行使。作为公司经营的实际决策者，高管掌握着更丰富的信息，而股东未真正参与公司经营，所掌握的信息相对有限，其仅能通过公司业绩来评判高管的能力和努力。正由于双方之间的信息不对称，高管作为理性的经济人，往往会基于自身利益作出决策，由此导致股东面临道德风险和逆向选择。

三、委托—代理理论

委托—代理理论（principal-agent theory）最早由詹森和麦克林（Jensen and Meckling，1976）在《企业理论：管理行为、代理成本及其所有权结构》（Theory of the Firm: Managerial Behavior, Agency Costs, and Ownership Structure）一文中提出，该理论指信息不对称的双方分别基于自身效应最大化所缔结的由代理人代替委托人采取某些行动的契约关系。

现代公司中，所有者将经营控制权授予高管并委托高管代为管理公司，但由于所有者与高管之间存在明显的信息不对称，所有者未能有效监管高管的经营行为。作为理性的高管，其有强烈的动机获取控制权的扩张，谋取更高的个人利益，进而导致企业利益受损。可见，信息不对称引致所有者与高管之间的委托—代理问题。为了缓解代理问题，降低代理成本，所有者通常会与高管签订契约，以约束高管以所有者利益最大化为决策目标，由此发展为最优契约理论。

四、最优契约理论

为缓解公司所有者与高管之间的代理冲突，降低代理成本，詹森和麦克林（1976）提出，所有者可以与高管签订基于公司业绩的薪酬契约。其基本思路是：公司业绩会影响高管的行为，高管的行为会影响薪酬的高低。换言之，由于高管的报酬与公司业绩正相关，当公司业绩较低时，高管为了获得高薪酬就必须投入更大的精力经营公司，而这种努力最终会获得回报。现有文献普遍采用高管薪酬—业绩敏感性指标来刻画"业绩型薪酬契约"的有效性，其主要基于詹森和墨菲（Jensen and Murphy，1990）的"业绩决定薪酬"假设，理论上，高管的货币薪酬契约可以表示为线性方程 $W = \overline{W} + \chi \times Y$，其中，$\overline{W}$ 为固定底薪，不与公司业绩挂钩，Y 是公司业绩，系数 χ 即为薪酬—业绩敏感性，广泛运用于高管激励的经验研究中。

五、管理层权力理论

管理层权力理论（managerial power theory）是公司治理中的主流理论

之一。该理论指高管利用其所掌握的经营控制权对公司剩余控制权的扩张,这种扩张的后果是高管权力日益膨胀,由此催生更多代理问题。其中最明显的一个问题就是,随着高管权力的增大,高管对董事会的操纵能力越强(Bebchuk and Fried,2004)。作为理性的经济人,当高管有着足够的权力时,其会有着非常强烈的动机干扰薪酬契约的制定,并以自身利益最大化作为经营决策的目标,从而谋取私人利益。

第三节 文献综述

一、高管超额薪酬原因研究

高管超额薪酬现象受到学术界、社会公众、新闻媒体和政策制定者的关注,但关于高管获得超额薪酬是否为代理成本抑或合理性补偿,学者们对此争论不一。现有国内外关于高管获得超额薪酬的原因主要包括以下三种观点。

第一种观点主要基于制度的角度,认为现代公司的所有权与经营权两权分离为高管影响自身薪酬创造了条件,高管有动机利用自己掌握的权力寻租董事会,从而获得高额薪酬,因此管理层权力是导致高管获得超额薪酬的主要原因。譬如,别布丘克和弗里德(Bebchuk and Fried,2003)、别布丘克等(Bebchuk et al.,2010)、陈晓珊和刘洪铎(2019)等指出,现代公司的所有权与经营权相分离使得高管对自身薪酬契约拥有着实质性的掌控,随着管理层权力的逐步提升,高管存在寻租董事会的强烈动机,从而为自己谋取更多的利益。刘剑民等(2019)指出,高管获得超额薪酬是其权力的体现,其所谋取的超额薪酬正是其利用特定控制权扭曲薪酬契约从而获得私利的证据。

第二种观点主要基于文化的角度,认为我国的传统文化注重社会和人情关系,民营上市公司中可能存在的依赖亲近关系来选拔成员的董事会文化导致董事会有动机讨好高管,并且潜意识里会与高管合谋,从而放任高管谋取私人利益。因此,这种董事会文化可能会造成高管获得超额薪酬。

譬如，郑志刚等（2012）指出，我国的传统文化注重社会和人情关系，董事会的文化因素会导致其潜意识里趋向于与高管合谋，通过放任高管的薪酬计划，从而避免破坏与高管之间良好的同事关系。布里克等（Brick et al.，2006）研究发现，高管超额薪酬与董事超额薪酬正相关，由此认为那些经营业绩不好的高管之所以获得超额薪酬明显是由重视人情关系的董事会文化导致的。

第三种观点主要基于最优契约理论的角度，认为建立基于公司业绩的薪酬制度把股东与高管的利益联系起来，有助于降低由于信息不对称引致的代理成本，且薪酬—业绩敏感性越高意味着公司业绩的增长大部分应归功于高管的努力，高管应获得更高的薪酬；换言之，这些学者更多是将高管超额薪酬看作是高管的能力和努力工作的合理性补偿（Kaplan and Minton，2006；Albuquerque et al.，2013；陈晓珊和施赟，2021）。由此，关于高管超额薪酬的研究存在部分关于高管薪酬辩护的文献。这些文献表明，获得超额薪酬的高管普遍会利用薪酬—业绩敏感性为辩护工具，以证明其高薪酬的合理性。譬如，邵剑兵和陈永恒（2019）指出，薪酬辩护是高管应对超额薪酬的负面效应时所采取的主动措施，用于自证其获取超额薪酬的合理性。高梦捷和柳志南（2019）研究发现，民营企业金字塔结构层级会推动底层企业高管获得超额薪酬，且随着层级的延长，底层企业高管会出现明显的薪酬辩护行为。

二、公司内部治理机制与高管超额薪酬的关系研究

高管超额薪酬通常是指高管利用手中的控制权谋取私人利益或者寻租董事会所获得的超过预期正常薪酬的异常收入（Bebchuk and Fried，2003；Bebchuk et al.，2010）。既有文献更多是从管理层权力、公司内部控制质量、董事会的制度设计、董事会文化特征等角度解释高管获得超额薪酬的原因和影响因素（权小锋等，2010；郑志刚等，2012；陈晓珊和刘洪铎，2019）。

（1）管理层权力。在管理层权力方面，权小锋等（2010）将管理层权力界定为公司内、外部治理存在缺陷的情况下管理层所表现出超出其特定控制权范畴的深度影响力。这种影响力会在弱化的公司治理机制下进一

步膨胀并直接指向自定薪酬。故权小锋等（2010）研究国企发现高管权力与其获取的私有收益之间存在显著的正向关系，且随着权力的增长，管理层会倾向利用盈余操纵获取绩效薪酬。徐嘉倩等（2024）从公司章程修改这一动态冲击的视角进行考察，研究得出在章程自治的管理层权力下沉后，管理层通过增加规模和降低业绩对薪酬的影响程度操纵薪酬契约、降低薪酬业绩敏感度，最终实现超额薪酬。

（2）内部控制质量。内部控制是涉及董事会、监事会、高层管理人员以及内部员工等多个群体的一种公司治理手段，其能够发挥有效的监督作用来约束经理人的自利行为。陈晓珊和刘洪铎（2019）指出，公司内部控制质量会通过约束管理层权力和打破董事会的人情文化来降低高管超额薪酬水平，且这种抑制作用在地方国有企业中更显著。同时，理性经理人会根据内部控制对管理层自利行为的约束作用提出将自身薪酬与业绩挂钩，以此实现自身报酬的补偿。由此，卢锐等（2011）研究表明，相较于非国有控股的上市公司，国有控股的上市公司内部控制质量与其高管的薪酬业绩敏感性之间存在协同效应。具体表现为公司内部控制质量越高，其管理层对薪酬业绩的敏感度也越高。并且随着时间推移，上市公司内部控制质量与高管的薪酬业绩敏感性关系更为密切。这从侧面反映了上市公司内部控制的质量在不断提升。

（3）独立董事特征。自上市公司独立董事制度建立以来，国内外学者分别从独立董事的个体特征、社会背景、董事网络、社会资本、声誉、履职动机等多个角度对独立董事的公司治理作用进行了大量的研究，并产生了相当丰富的研究成果（Nguyen et al., 2010；陈运森和谢德仁，2012；高凤莲和王志强，2016；陈霞等，2018）。譬如，基于独立董事的个人特征，罗进辉（2018）等研究发现，高管的超额薪酬仅与"运气"业绩相关，而与"非运气"业绩无关，且国有控股上市公司董事会中的本地独立董事越多，其高管的超额薪酬水平越低，同时高管的超额薪酬与"运气"业绩之间的敏感性也越低。基于独立董事参与度，刘鑫和张雯宇（2019）研究指出，独立董事任期所反映的参与深度对 CEO 超额薪酬具有抑制效应；独立董事兼职企业数量所反映的参与广度对 CEO 超额薪酬具有促进效应。洪峰（2015）基于独立董事在董事网络中的位置得出独立董事的网络联结有助于独立董事向董事会的薪酬决策提供咨询与监督；具体表现为独立董事的网络中心度越高,管理层权力谋取超额薪酬的程度越低,且这种治理效应在民营上市公司更为明显。企业真实信息是独立董事正确决策的基础,谭燕等(2022)研究表明独立董事的信息接收能力会通过减少高管盈余操纵行为来提高高管薪酬的合理性。唐雪松等(2010)研究指出,独立董事在履职过程中出于规避财富损失和避免离任的动机,会主动降低持反对意见的概率。许楠等(2018)基于资产专用性视角探讨独立董事人选、履职效率与津贴决定之间的关系,发现独立董事的履职效率会明显受到资产专用性的影响。基于董事网络视角的实证研究发现,独立董事所处的网络位置会明显影响公司对于审计师的选择(邢秋航和韩晓梅,2018)、公司 MD&A 文本信息惯性披露行为(鲁乔杉等,2022)以及公司会计信息可比性(张勇,2022),且独立董事的网络中心性越强,股价同步性越高(宫晓莉等,2022)。陈霞等(2018)从独立董事与 CEO 私人关系的角度进行研究,发现两者间的关系程度越深越有助于提升公司绩效。

随着研究的深入,相关文献也开始关注独立董事的薪酬激励问题。譬如,沈艺峰和陈旋(2016)探讨了独立董事的薪酬设计机制,发现在没有绩效考核的情况下,公司外部独立董事的薪酬存在向地理上的中间距离、同一或相关行业,或中等规模等公司"互相看齐"效应。亚当斯和费雷拉(Adams and Ferreira,2008)、耶马克(Yermack,2004)等学者认为,给予独立董事更高的薪酬激励能够明显提升独立董事的履职效率;相反地,里安和维金斯(Ryan and Wiggins,2004)、赵德武等(2008)、周繁等(2008)、唐雪松等(2010)等学者则认为,给予独立董事薪酬激励并不能促进其发挥积极的公司治理作用,反而可能产生相反的效果。

(4)非正式制度。相关研究表明,文化因素也会对高管超额薪酬产生影响。譬如,解维敏等(2023)研究发现,儒家文化中的"义"观念会减少管理人员的自利动机,"人性化"观念会使管理层更注重保护员工权益,"诚实"观念则缓解了信息不对称,最终缩小高管与员工之间的薪酬差距。郑志刚(2012)研究得出重视人情关系的董事会文化与经理人超额薪酬有关,而通过由股东(控股公司)而非上市公司发放董事薪酬将有助于打破这种董事会文化,减缓经理人超额薪酬问题。

(5)实际控制人特征。自汉布瑞克和梅森(Hambrick and Mason,1984)创造性地将高管特征、战略选择、组织绩效等纳入高阶理论模型中，突出人口具体特征对管理者的策略选择进而对组织绩效的影响，并成功开创出"高阶梯队理论"（upper echelons theory）以来，大量文献表明，企业内部的实际控制人、管理者团队、董事会等个人背景特征会对管理者的策略选择和行为模式产生显著的影响。在该理论的引导下，学者们围绕企业内部的实际控制人、管理团队、董事会等个人异质性背景特征（包括性别、学历、年龄、专业、职业经历、性格以及文化背景等）的经济后果展开研究，并已取得丰富的研究成果（钟熙等，2021；袁然和魏浩，2022）。其中，关于民营上市公司的实际控制人获取境外居留权的行为受到学者们的广泛关注，一直以来都是行为公司金融领域的研究热点。相关研究主要围绕实际控制人境外居留权的获取与企业会计舞弊、税收决策、审计费用、海外扩张、技术创新、异常派现等的内在关联展开，但关于实际控制人取得境外居留权的经济后果研究仍未有一致结论。总体而言，主要有以下两类观点。

第一类观点认为，实际控制人拥有境外居留权会给企业带来负面影响。譬如，境外居留权为企业实际控制人从事不合法或不合规的行为提供了"保护伞"，并为其利益侵占提供了途径，使得企业更有可能增加异常高派现（谭雪，2019）、抵制现金分红（陈晓珊和刘洪铎，2020）、增大公司战略激进度（孟庆斌等，2023）和增加现金持有量（陈晓珊等，2024）；由于拥有境外身份可以随时提前离境，实际控制人在经营中更可能谋取超额薪酬（陈晓珊和刘洪铎，2022），并且为掩饰其行为，实际控制人会通过操控盈余管理来降低会计信息透明度（宋理升和任义忠，2015），而审计师对实际控制人获得境外居留权所产生的风险较为审慎，通常会收取更高的审计风险溢价（Yang et al.，2019）和选择高质量的审计师（李仙灵，2019）；此外，拥有境外居留权的实际控制人也会通过削弱风险承担、加剧融资约束、降低发明者创新效率等机制抑制企业的技术创新（王雪平，2019）。

第二类观点认为，实际控制人拥有境外居留权会对企业产生正面影响。譬如，实际控制人拥有境外居留权的企业也可能面临来自各利益相关者更多严格的监督，同时获得更多的资源优势，其税收规避活动更易被发现，从而企业会更少地从事避税活动（刘行等，2016），并且境外居留权公司倾向于聘请高质量的审计机构，也有助于提高公司的会计稳健性（骆长琴，2021）。此外，在受到严格监管的情况下，企业也可能会提高资本市场定价效率（郭照蕊和张震，2021）、提高企业金融化程度（赵彦锋，2021）、提升风险承担水平（王满等，2021）、承担更多的社会责任（李四海等，2020）等，并且为了向资本市场传递良好的信号，实际控制人也可能会通过更多的海外研发投资、开展国际化创新来增强企业形象，提升竞争力，从而降低各界对企业的风险判断（陈春华等，2018；魏志华等，2022）。

（6）治理决策。也有部分文献从公司治理决策、战略信息披露、战略变革、企业创新等内部角度探讨了高管超额薪酬所造成的影响（方军雄，2012；程新生等，2015；张勇，2020；董静等，2020）。首先，多数学者认为高管超额薪酬不利于企业的长期发展。相关研究表明，高管获得超额薪酬不仅会直接增加公司的成本，也会对公司的声誉、吸收投资等带来一系列负面影响。我国证监部门强制要求上市公司必须披露高管薪酬信息，由此高管超额薪酬问题引起了社会公众和投资者的关注。高管超额薪酬作为高管利用控制权谋取私人利益的体现，其薪酬越高意味着其权力越大，反映了其在公司受到董事会的束缚越小，即使公司经营业绩不佳，高管面临处罚的可能性也较小（Shen et al.，2010；方军雄，2012）。这也进一步促使高管有更强烈的动机进行更多的关系型交易、短视投资等以获取更高的薪酬，而这些途径都会对公司的现金流产生不利影响，导致公司经营风险上涨和未来盈利能力的不确定性。

其次，有学者研究得出在政府管制、媒体抨击以及公众质疑下，获取超额薪酬的高管有动机为其薪酬合理性做辩护。因为战略信息大部分是文字叙述性的信息，本身具有较大主观性，可证实性较差。基于此，程新生等（2015）研究表明高管在获得超额薪酬时会通过战略信息披露进行印象管理，即对外进行才能展示，让信息受众提高对自己能力的评价，提高薪酬的正当性。黄送钦等（2017）研究国有控股企业时发现因内部人控制问题的存在，高管存在薪酬操纵现象，其谋取的超额薪酬与企业业绩间存在无激励联动的"倒挂"关系。但企业债务所发挥的治理效应却显著增强了高管薪酬与业绩间敏感性，提高了高管薪酬操纵的难度。故超额薪酬越高的高管往往会采取削减债务融资、增加商业信用的融资策略，为其谋取超额薪酬进行正当性防御。

最后，获取超额薪酬也会影响高管对风险的态度。董静等（2020）研究发现，CEO超额薪酬与战略变革存在"倒U型"关系，即当CEO发现自己薪酬水平高于其他同类CEO的薪酬水平时，公平动机会使CEO愿意付出更多努力推动企业进行战略变革；但当薪酬过高时，CEO将此情况视为收益，并由此厌恶风险，此时，风险偏好的作用强于公平动机，进而抑制战略变革。基于组织双元理论，企业创新可区分为探索式创新与利用式创新。探索式创新具有高风险、高投入、长周期的特征，利用式创新则表现出较低的风险性及较短的收益周期。由此，吴珊和邵剑兵（2023）研究发现，获取超额薪酬越高的管理者越倾向于降低风险承担水平，规避高风险性企业活动。具体表现为管理者超额薪酬对企业探索式创新存在显著负向影响，但对利用式创新存在显著正向影响。

三、公司外部治理机制与高管超额薪酬的关系研究

公司外部治理机制较多，代表性的主要是产品市场竞争、机构投资者持股、媒体监督、政府补助、资本市场等。现有文献基本选择单一的公司外部治理角度探讨高管超额薪酬的制约因素。相关研究表明，产品市场竞争是企业间互动的重要载体。在公司治理中，产品市场竞争作为一种重要的外部治理机制，通过向股东和高管传递市场信息，能够有效降低代理成本，从而发挥公司治理效应。由此，国内外相关文献集中讨论了产品市场竞争的公司治理作用，发现产品市场竞争会在一定程度上通过信息传递、清算威胁、战略选择等渠道影响高管的行为选择，进而对公司绩效产生一定的治理效应（Fee and Hadlock, 2000）。陈晓珊（2021）研究指出，产品市场竞争能够对高管的机会主义行为发挥有效的监督作用，产品市场竞争与高管超额薪酬之间存在负相关关系。

（1）机构投资者。在机构投资者持股方面，随着研究的深入，有学者发现机构投资者参与公司治理的决策与公司内部高管的利益关系息息相关，并且越来越多的机构投资者将干预高管薪酬的制定过程作为其参与公司治理的渠道（Wu et al., 2022），对此，部分文献也围绕机构投资者的持股深度与高管薪酬水平或薪酬契约有效性等之间的关系展开研究。譬如，张圣利和孙珊珊（2020）、詹雅晴和王凌峰（2022）等学者研究发

现，异质机构投资者会对高管薪酬—业绩敏感性产生不同的影响。刘新民等（2021）从高管超额薪酬的角度考察了机构投资者抱团行为的治理效果，发现机构投资者抱团规模越大，高管超额薪酬现象越严重。张敏和姜付秀（2010）、伊志宏等（2011）分别从企业产权性质和制度环境的角度出发，研究机构投资者与高管薪酬激励之间的关系，前者发现机构投资者仅在民营企业中发挥有效的治理作用，后者发现机构投资者能否发挥积极的公司治理效应受到制度环境的影响。陈晓珊和刘洪铎（2019）研究发现：一方面，机构投资者持股比例越高，越有助于削弱高管的控制权，进而约束高管利用权力寻租董事会的行为，降低高管获得超额薪酬的概率和水平；另一方面，机构投资者持有公司股份越多，其在公司的话语权越大，进而可以通过干预高管薪酬的制定过程，有效避免公司向高管发放过多的薪酬。因此，上市公司机构投资者的持股深度与高管超额薪酬显著负相关。此外，共同持有同一家上市公司股票的机构投资者类型越多，其所形成的外部监督力量越大，越有助于强化对高管自利行为的监管，因此机构投资者的持股广度同样与高管超额薪酬呈负相关关系。

（2）媒体监督。在媒体监督方面，现有文献普遍认为媒体报道对高管的声誉有着直接的影响，并且会通过影响高管行为来促使高管积极改进公司治理，充分肯定了媒体监督的公司治理功能。譬如，杨德明和赵璨（2012）认为，媒体监督的公司治理效应有严格的条件约束，只有在政府或行政机构介入的前提下，媒体监督才能真正促使高管薪酬水平的合理性。曹越等（2016）指出，媒体报道有正面和负面之分，前者有助于提高高管薪酬水平，但后者会显著降低高管薪酬水平。罗进辉（2018）研究发现，媒体报道能有效提高高管薪酬契约的有效性。段升森等（2019）认为，新兴网络媒体不仅能够积极监督上市公司高管不合理薪酬，而且对高管薪酬代理问题具有显著的外部治理效应。窦超和罗劲博（2021）指出，中小股东与公司之间的平台互动显著地增强了高管的薪酬—业绩敏感性。万立全和宋翔宇（2022）研究指出，公司受到的网络媒体关注程度越高，其高管薪酬粘性越低。张新民和赵文卓（2023）研究发现，传统媒体会正向影响高管运气薪酬，社交媒体则会负向影响高管运气薪酬。

（3）政府补助。在政府补助方面，多数学者得出政府补助与高管超额薪酬之间存在显著的正向关系。政府补助作为政府对资源的分配方式，是政府干预企业经营的手段。由于大部分的政府补助都没有明确的法律或制度的规范，补助的标准制定模糊，授予也存在任意性。因此，高管有动机不断争取政府补助，获取超额薪酬。刘剑民等（2019）研究得出，政府补助的资源分配和信息认证产生扶持效应，国有企业资源增加，处于企业权力中心的高管控制了更多资源，增加了执行自身意愿的能力。由此，管理层权力扩张，高管可以利用扩张的权力获得更多超额薪酬。

（4）资本市场。在资本市场方面，学者主要探究市场情绪和资本市场的开放程度对高管超额薪酬的影响。我国资本市场发展时间较短，存在着投资者非理性炒作氛围浓厚、卖空机制不完善、信息不对称程度严重等问题。投资者认知偏差大，股票市场中充斥了大量非理性因素。在此背景下，罗琦和宋梦薇（2021）研究表明市场情绪会通过提高公司投资进而提高管理者超额薪酬，而市场情绪与管理者薪酬—业绩敏感性呈负相关关系。对管理者短视程度大的公司而言，市场情绪对公司投资支出与管理者薪酬的影响更大。陆港通政策的推出提高了资本市场的开放程度。权烨和王满（2022）研究指出，被纳入陆港通交易标的上市公司会受到更多的市场关注，这会倒逼公司治理制度的优化，进而有效约束高管获得超额薪酬的机会主义行为。

四、公司联合治理机制与高管超额薪酬的关系研究

公司治理领域的相关研究表明，公司治理机制的联合使用能够发挥更有力的治理作用。然而，并非所有的联合机制都符合上述预期。陈晓珊和施赟（2021）研究发现，单独提升高管薪酬契约有效性或单独提升公司现金股利水平均有利于缓解委托—代理矛盾，降低高管超额薪酬。但是，当这两种机制被联合使用时，其对高管超额薪酬的影响可能并不是形成合力的强化作用，相反地，更可能是产生弱化的效果。研究结论证明，同时提升高管的薪酬契约有效性和公司的现金股利水平最终可能导致高管仍能获得明显高于正常水平的超额薪酬。

此外，陈晓珊（2021）研究发现，产品市场竞争与机构投资者持股都有助于降低高管超额薪酬，在公司所面临的外部市场竞争程度较高的情况下，市场竞争的压力会对高管产生较大的约束作用和鞭策作用，从而缓解

高管谋取私人利益的行为，此时机构投资者持股所发挥的边际效用比较有限；相反地，在公司所面临的外部市场竞争程度较低的情况下，由于缺乏竞争压力，高管本身会有较为强烈的动机利用权力获得非正常收入，此时机构投资者持股能够发挥有效的监督作用，约束高管的机会主义行为，即产品市场竞争与机构投资者持股在降低高管超额薪酬方面存在替代效应。

第四节 文献评述

综合上述文献，学者们在关于高管超额薪酬的原因、公司内部治理、外部治理、联合治理等问题的研究过程中不断深化了对高管超额薪酬的深刻内涵和影响因素等问题的认识，并已取得较丰富的学术成果。但是从研究现状来看，仍然存在以下不足。

一是现有文献多聚焦于个人角度探讨高管获得超额薪酬的影响因素，但未能关注到实际控制人在公司治理中的重要地位，也未能发现实际控制人的境外居留权特征是影响高管超额薪酬的重要因素。此外，鲜有学者从企业产权的根本性质上讨论高管超额薪酬产生的原因。

二是鲜有文献研究外部机构投资者的持股深度和持股广度对高管超额薪酬的影响，也未有文献从机构投资者的个体异质性角度探讨机构投资者在公司治理中所扮演的角色。

三是现有文献未能选择高管超额薪酬这一直观的研究视角，深入剖析产品市场竞争与机构投资者持股的公司治理作用以及两种机制间的交互关系。此外，综观国内外的相关研究现状，鲜有文献基于高管超额薪酬视角探讨公司治理机制的联合治理作用。

四是现有文献研究独立董事公司治理作用时多采用实证研究方法，鲜有文献运用博弈论和计量统计相结合的方法进行分析，研究方法存在局限性。

五是现有文献关于独立董事薪酬激励与高管获得超额薪酬之间是否存在相关性未有相关讨论。上市公司建立独立董事制度主要为了提升董事会的独立性与监督效率，约束高管可能从事的机会主义行为，最终达到降低公司代理成本的目的。但随着管理层权力理论的发展，学者们发现高管有非常强烈的动机利用权力谋取超额薪酬,这似乎与独立董事制度相违背。因此,有必要进一步探究独立董事薪酬激励与高管获得超额薪酬之间的关系。

综上所述,本书以最优契约理论和管理层权力理论的观点分歧为导向,基于公司治理视角并分别从内部治理机制、外部治理机制、联合治理机制三个维度深入剖析中国上市公司高管超额薪酬的理论内涵和影响因素,拓展高管超额薪酬问题的研究视野,研究结论亦可为我国上市公司进一步完善公司治理体系的顶层设计提供学理支撑与决策参考。

第三章 中国上市公司高管薪酬的制度背景和现状

第一节 中国上市公司高管薪酬制度背景

一、中国劳动者工资分配制度改革历程

自改革开放以来，我国劳动者工资分配制度主要经历以下几个阶段。

第一阶段是理论突破阶段（1978~1984年）：我国劳动者工资分配制度改革在这一时期开始启动，基本恢复按劳分配，不仅职工工资有了一定的提升，企业也开始重视绩效奖金、计价工资、浮动工资等制度建设。

第二阶段是体制改变阶段（1985~1991年）：这一时期属于我国劳动者工资分配制度改革的攻坚阶段，打破了代表平均主义的"大锅饭"原则，同时也开始建立和实施诸如岗位工资、浮动工资、结构工资等分类分级工资管理制度。

第三阶段是制度创新阶段（1992~1999年）：这一时期属于我国劳动者工资分配制度改革的完善阶段，基本确立了按劳分配为主体、多种分配方式并存的分配原则，企业也开始适应现代分配制度，逐步试行岗位技能工资制度。

第四阶段是收入提高阶段（2000年至今）：这一时期属于我国劳动者工资分配制度的深化阶段，企业开始试点试行管理者股权激励和年薪制、普通职工持股、骨干人员按岗位和绩效计提工资等激励措施。

二、中国上市公司高管薪酬契约设计发展历程

自1978年党的十一届三中全会开始，我国国有企业开始进行持续性

改革，其中，1979~1983年这一时期主要是"放利让权"，即政府将权力下放国有企业，同时将企业经营利润留存企业内部，以激发国有企业的积极性；1984~1987年这一时期主要是"拨改贷"，即通过银行贷款替代政府财政拨款，从而约束国有企业慎重经营内部资本；1988~1992年这一时期主要是"所有权剥离"，即政府将其所有权从国有企业中剥离，最大化扩大国有企业的经营能动性和自主性；1993年至今这一时间主要是实现"公司化"，即通过建立现代企业制度实现真正意义上的所有权与控制权的两权分离，从而激励国有企业的经营活力。

结合上述关于劳动者工资分配制度改革和国有企业改革的历程可以发现，我国上市公司高管薪酬契约的发展主要经历了以下几个阶段。

第一阶段是1978~1991年，属于萌芽阶段。国有企业改革过程中实行的"放利让权""拨改贷""所有权剥离"等主要举措不断强化了企业的经营自主性，解放了劳动者的思想，此阶段的企业开始试行分配制度改革。

第二阶段是1992~2005年，属于变革阶段。国有企业改革的深化阶段中实行"公司化"举措，所有权与经营控制权分离，促使企业拥有真正的经营实权，从而激励企业开始试点年薪制和股权激励制度，自此，企业逐步出现管理者薪酬与企业绩效紧密挂钩的考核方式。

第三阶段是2006年至今，属于完善阶段。在这一时期，政府陆续出台一系列关于企业负责人薪酬契约的约束文件，包括《中央企业综合绩效评价实施细则》《中央企业负责人年度经营业绩考核补充规定》《关于进一步规范中央企业负责人薪酬管理的指导意见》《中央企业负责人经营业绩考核暂行办法（2012年修正本）》等，逐步引导企业负责人的薪酬契约走向市场化。

第二节 中国上市公司高管薪酬现状

一、高管薪酬制度分析

我国上市公司高管已基本实现基于业绩的薪酬制度，实行将高管薪酬与企业业绩高度挂钩的评价机制。高管薪酬制度是现代企业治理的重要环节，其设计的合理性与否直接关系到企业的业绩与长期发展。使用这种薪酬体系的核心目的在于将高管的个人利益与企业整体业绩紧密结合，形成有效的激励与约束机制。

实行基于业绩的薪酬制度，意味着高管的薪酬不再是无条件的基本工资，而是与企业的实际业绩挂钩。这种机制下，高管如果能实现良好的经营业绩，将获得相应的经济回报；反之，如果业绩不佳，其薪酬也可能受到相应的影响。这种机制的优势在于，它可以有效地激励高管更加努力地工作，为企业创造更大的价值。

然而，实行这种制度也存在一定的挑战。一方面，如何确定合理的业绩评价标准是一个难题。单一的财务指标可能无法全面反映企业的真实业绩，而过于复杂的评价体系又可能带来操作上的困难。另一方面，高管薪酬与企业业绩挂钩可能导致短视行为。为了追求短期的高回报，高管可能忽视企业的长期发展，采取过于冒险的策略。

针对这些问题，我国上市公司正在探索更为完善的高管薪酬制度。未来的发展方向可能包括：引入更多元的业绩评价指标，如非财务指标；建立有效的薪酬递延机制，鼓励高管的长期思维；加强董事会对于高管薪酬的监督力度，确保制度的公平与透明。我国上市公司的高管薪酬制度正在不断完善，以更好地适应企业发展的需要。尽管仍存在一些挑战，但通过持续的改革与创新，我们有信心建立一个更为合理、有效的高管薪酬体系。

二、高管薪酬水平分析

（一）高管薪酬总体水平分析

本节利用我国上海证券交易所和深圳证券交易所两市 A 股主板上市公司 2010~2022 年的微观数据对高管薪酬水平进行了特征性事实的描述统计分析。基于图 3-1 可以看出，我国沪深两市 A 股主板上市企业高管平均薪酬水平呈现出明显的递增趋势，薪酬水平前三的高管的平均薪酬由 2010 年的 485756.39 元增长至 2022 年的 1219476.60 元，涨幅高达

151.05%。这一趋势反映了我国经济的持续增长和资本市场的发展，同时也表明了企业对于高管才能的重视和认可。然而，这种增长也可能引发一些问题，例如，薪酬过高可能引发社会不满，导致企业内部产生不公平感。因此，企业在设定高管薪酬时，需要综合考虑各种因素，包括企业的业绩、市场状况、高管的具体贡献等，以确保薪酬制度的公平性和有效性。此外，对于投资者来说，公司高管薪酬管理制度与薪酬水平也是十分重要的。投资者可以通过对高管薪酬变化的观察与分析，更为准确地评估出企业的经营状况和未来发展前景。与此同时，企业对外披露高管的薪酬也是一种企业利益相关者监督企业行为的方式，这样才能确保企业高管的行为符合相关者利益最大化的目标。总的来说，高管薪酬递增的趋势是一个值得我们关注的现象，为此企业、投资者和社会都要对这一问题进行深入的思考和研究，以制定出更加合理且有效的高管薪酬制度。

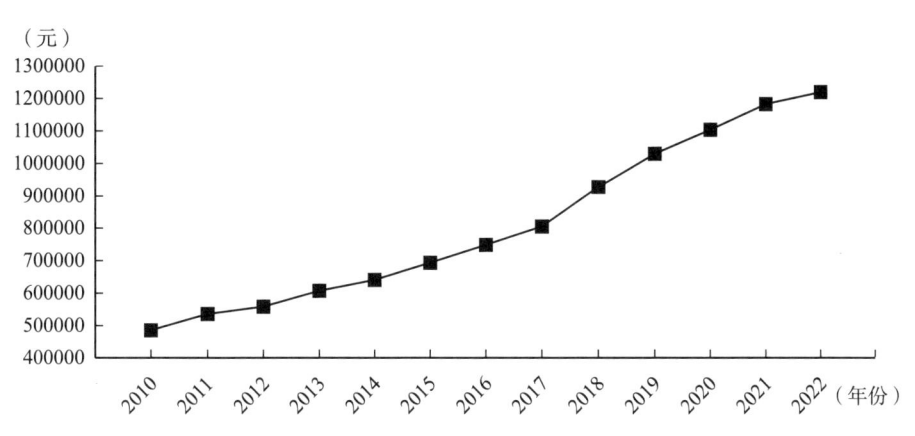

图 3-1 2010~2022 年我国沪深两市 A 股主板上市
企业薪酬水平前三的高管薪酬均值水平变化趋势

（二）高管薪酬行业水平分析

本节首先将沪深两市 A 股企业按行业进行了分类，其中行业的分类参照了 GB/T 4754—2017 国民经济行业分类标准，具体的分类情况参见表 3-1 国民经济行业分类标准。

表 3-1   国民经济行业分类标准

编码	具体名称	编码	具体名称
A	农、林、牧、渔业	K	房地产业
B	采矿业	L	租赁和商务服务业
C	制造业	M	科学研究和技术服务业
D	电力、热力、燃气及水生产和供应业	N	水利、环境和公共设施管理业
E	建筑业	O	居民服务、修理和其他服务业
F	批发和零售业	P	教育
G	交通运输、仓储和邮政业	Q	卫生和社会工作
H	住宿和餐饮业	R	文化、体育和娱乐业
I	信息传输、软件和信息技术服务业	S	公共管理、社会保障和社会组织
J	金融业	T	国际组织

其次，为了深入了解各行业高管薪酬的实际情况，本节对各行业公司薪酬水平前三高管的薪酬进行了平均处理，并进一步计算了各公司高管薪酬的平均值。这些数据帮助我们得出了图 3-2 中 A 股各行业高管薪酬均值排列。金融业（J）、公共管理、社会保障和社会组织（S）以及房地产业（K）的高管薪酬均值位居前列。相比之下，住宿和餐饮业（H）、教育（P）以及居民服务、修理和其他服务业（O）的高管薪酬均值相对较低，落后于其他行业。从图 3-2 中可以明显看出，金融业（J）的高管薪酬均值（约 195.57 万元）几乎是居民服务、修理和其他服务业（O）（约 63.54 万元）的 3 倍。这一数据充分表现出了行业间高管薪酬差异过大的特点，并且这种差异可能源自行业特性、企业规模、市场竞争等多种因素。

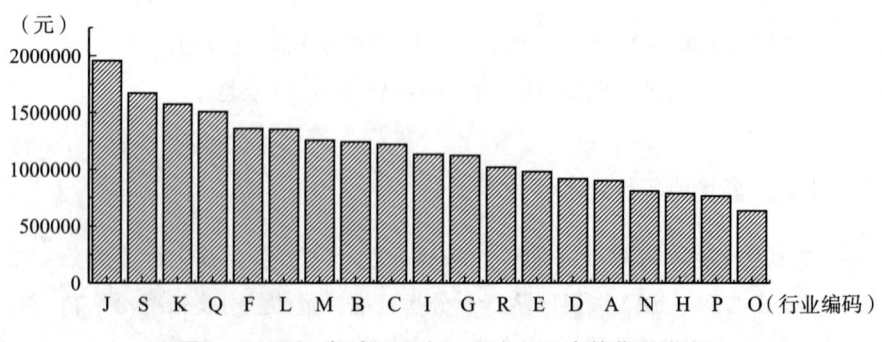

图 3-2 2022 年沪深两市 A 股各行业高管薪酬均值

(三) 不同区域的高管薪酬水平分析

(1) 南北差异。选取 2010~2022 年我国 A 股上市的公司中薪酬前三名的高管薪酬作为数据基础进行统计，依照表 3-2 进行区域划分。从图 3-3 的数据来看，可以看到南方和北方 A 股上市企业高管薪酬水平在 2010~2022 年都有一定的增长。然而，两者之间存在一定的差距，南方地区的平均薪酬普遍高于北方地区。

表 3-2　　　　　　　　　　　南北区域划分

区域	省份
南方	江苏、安徽、湖北、重庆、四川、西藏、云南、贵州、湖南、江西、广西、广东、福建、浙江、上海、海南
北方	山东、河南、山西、陕西、甘肃、青海、新疆、河北、天津、内蒙古、辽宁、吉林、黑龙江、宁夏、北京

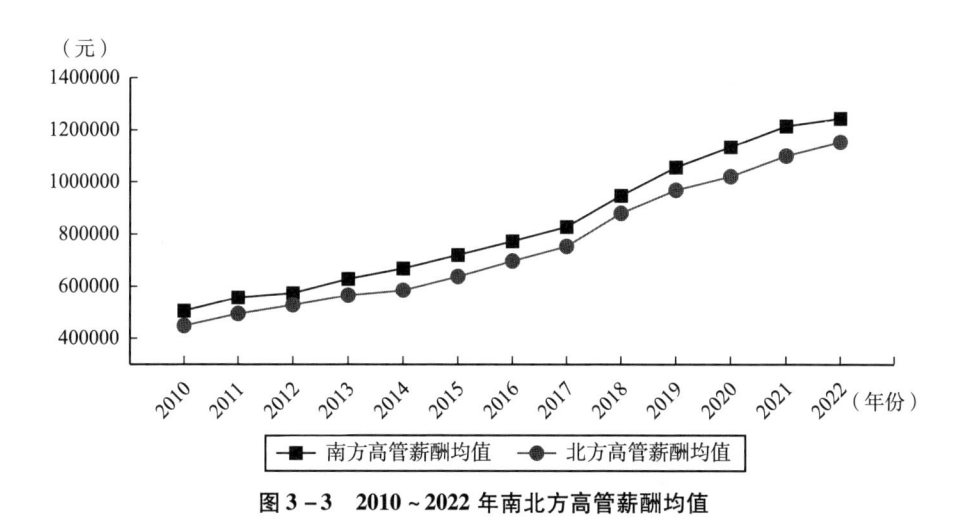

图 3-3　2010~2022 年南北方高管薪酬均值

(2) 地理大区差异。依照表 3-3，对我国 A 股上市公司中高管薪酬排名前三的高管薪酬进行地理区域划分。从图 3-4 的数据来看，华南地区占据榜首，华北、西南和华东地区次之，最后是华中、东北和西北地区。总体呈现为东南及沿海地区薪酬水平较高，而中部及西北地区则较为低下。

表 3–3　　　　　　　　　我国地理大区划分

区域	省份
东北	辽宁、黑龙江、吉林
西北	陕西、甘肃、青海、新疆、宁夏
华中	湖北、湖南、河南
华北	山西、河北、天津、内蒙古、北京
西南	重庆、四川、西藏、云南、贵州
华东	江苏、安徽、江西、福建、浙江、上海、山东
华南	广西、广东、海南

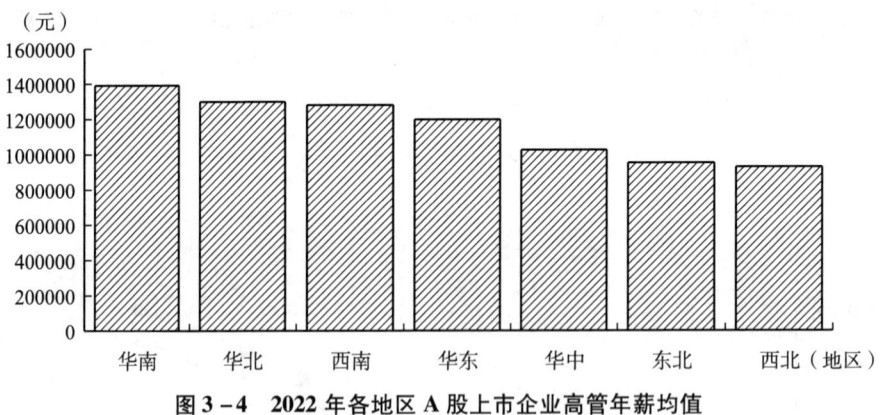

图 3–4　2022 年各地区 A 股上市企业高管年薪均值

拉长时间线进行分析（见图 3–5），2010~2022 年的各区域的高管薪酬趋势与南北总体趋势相同，呈上升趋势。这个差异可能是由于多种因素造成的，如经济发展水平、市场竞争程度、行业分布等。

首先，从经济发展角度来看，南方地区，特别是长三角、珠三角等地区，经济发展较快，企业盈利能力较强，因此有更多的资金用于高管薪酬；而北方地区，如东北、华北等地区的经济增速相对较慢，企业的盈利能力也较弱，因此在高管薪酬上可能投入较少。其次，从市场竞争的角度看，南方地区的市场竞争更为激烈，尤其是在一些快速发展的行业，企业需要有能力应对市场的快速变化，这要求高管具备更高的能力和经验，因此企业愿意支付更高的薪酬；而北方地区的市场竞争可能相对较小，高管薪酬水平相对较低。最后，从行业分布上看，南方地区的新兴产业，如信息技术、生物科技、金融等发展迅速，这些行业的薪酬水平通常较高；而北方地区可能更多地依赖于传统产业，如能源、重工业、农业等，这些行业的薪酬水平相对较低。新兴产业对高管的要求更高，为了吸引和留住高素质的人才，企业需要提供更高的薪酬。

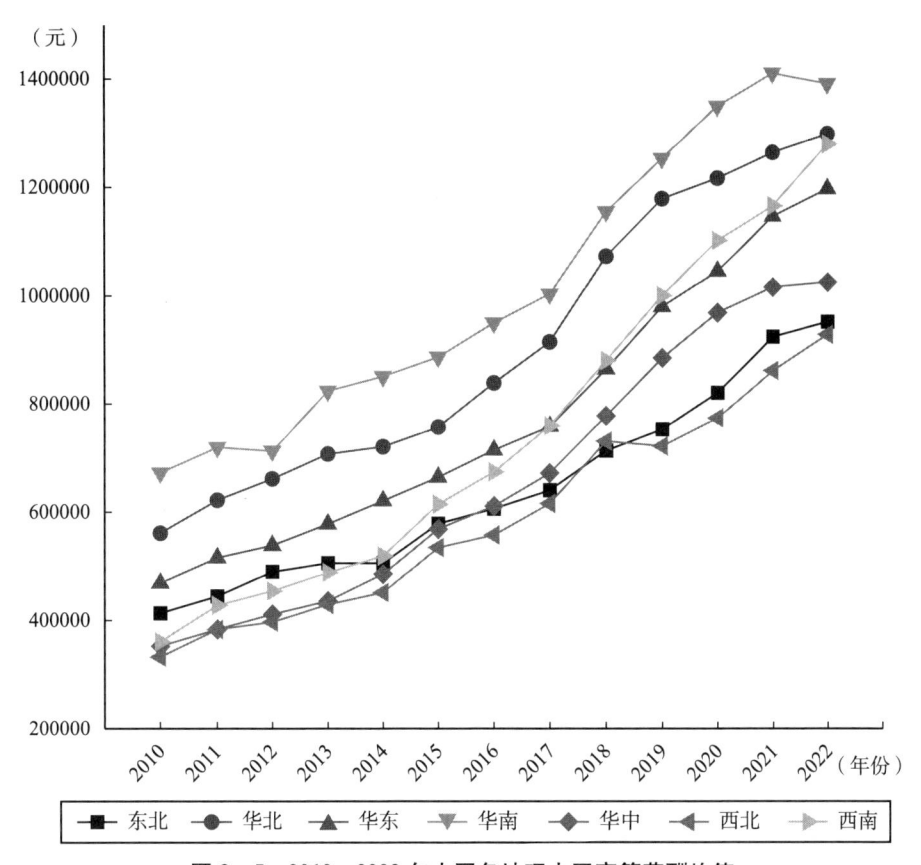

图 3-5　2010~2022 年中国各地理大区高管薪酬均值

总的来说，南方和北方 A 股上市企业高管薪酬水平的差异受到多种因素的影响。南方地区的发达经济、新兴产业、市场竞争和人才流动等因素的综合作用导致了其高管薪酬水平相对较高；而北方地区的经济发展相对较慢、产业结构较为传统、政策和监管环境等因素的影响则导致了其高管薪酬水平相对较低。

（四）产权性质差异下的高管薪酬水平分析

考虑到不同产权性质的企业面临的市场条件和受到的政府干预程度有所不同，从而导致公司治理的情境也有所不同。对此，本书将产权性质差异作为分析高管薪酬水平的一个重要视角。

一方面，国有企业薪酬水平受到《关于进一步规范中央企业负责人薪酬管理的指导意见》（以下简称"限薪令"）、《中共中央政治局关于改进工作作风密切联系群众的规定》（中央八项规定）等薪酬管理政策的管控，以减少国有企业高管过度在职消费、天价薪酬、薪酬倒挂等现象，保障广大人民公共财产安全，并缩小社会贫富差距。相比之下，非国有企业则没有明确地受到此类规定的限制，薪酬契约的设计较为自由。另一方面，由于我国国有企业长期存在"一股独大""内部控制人"等问题，容易导致代理冲突的产生，加之国有企业较为固化的薪酬管理制度，使得高管更有机会获得与其业绩并不匹配的薪酬；相反，非国有企业的薪酬设计受到的市场影响更多，会使高管面临更多的业绩压力，从而在一定程度上避免薪酬倒挂的现象。

2009 年，人力资源和社会保障部等六部门联合印发"限薪令"，从薪酬结构和薪酬水平等各方面对中央企业负责人的薪酬进行指导和管控。但从图 3-6 可以看出，2010～2012 年国有企业薪酬管制效果甚微，且国有企业高管薪酬明显高于非国有企业。2014 年中共中央政治局出台《关于深化中央管理企业负责人薪酬制度改革的意见》，对 2009 年"限薪令"进行修改调整。图 3-6 中数据显示，2013～2016 年，国有企业高管薪酬增速减缓，国有企业和非国有企业高管薪酬差距缩小。

（五）企业内部薪酬差距分析

社会公众关注高管获取的超额薪酬，一方面是想探究其高管通过在职消费、干预薪酬契约设计或与董事会共谋等方式获取超额薪酬是否会对企业价值和企业管理产生不利影响；另一方面是关注高管和员工之间的薪酬差距，以防普通员工的权益被间接侵占。一定的薪酬差距有利于激发员工的创造力、调动员工工作积极性，但过大的薪酬差距会使员工形成落差感，引致员工产生不满甚至敌对情绪，影响企业的日常经营效率。2022 年

7月，财政部出台的《关于进一步加强国有金融企业财务管理的通知》进一步强调薪酬要向一线员工倾斜，控制薪酬差距。

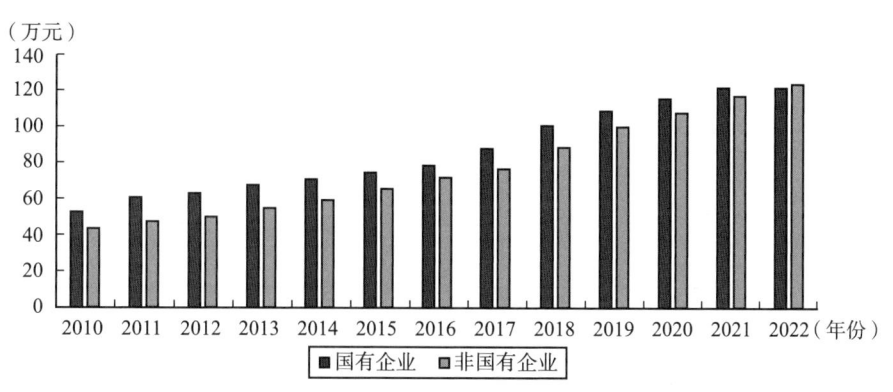

图 3-6　2010~2022 年国有企业与非国有企业上市公司高管平均薪酬水平比较

从表 3-4 数据和图 3-7 可以看出，2010~2022 年，这 13 年间中国上市公司高管平均薪酬呈逐年上涨的趋势，平均年涨幅为 8.10%，但员工平均薪酬变化并不大，平均年涨幅为 3.17%，甚至某些年份出现负增长的现象。高管和员工之间的薪酬差距也在逐年增大，13 年间高管和员工的绝对薪酬差距增长了约 70 万元。

表 3-4　2010~2022 年上市公司高管员工薪酬水平及薪酬差距

年份	高管平均薪酬（万元）	涨幅（%）	员工平均薪酬（万元）	涨幅（%）	薪酬差距	涨幅（%）
2010	48.83	—	11.99	—	36.85	—
2011	54.09	10.77	11.47	-4.35	42.63	15.69
2012	56.27	4.03	9.98	-12.93	46.29	8.59
2013	60.90	8.23	10.97	9.90	49.93	7.87
2014	64.37	5.70	11.84	7.96	52.53	5.21
2015	69.53	8.02	12.71	7.32	56.82	8.17
2016	74.99	7.84	13.15	3.48	61.83	8.82
2017	80.68	7.59	13.37	1.69	67.30	8.84

续表

年份	高管平均薪酬（万元）	涨幅（%）	员工平均薪酬（万元）	涨幅（%）	薪酬差距	涨幅（%）
2018	92.49	14.64	14.81	10.77	77.67	15.41
2019	103.11	11.49	16.31	10.09	86.80	11.75
2020	110.61	7.27	16.69	2.34	93.91	8.20
2021	119.17	7.74	18.05	8.16	101.12	7.67
2022	123.77	3.86	16.91	-6.33	106.86	5.67
平均	81.45	8.10	13.71	3.17	67.73	9.32

资料来源：CSMAR 数据库，数据经笔者整理。

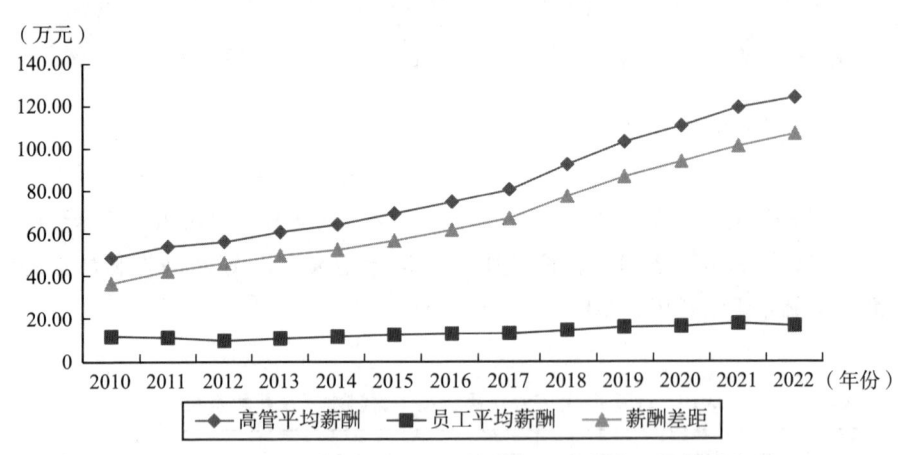

图 3-7 2010~2022 年上市公司高管员工薪酬水平及薪酬差距

资料来源：CSMAR 数据库，数据经笔者整理。

三、高管薪酬结构分析

（一）高管持股总体分析

本节利用 2010~2022 年沪深两市 A 股主板上市公司数据，讨论了高管薪酬结构情况，结果发现：

如图 3-8 所示，截至 2022 年，我国上市公司高管薪酬激励仍以货币薪酬为主，但股权激励有逐步上升趋势。从总体上看，2010~2022 年，沪深 A

股主板高管持股比例从 2010 年的最低值 3.72% 上升到 2019 年的最高值 9.83%，增长率达到 164%。其中，2010~2018 年保持缓慢增长的变化趋势。

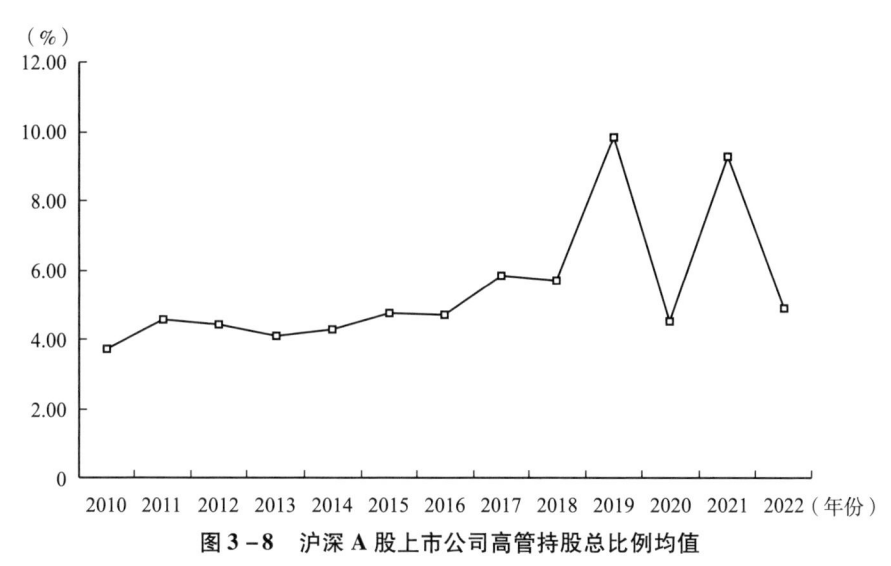

图 3-8　沪深 A 股上市公司高管持股总比例均值

资料来源：CSMAR 数据库，数据经笔者整理。

2019 年，高管持股比例呈现大幅度增长趋势，主要原因是，2019 年是混合所有制改革深化发展的一年，国务院国资委印发了《关于进一步做好中央企业控股上市公司股权激励工作有关事项的通知》，积极推进中央企业控股上市公司长效激励约束机制改革落地，使得国有控股上市公司实施股权激励数量显著增加。

而高管持股比例在达到峰值后又在 2020 年下降到 4.54%，原因如下：2020 年新冠疫情暴发，全球经济环境的不确定性和波动性增加，企业面临着巨大的经营压力。在这种情况下，高管可能出于对公司未来发展的担忧，选择减持股份以降低自身风险。

2021 年，高管持股比例又呈现大幅增长趋势，达到 9.28%。究其原因，随着国内经济的复苏，股权激励市场的公告情况较上一年取得了巨大的增长。根据上海荣正投资咨询股份有限公司发布的《2021 年度 A 股上市公司股权激励实践统计与分析报告》显示，2021 年 A 股上市公司共公告了 826 个股权激励计划，同比增长 82.74%，其中沪深主板一共发布 433 个，占据 52.42%。而高管持股比例到 2022 年，又直接大幅度下降到

4.91%，这主要是因为 2022 年整体 A 股市场持续低迷，上市公司对于未来业绩预期不明朗等因素的影响致使股权激励计划数量有所下降，甚至创业板超越主板成为股权激励计划公告数量最多的板块。

（二）产权性质差异下的高管持股分析

图 3-9 为国有企业和非国有企业高管持股比例均值图，由图可知，非国有企业的变动趋势与沪深 A 股主板高管持股总比例均值的变化趋势大致吻合。其中，非国有企业的高管持股比例大致保持在 7~10 的范围内，而国有企业的持股比例则保持稳定，大部分保持在 0.3~0.5 的范围内。其中，2019 年国有企业高管持股的比例达到 0.69，这主要是因为国务院国资委印发了《关于进一步做好中央企业控股上市公司股权激励工作有关事项的通知》，根据上海荣正投资咨询股份有限公司发布的《2019 年度 A 股上市公司股权激励实践统计与分析报告》显示，截至 2019 年底，单是国有控股上市公司就已经公告了 250 个股权激励计划，在国务院国资委的指导和推动下，国有控股上市公司实施股权激励数量显著增加。

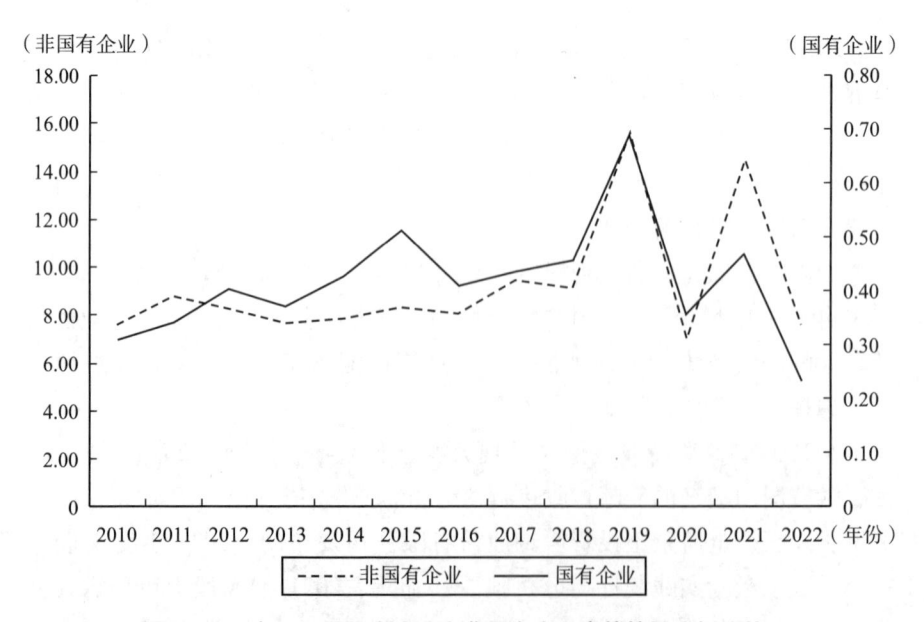

图 3-9　沪深 A 股国有企业和非国有企业高管持股比例均值

资料来源：CSMAR 数据库，经笔者整理。

(三) 行业差异下的高管持股分析

表 3-5 和图 3-10 反映了沪深 A 股主板分行业高管持股均值的变动情况，由此可知，房地产业、工业、公用事业、商业和综合业的变动趋势大致相同，也与沪深 A 股主板总体变化相吻合。其中，工业占据了较大比重，原因如下：工业中包含了制造业，而制造业上市公司的体量大，且制造业是 A 股上市公司公告股权激励计划数量最多的行业；而金融业的变化则与之不同，总体呈现逐年下降趋势，这主要是因为，一方面，金融业高管薪酬结构的比例中，货币薪酬的占比较高，而股权激励的比例较低，另一方面，金融业受到严格的监管，如《中华人民共和国证券法》《中华人民共和国商业银行法》等，这些法规严格限制了金融企业高管持股的数量和比例。

表 3-5　沪深 A 股主板分行业高管持股均值的变动情况

年份	房地产业	工业	公用事业	金融业	商业	综合业
2010	1.20	4.24	4.79	0.13	0.93	6.52
2011	2.10	5.24	5.01	1.47	1.98	6.13
2012	1.64	5.18	4.63	1.35	2.16	4.79
2013	1.25	4.93	3.94	1.35	1.93	4.03
2014	0.97	4.98	4.98	1.37	2.05	4.49
2015	1.04	5.41	5.53	0.91	2.74	5.48
2016	1.18	5.44	4.63	0.67	3.40	6.53
2017	1.45	6.81	5.94	0.04	3.28	5.67
2018	1.17	6.76	5.80	0.04	2.94	4.84
2019	4.28	11.71	8.43	0.30	5.43	8.90
2020	0.92	5.29	4.55	0.04	2.30	4.81
2021	3.00	11.10	7.67	0.13	4.72	9.10
2022	1.16	5.89	4.42	0.03	2.18	4.30

资料来源：CSMAR 数据库，数据经笔者整理。

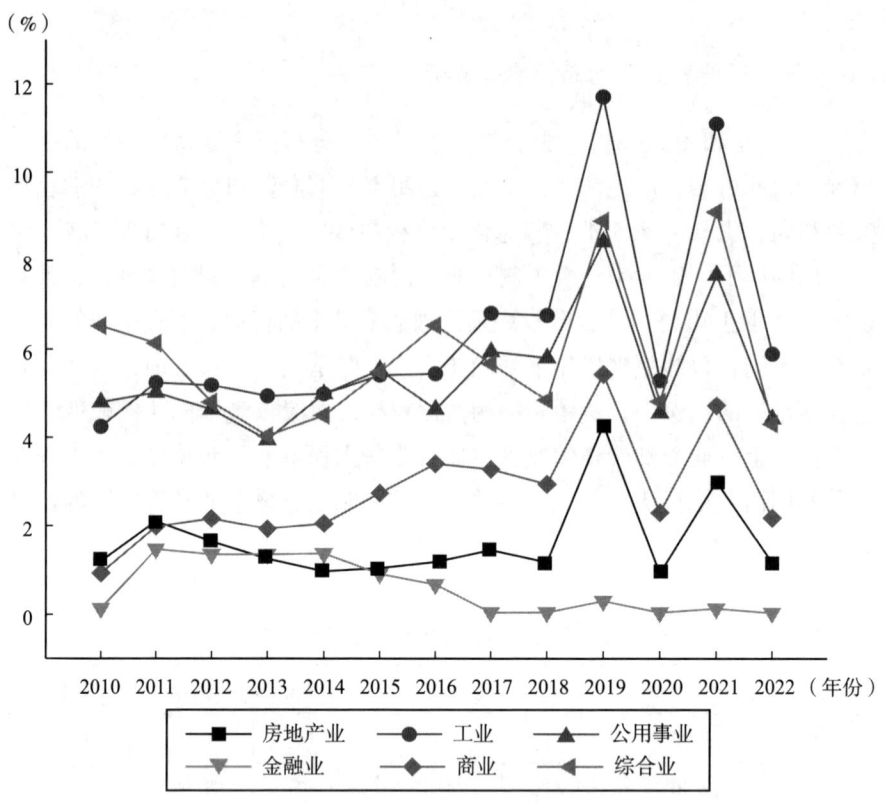

图 3-10 沪深 A 股主板行业高管持股均值的变动情况

资料来源：CSMAR 数据库，数据经笔者整理。

第四章　公司内部治理与高管超额薪酬

第一节　公司内部治理与高管超额薪酬：内部控制质量视角

一、引言

在《企业内部控制基本规范》《企业内部控制配套指引》等相关政策的引导下，内部控制已经逐渐发展成为公司内部最重要的管理监控系统，绝大部分上市公司已构建出较为成熟的内部控制体系。内部控制是在监管部门强力推进下所形成的一种公司治理手段，涉及人员包括董事会、监事会、高层管理人员、内部员工等。成熟的内部控制体系能够有效约束各利益相关者的行为，保证财务报表真实可靠，并提升公司经营活动的整体效率。从理论上看，公司强化内部控制建设能够完善公司的整体治理情况，通过发挥内部控制体系的监管作用缓解股东与管理层、大股东与中小股东、高管与员工等之间的代理冲突，降低代理成本，进而提高企业绩效。

现有相关文献围绕内部控制对缓解代理冲突，降低代理成本等公司治理功能和内部控制在企业的投融资决策和风险管控等方面的作用上展开研究（田丹等，2022；孙谦和尹美群，2024；叶飞腾等，2024；Li et al.，2024），并且相关研究结论基本肯定内部控制的正向积极作用，但是，关于内部控制能否有效约束高管可能存在的机会主义行为（譬如高管利用权力谋取超额薪酬）涉及较少。本节关注的是，内部控制作为公司一种重要的内部治理机制，其质量高低是否会影响高管的自利行为？以高管利用权力寻租并谋取超额薪酬为例，公司内部控制质量提升如何影响高管的超额薪酬水平？其背后的机制是什么？此外，企业的产权性质和所面临的产品市场竞争是否会在内部控制质量影响高管超额薪酬的过程中发挥调节作用？对上述问题的研究将有助于深化本书对公司内部控制的认识，对进一步完善我国上市公司的产权制度、强化内部控制建设、健全公司治理体系等具有重要的现实意义。

本节的贡献在于：第一，现有文献多聚焦在个人的角度探讨哪些因素会导致高管获得超额薪酬。譬如，从高管的角度，研究高管如何利用管理层权力谋求私利（Bebchuk et al., 2002）；从政府的角度，研究政府善意提供财政补助如何成为高管谋取租金的途径（罗宏等，2014）；从董事会的角度，探讨董事会人员的性别构成、重视人情关系的董事会文化等如何促进高管获得超额薪酬等（郑志刚等，2012；郭科琪，2014）。区别于上述文献，本节基于公司层面的视角，从内部控制的角度探究高管超额薪酬的影响因素，拓展了高管超额薪酬影响因素的研究视野。第二，以往关于公司内部控制的研究文献主要围绕其经济后果，包括对高管薪酬契约、公司债务融资成本、公司价值、公司财务绩效等的影响（卢锐等，2011；陈汉文和周中胜，2014；叶陈刚等，2016），本节从公司内部治理的微观层面出发，考察内部控制质量提升能否有效约束高管的机会主义行为，丰富了内部控制经济后果的相关文献，同时也弥补了关于内部控制建设实施效果的研究不足。第三，本节厘清了内部控制质量会通过约束管理层权力和打破重视人情关系的董事会文化，进而抑制高管获得超额薪酬的作用机理，这对进一步完善公司内部控制建设和提升内部控制质量有着重要的启示意义。

二、理论分析与研究假设

（一）内部控制质量与高管超额薪酬

要研究公司内部控制质量与高管超额薪酬之间的关系，需要了解公司内部控制质量与高管超额薪酬之间的作用途径及机制。既有研究认为，高管主要通过以下两种渠道谋取超额薪酬：一方面，管理层权力理论认为，现代公司制度确立后所形成的公司所有权与经营权相分离导致高管对自身薪酬契约的设计有着实质性影响，他们可以寻租董事会或薪酬委员会进而为自己创造更高的薪酬待遇，因此，相关文献认为管理层权力是导致高管获得超额薪酬的重要原因（Bebchuk and Fried，2003；Bebchuk et al.，2010；权小锋等，2010；方军雄，2011）。另一方面，我国的文化背景相对注重人情关系，当公司出现重视人情关系的董事会文化时，为了与高管保持良好的关系，董事会潜意识里会趋向于与高管合谋，从而放任高管谋求私利（郑志刚等，2012）。

内部控制建设以人为本，其主要目标是提升企业经营活动的效率和效果。相关研究表明，质量较低的内部控制会加重管理层的自利行为，相反，高质量的内部控制和完善的内部控制系统一方面有助于降低管理层权力和打破重视人情关系的董事会文化，进而抑制高管获得超额薪酬；另一方面也会促进企业发展和建立科学合理的薪酬评价体系，降低管理层寻租的概率，约束管理层的自利行为，进而提升企业绩效（张炳发和修浩鑫，2017）。譬如，哈扎里卡等（Hazarika et al.，2012）认为，良好的内部治理框架（高质量的内部控制）能够发挥有效监督管理层行为的作用，进而降低公司内部的代理成本，提高代理效率。陈林荣等（2017）、赵洁（2016）等均指出，完善公司内部建设和提高内部控制质量能够缓解股东与管理层之间的信息不对称，降低代理风险。周美华等（2016）基于管理层权力的理论框架探讨了内部控制如何影响管理层权力与腐败之间的关系，研究发现，内部控制质量的提升有助于抑制管理层权力诱致的腐败行为。帕莱塔和阿里穆罕默德（Paletta and Alimehmeti，2016）研究发现，低质量的公司内部控制容易导致高管获得与其经营业绩不匹配的高额薪酬。

本节认为，内部控制是一个整体的管理监控系统，其能够发挥有效的监管作用以缓解公司代理成本，进而提高公司经营活动的整体效率。此外，成熟的内部控制体系能够通过多种路径有效约束高管的行为（牟韶红等，2016），使得高管利用手段进行机会主义行为的风险和代价更高，从而降低高管超额薪酬。基于上述分析，本节提出以下研究假设：

假设 H4-1：公司内部控制质量越高，高管超额薪酬水平越低。

（二）产权性质、内部控制质量与高管超额薪酬

中国特殊的制度背景和现实国情使得不同产权性质企业的经营理念、经营目标、经营管理模式等存在较大的区别，因此，在探讨公司治理问题的过程中，企业的产权性质是必不可少的关键因素。国内绝大部分关于公司治理问题的研究都有进行企业间的对比，得到的研究结论也较为一致，即不同产权性质的企业，其公司治理存在显著差异。譬如，王治等（2015）认为，内部控制质量对企业非效率投资的抑制效应在民营企业中最大，在国有企业中次之，在中央企业中最小。叶陈刚等（2016）研究发现，民营企业的内部控制质量能够有效地提升企业财务绩效的作用，但是没有证据表明国有企业的内部控制也能产生类似的效果。张传财和陈汉文（2018）指出，产品市场竞争对企业内部控制质量的提升效应在非国有控股上市公司中更显著。

事实上，我国国资委在2012年发布的《关于加快构建中央企业内部控制体系有关事项通知》中明确规定要重视和完善中央企业的内部控制体系，但是在实际情况中，中央企业的内部控制建设情况仍有待改善。由此，预期在中央企业中，内部控制难以对高管行为产生明显的约束作用。不同的是，地方政府控制的国有企业和民营企业近年来不断强化内部控制系统的完善，并且由于这两种类型企业的内部矛盾主要体现为高管追求私利进而导致薪酬差距不断扩大，因此，内部控制质量越高，其对高管超额薪酬的约束作用会表现得更明显。

更进一步地，根据牟韶红等（2016）的研究，相较于民营企业，地方国有企业的内部控制能够对高管的机会主义行为发挥更大的约束作用。其原因在于，一方面，产权性质引致的政府薪酬管制，导致地方国有企业相较于民营企业而言，其高管薪酬水平明显较低，这会使得理性的高管积极寻求在职消费或其他替代性补偿，而政府为了让地方国有企业的高管配合承担政策性负担，可能会默许高管的机会主义行为，从而使得地方国有企业高管超额薪酬问题更为严重，也由此使得内部控制在地方国有企业中能够发挥的作用空间相对更大；另一方面，产权性质使得地方国有企业存在"实际所有者缺位"现象，既导致企业内部存在多重代理问题，也使得国有股东未能扮演积极的监督者角色并对高管的机会主义行为进行有效的限

制，因此，地方国有企业的内部控制建设显得愈加重要，其可有效弥补实际控制人的监管缺失，并通过多种路径影响高管谋取超额薪酬的行为。基于上述分析，本节提出以下研究假设：

假设 H4-2a：在中央企业中，内部控制质量与高管超额薪酬之间不存在明显的相关性。

假设 H4-2b：相较于民营企业，地方国有企业中内部控制质量对高管超额薪酬的抑制作用更大。

（三）产品市场竞争、内部控制质量与高管超额薪酬

随着经济的发展和社会的进步，衡量一个公司总体的治理水平不应该只注重公司内部的操作指标，应该同时兼顾公司面对的外部环境，以及应该充分考虑到所有与公司利益相关的团体或者个人，从一个企业自身存在价值的视角考量一个公司的整体治理情况。刘志强（2015）认为，公司内部系统各种治理机制的有效性以及治理形式均会受到产品市场竞争程度的影响，有效的公司治理机制设计必须同时考虑公司所在行业的产品市场竞争情况。

从公司治理的角度看，产品市场竞争是一种有效的公司外部治理机制，其会通过多种渠道影响公司代理人的行为决策，进而对公司绩效发挥一定的治理效应（唐文秀等，2018；刘运和叶德磊，2018）。早期国外关于竞争与激励之间关系的理论研究表明，企业间的竞争会通过提供额外市场信息、改变管理层努力可能产生的负效用、影响降低生产成本措施的边际价值等几种方式影响委托人对管理层提供的激励水平（Karuna，2007），并且由于这些方式的综合影响，使得国外截至 2025 年初，关于产品市场竞争与管理层激励水平之间的关系尚未明确。国内关于产品市场竞争与高管行为之间的关系主要凸显产品市场竞争的信号传递和清算威胁的作用，譬如，王靖宇和张宏亮（2019）指出，市场竞争可以通过产品市场的竞争淘汰和行业标杆等作用来制约管理层的懈怠行为，从而提升企业投资效率。陈晓珊和刘洪铎（2019）认为，产品市场竞争的约束使得管理层受到更多的解聘威胁，由此会激发管理层的工作热情，推动管理层积极主动发挥其经营效能，以提高公司的竞争水平。

本节认为，公司内部控制是董事会、监事会、管理层、员工等多方共

同努力而形成的一套重要的监督治理机制，其可以有效约束管理层的自利行为，但是良好的公司治理更加强调内部治理框架和外部治理机制的联合作用，产品市场竞争作为一种"信号标杆"，有助于强化内部治理机制的作用，因此，预期产品市场竞争能够正向促进内部控制质量对高管超额薪酬的抑制作用。基于上述分析，本节提出以下假设：

假设4-3：产品市场竞争越激烈，内部控制质量对高管超额薪酬的抑制效应更强。

三、研究设计

（一）样本选择与数据来源

上市公司在证监会的监管下对于公司信息披露更真实和全面。本节选择2005~2017年沪深两市A股上市公司为研究样本，并对原始样本进行如下处理：（1）剔除*ST、ST类公司；（2）剔除金融、货币、证券等金融服务行业的公司；（3）剔除数据缺失严重的样本。最终获得了17060个观测值。需要说明的是，本节的研究样本中仅包含三类产权性质的企业，分别为中央企业、地方国有企业（省属国企或市属国企）和民营企业。本节所用上市公司数据均来自CSMAR国泰安金融研究中心数据库，企业内部控制质量数据来自深圳迪博内部控制信息数据库。为避免极端值影响，本节对主要连续变量进行上下1%分位的缩尾处理。

（二）模型构建与变量说明

为了检验内部控制质量与高管超额薪酬之间的关系，本节构建基础模型（4-1）进行回归；此外，为了进一步讨论企业产权性质、产品市场竞争对基础结论的调节作用，本节在模型（4-1）的基础上引入产权性质和产品市场竞争两个变量分别与内部控制质量的交乘项进行实证分析，具体模型构建如下：

$$overpay_{i,t} = \alpha_0 + \alpha_1 ic\_index_{i,t} + \sum control_{i,t} + \sum year_t + \sum industry_i + \varepsilon_{i,t}$$

(4-1)

$$overpay_{i,t} = \chi_0 + \chi_1 ic\_index_{i,t} + \chi_2 central_{i,t} + \chi_3 central_{i,t} \times ic\_index_{i,t}$$
$$+ \sum control_{i,t} + \sum year_t + \sum industry_i + \varepsilon_{i,t} \quad (4-2)$$

$$overpay_{i,t} = \delta_0 + \delta_1 ic\_index_{i,t} + \delta_2 state_{i,t} + \delta_3 state_{i,t} \times ic\_index_{i,t}$$
$$+ \sum control_{i,t} + \sum year_t + \sum industry_i + \varepsilon_{i,t} \quad (4-3)$$

$$overpay_{i,t} = \rho_0 + \rho_1 ic\_index_{i,t} + \rho_2 competition_{i,t} + \rho_3 competition_{i,t} \times ic\_index_{i,t}$$
$$+ \sum control_{i,t} + \sum year_t + \sum industry_i + \varepsilon_{i,t} \quad (4-4)$$

模型（4-1）至模型（4-4）中，被解释变量 overpay 表示高管超额薪酬，通用模型（2-1）估计得到。解释变量 ic_index 表示内部控制质量，借鉴周美华等（2016）的研究，采用深圳迪博企业风险管理技术有限公司发布的"迪博·中国上市公司内部控制指数"加1取自然对数进行衡量，数值越大，代表公司的内部控制质量越高。$\sum control$ 表示一组会影响高管超额薪酬的控制变量，主要参考罗宏等（2014）的做法，在公司治理机制和公司特征两个方面加以控制。$\sum industry_i$、$\sum year_t$ 分别为一组行业和年度哑变量，主要为控制行业和年度的影响。综上所述，相关变量的说明与定义如表4-1所示。

表4-1 变量说明与定义

变量类型	变量名称	变量符号	变量定义
被解释变量	高管超额薪酬水平	overpay	模型（4-5）和模型（4-6）的计算结果
解释变量	内部控制	ic_index	"迪博·中国上市公司内部控制指数"加1取自然对数
控制变量	第一大股东持股比例	equity	第一大股东持股数量/公司股本数量总和×100%
	股权集中度	hhi_10	前十大股东持股比例的平方和
	独立董事比例	ratio	独立董事人数/董事会人数
	董事会规模	director	董事会人数
	监事会规模	supervisor	监事会人数
	高管薪酬	pay	薪酬最高前三名高管薪酬总额的自然对数
	产品市场竞争	competition	勒纳指数的相反数，即（营业收入－营业支出）/营业收入的相反数

续表

变量类型	变量名称	变量符号	变量定义
控制变量	成长性水平	tobinq	公司市值/总资产
	公司规模	size	总资产取自然对数
	财务杠杆	lev	总负债/总资产
	是否为中央企业	central	虚拟变量,若企业为中央企业取值1,否则取值0
	是否为地方国有企业	state	虚拟变量,若企业为地方国有企业取值1,为民营企业取值0
	企业业绩	roa	净利润/总资产
	行业哑变量	industry	对应某一行业时,取值1,否则取值0
	年度哑变量	year	对应某一年度时,取值1,否则取值0

资料来源:笔者整理。

四、实证分析

(一) 描述性统计分析

表4-2列示了主要变量的描述性统计信息。可以看到,在样本考察区间我国上市公司高管超额薪酬水平的均值为0.001,最小值为-1.617,最大值为1.525,标准差达到0.587,说明部分公司存在超额薪酬,亦有部分公司存在实际薪酬低于正常水平的现象。内部控制质量的均值为6.377,最小值为0,最大值为6.845,表明我国上市公司间的内部控制质量差距较大。控制变量中,上市公司间股权结构存在明显差异,第一大股东平均持股比例为37.280%,股权集中度的均值达到0.182。董事会规模平均约为9人,其中,独立董事人数约为3人;监事会规模平均约为4人。公司间的管理层激励水平、面临的产品市场竞争、公司成长性水平、公司规模、公司财务杠杆等同样存在一定的差异。此外,考察区间内有9.5%的样本为中央企业,剩下的非中央企业样本中有35.0%的样本为地方国有企业。

表 4-2　　　　　　　　　　变量描述性统计信息

变量	观测值	均值	标准差	最小值	最大值
overpay	17060	0.001	0.587	-1.617	1.525
ic_index	17060	6.377	0.879	0.000	6.845
equity	17060	37.280	15.950	8.787	75.780
hhi_10	17060	0.182	0.128	0.013	0.577
ratio	17060	0.361	0.052	0.222	0.556
director	17060	9.217	1.947	5.000	15.000
supervisor	17060	3.986	1.302	2.000	9.000
pay	17060	13.690	0.905	11.350	16.070
competition	17060	0.002	0.293	-1.068	0.985
tobinq	17060	1.826	1.932	0.146	12.560
size	17060	21.690	1.293	18.720	26.730
lev	17060	0.485	0.239	0.019	1.473
central	17060	0.095	0.293	0.000	1.000
state	15438	0.350	0.477	0.000	1.000

此外，本节对所有变量进行了 Pearson 相关性检验，结果发现，内部控制质量与高管超额薪酬之间存在显著的负相关关系，相关控制变量与高管超额薪酬之间同样存在不同程度的显著相关性。VIF 检验结果显示，所有变量的方差膨胀因子均在 1.06~2.51 的范围内，均值为 2.18，明显小于 10，说明本节模型不存在严重的多重共线性问题。篇幅所限，在此未列示具体的检验结果。

（二）多元回归分析

（1）内部控制质量与高管超额薪酬。为了检验内部控制质量与高管超额薪酬之间的关系，本节根据 Hausman 检验结果对模型（4-1）进行了固定效应回归，结果如表 4-3 列（1）所示。可以看到，公司内部控制质量与高管超额薪酬之间呈负相关关系，回归系数为 -0.017，并且在 1% 的统计水平上高度显著，表明提升上市公司的内部控制质量有助于降低高管的超额薪酬水平，验证了假设 H4-1。

表4-3　　　　　　　　内部控制质量与高管超额薪酬

变量	基础回归	产权性质的调节作用		产品市场竞争的调节作用
	(1)	(2)	(3)	(4)
ic_index	-0.017*** (0.003)	-0.053*** (0.014)	-0.033** (0.014)	-0.022*** (0.003)
competition	-0.105*** (0.009)	-0.117*** (0.010)	-0.109*** (0.010)	-0.001*** (0.000)
central	0.003 (0.007)	0.081 (0.078)		0.083*** (0.030)
state	0.010* (0.006)		0.178*** (0.034)	0.013** (0.006)
central × ic_index		-0.004 (0.012)		
state × ic_index			-0.018*** (0.005)	
competition × ic_index				-0.111** (0.044)
equity	-0.002*** (0.001)	-0.002** (0.001)	-0.002*** (0.001)	-0.001*** (0.001)
hhi_10	0.215*** (0.064)	0.228** (0.098)	0.272*** (0.100)	0.179*** (0.065)
ratio	-0.312*** (0.044)	-0.344*** (0.056)	-0.376*** (0.057)	-0.301*** (0.044)
director	-0.013*** (0.001)	-0.011*** (0.002)	-0.013*** (0.002)	-0.013*** (0.001)
supervisor	-0.005*** (0.002)	-0.005* (0.003)	-0.006** (0.003)	-0.005*** (0.002)
pay	0.801*** (0.005)	0.780*** (0.005)	0.787*** (0.006)	0.804*** (0.005)

续表

变量	基础回归	产权性质的调节作用		产品市场竞争的调节作用
	(1)	(2)	(3)	(4)
$tobinq$	-0.010*** (0.002)	-0.012*** (0.002)	-0.011*** (0.002)	-0.012*** (0.002)
$size$	-0.175*** (0.003)	-0.175*** (0.004)	-0.177*** (0.004)	-0.178*** (0.003)
lev	0.318*** (0.012)	0.337*** (0.014)	0.343*** (0.014)	0.346*** (0.012)
industry/year	控制	控制	控制	控制
观测值	17059	17060	15438	16414
Adj-R^2	0.834	0.804	0.807	0.835

注：***、**、*分别表示在1%、5%、10%的统计水平上显著；回归中按公司代码进行了cluster处理，括号内为cluster聚类稳健标准误。

控制变量的回归结果显示，样本企业是否为中央企业的产权性质对高管超额薪酬没有显著影响，而产权性质是否为地方国有企业则有显著影响。上市公司的大股东持股、独立董事规模、董事会规模、监事会规模、产品市场竞争等公司内外治理机制以及公司规模和公司成长性水平等均有助于约束高管行为，降低高管超额薪酬，表明上市公司应该着重发挥大股东、董事会、监事会和产品市场竞争等机制的监督作用，同时提升公司规模和公司成长性。相反地，股权集中度、高管薪酬、公司财务杠杆等变量均与高管超额薪酬显著正相关，表明上市公司应该进一步推进股权制衡，避免股权过度集中，与此同时适度弱化管理层激励，降低企业负债水平。

（2）产权性质、内部控制质量与高管超额薪酬。为检验企业产权性质在内部控制质量影响高管超额薪酬过程中的调节作用，本节对模型（4-2）和模型（4-3）进行固定效应回归，结果如表4-3列（2）和列（3）所示。可以看到，内部控制质量（ic_index）的系数至少在5%的统计水平上显著为负，再次验证了假设H4-1。列（2）中代表中央企业的虚拟变量（central）及其与内部控制质量的交乘项（central×ic_index）均不显著，表明在中央企业中，内部控制质量与高管超额薪酬之间不存在明显的相关性，验证了假设 H4-2a。列（3）中代表地方国有企业的虚拟变量（$state$）显著为正，其与内部控制质量的交乘项系数（$state \times ic\_index$）显著为负，表明相较于民营企业，地方国有企业的内部控制质量对高管超额薪酬的抑制作用更大，验证了假设 H4-2b。

（3）产品市场竞争、内部控制质量与高管超额薪酬。产品市场竞争作为公司重要的外部治理机制，为检验产品市场竞争在内部控制质量影响高管超额薪酬过程中的调节作用，本节对模型（4-4）进行固定效应回归，结果如表4-3列（4）所示。可以看到，内部控制质量（ic_index）和产品市场竞争（$competition$）两个变量的回归系数分别为 -0.022、-0.001，且在1%水平上显著，同时交乘项（$competition \times ic\_index$）的回归系数为 -0.111，且在5%水平上显著，表明随着产品市场竞争激烈程度的提高，内部控制质量对高管超额薪酬的抑制作用更大，验证了假设 H4-3。这一结论也充分反映了公司内部控制与产品市场竞争这两种公司治理机制之间存在明显的互补性，换言之，公司内部控制质量对高管超额薪酬的抑制效应可以通过产品市场竞争得到加强。这说明，上市公司应该重视内外治理机制之间的互动性，推动各种机制的联合建设，以强化各机制之间的联合治理作用。

（三）作用机制检验

内部控制是在监管部门强力推进下所形成的一种公司治理手段，涉及人员包括董事会、监事会、高层管理人员、内部员工等。成熟的内部控制体系能够有效约束各利益相关者的行为，保证财务报表真实可靠，并提升公司经营活动的整体效率。一般而言，公司致力于内部控制质量的提升，一方面会从整体上完善公司的治理情况，使得高管进行机会主义行为的风险和代价更高，与此同时，通过制度和监管体系建设也可以形成权力制衡，有效避免高管权力至高无上，缓解高管利用权力谋取私人利益的行为，从而降低代理成本；另一方面，公司强化内部控制建设能够通过发挥内部控制体系的监管作用缓解股东与管理层、大股东与中小股东、高管与员工等之间的代理冲突，同时提高董事会的独立性和监督有效性，打破重视人情关系的董事会文化，从而抑制高管的寻租行为，降低代理成本。

基于上述分析，在内部控制质量与高管超额薪酬的关系中，管理层权力与重视人情关系的董事会文化可能是内部控制质量影响高管超额薪酬的中介变量。对此，本节在模型（4-1）的基础上借鉴温忠麟等（2004）、钱雪松等（2015）的中介效应检验法进一步构建模型（4-5）和模型（4-6）进行回归分析，以验证内部控制质量对高管超额薪酬的作用机制。

$$mediator_{i,t} = \gamma_0 + \gamma_1 ic\_index_{i,t} + \sum control_{i,t} + \sum year_t + \sum industry_i + \varepsilon_{i,t} \quad (4-5)$$

$$overpay_{i,t} = \eta_0 + \eta_1 mediator_{i,t} + \eta_2 ic\_index_{i,t} + \sum control_{i,t} + \sum year_t + \sum industry_i + \varepsilon_{i,t} \quad (4-6)$$

在模型（4-5）中，$mediator$ 表示中介变量，包含管理层权力（$power$）和重视人情关系的董事会文化（$excess\_d\_pay$）两个变量。其中，管理层权力主要借鉴卢锐等（2008）的做法，选择董事长与总经理两职兼任（两职兼任时取值1）、股权制衡度（第一大股东持股比例/第二至第十大股东持股比例之和小于1时取值1）、管理层持股（管理层有持股时取值1）、董事会独立性（独立董事比例低于当年样本均值时取值1）等四个维度的指标，通过加和构建积分变量进行衡量，该值越大，表明管理层权力越大。重视人情关系的董事会文化主要借鉴郑志刚等（2012）、布里克等（Brick et al.，2006）的做法采用董事超额薪酬衡量，具体方法与高管超额薪酬的衡量方法类似，不再赘述。

表4-4给出了机制检验结果。根据温忠麟等（2004）的中介效应检验法，当内部控制质量对高管超额薪酬的回归系数、内部控制质量对中介变量的回归系数、内部控制质量和中介变量对高管超额薪酬的回归系数都显著相关时，表明中介变量在内部控制质量影响高管超额薪酬的过程中发挥着部分中介效应，而非完全中介效应。对此，结合前文表4-3的列（1）和表4-4的列（1）至列（4），可以看到，在五组回归中，内部控制质量和两个中介变量的回归系数均显著，表明管理层权力和重视人情关系的董事会文化在内部控制质量影响高管超额薪酬的过程中发挥着部分中介效应。

表 4-4　　　　　内部控制质量与高管超额薪酬：机制检验

变量	中介变量：管理层权力		中介变量：重视人情关系的董事会文化	
	power	*overpay*	*excess_d_pay*	*overpay*
	(1)	(2)	(3)	(4)
ic_index	-0.033*** (0.007)	-0.006** (0.003)	-0.014** (0.006)	-0.025*** (0.002)
power		0.234*** (0.004)		
excess_d_pay				0.027*** (0.003)
控制变量	控制	控制	控制	控制
industry/year	控制	控制	控制	控制
观测值	16963	16963	14196	14196
Adj-R^2	0.390	0.729	0.628	0.977

注：***、** 分别表示在 1%、5% 的统计水平上显著；回归中按公司代码进行了 cluster 处理，括号内为 cluster 聚类稳健标准误。

具体而言，表 4-3 中列（1）的结果表明，在未考虑管理层权力和重视人情关系的董事会文化的情况下，内部控制质量与高管超额薪酬之间存在显著的负相关关系；从表 4-4 中列（1）和列（3）的结果看，内部控制质量对管理层权力和重视人情关系的董事会文化的影响均显著为负，回归系数分别为 -0.033、-0.014，充分表明提升公司内部控制质量有助于降低管理层权力和打破重视人情关系的董事会文化。从表 4-4 中列（2）和列（4）的结果看，在考虑管理层权力和重视人情关系的董事会文化的情况下，内部控制质量与高管超额薪酬之间仍然存在显著的负相关关系，回归系数分别为 -0.006、-0.025，而管理层权力和重视人情关系的董事会文化均与高管超额薪酬呈现显著的正相关关系，回归系数分别为 0.234、0.027，这意味着在控制管理层权力和重视人情关系的董事会文化的中介效应后，内部控制质量仍有助于降低高管超额薪酬。

五、稳健性检验

（一）内生性问题

前文的基础分析为内部控制质量如何影响高管超额薪酬提供了一定的

经验证据，但是不可避免地需要考虑到可能存在的内生性问题。在公司治理框架不断完善的过程中，如果那些高管未获得超额薪酬或者获得较低超额薪酬的公司本身内部控制质量就高，那么，内部控制质量与高管超额薪酬之间的负相关关系就不完全代表内部控制质量对高管超额薪酬的抑制效应。通过 Hausman 检验和异方差稳健的 DWH 检验发现，本节模型中的内部控制变量与被解释变量之间存在明显的内生性。对此，我们采用工具变量法控制内生性。本节选择内部控制的滞后一期变量 $l.ic\_index$ 作为内部控制的工具变量并采用 2SLS 方法进行回归。

表 4-5 报告了控制内生性问题的回归结果。其中，2SLS 估计的第一阶段回归结果显示，内部控制质量的一阶滞后项（$l.ic\_index$）与原阶变量（ic_index）之间高度正相关，回归系数为 0.328，并且通过不可识别和弱识别检验。列（2）至列（5）为 2SLS 估计的第二阶段回归结果，与表 4-3 作对比，发现在控制内生性的情况下，公司内部控制质量与高管超额薪酬之间仍然存在明显的负相关关系；在中央企业中，内部控制质量与高管超额薪酬之间不存在明显的相关性；相较于民营企业，地方国有企业中内部控制质量对高管超额薪酬的抑制作用更大；产品市场竞争越激烈，内部控制质量对高管超额薪酬的抑制效应更强。上述结论再次验证了假设 H4-1 至假设 H4-3。

表 4-5　　　　　　　　控制内生性的回归结果

变量	因变量：ic_index	因变量：$overpay$			
	(1)	(2)	(3)	(4)	(5)
$l.ic\_index$	0.328*** (0.035)				
ic_index		-0.041*** (0.013)	-0.067*** (0.012)	-0.027* (0.014)	-0.058*** (0.015)
$central$			0.038 (0.295)		
$central \times ic\_index$			0.004 (0.046)		

续表

变量	因变量：ic_index		因变量：overpay		
	(1)	(2)	(3)	(4)	(5)
state				0.432 ** (0.168)	
state × ic_index				-0.057 ** (0.026)	
competition					-0.001 *** (0.000)
competition × ic_index					-0.200 ** (0.093)
控制变量	控制	控制	控制	控制	控制
industry/year	控制	控制	控制	控制	控制
观测值	14936	14936	14936	13480	14377
不可识别检验	1063.749 *** (0.000)	1063.749 *** (0.000)	538.625 *** (0.000)	580.988 *** (0.000)	887.740 *** (0.000)
弱识别检验	1138.727 ***	1138.727 ***	622.576 ***	606.031 ***	469.791 ***
Adj - R²	0.211	0.962	0.928	0.931	0.961

注：***、**、*分别表示在1％、5％、10％的统计水平上显著；回归中按公司代码进行了 cluster 处理，括号内为 cluster 聚类稳健标准误。

（二）替换关键变量

首先，本节借鉴刘运国等（2016）的研究，直接采用迪博·中国上市公司内部控制指数（ic_index_r）作为内部控制质量的衡量指标，交乘项相应改变，因变量和其他控制变量保持不变，并重新进行固定效应回归，具体回归结果如表4-6列（1）至列（4）所示。其次，本节构建高管超额薪酬哑变量（$overpay\_dum$）作为被解释变量，当高管超额薪酬水平大于0时，哑变量取值1，否则取值0；保持内部控制质量和其他所有控制变量不变，并采用 Logit 估计，具体回归结果如表4-6列（5）至列（8）所示。将表4-6与表4-3进行比较，发现在替换内部控制变量和高管超额薪酬变量后，相关结论并未改变。

表 4-6　　　　　　　　　替换关键变量的稳健性检验结果

变量	替换内部控制变量				替换高管超额薪酬变量			
	(1)	(2)	(3)	(4)	(5)	(6)	(7)	(8)
ic_index_r	-0.210*** (0.021)	-0.496*** (0.093)	-0.368*** (0.096)	-0.044*** (0.005)				
ic_index					-0.226*** (0.046)	-0.215*** (0.048)	-0.325** (0.165)	-0.213*** (0.047)
$central$		0.077 (0.077)				0.627 (1.023)		
$state$			0.173*** (0.034)			0.789* (0.440)	0.810* (0.443)	
$competition$				-0.001*** (0.000)				-0.556*** (0.115)
$central \times ic\_index\_r$		-0.004 (0.012)						
$state \times ic\_index\_r$			-0.018*** (0.005)					
$competition \times ic\_index\_r$				-0.125*** (0.043)				
$central \times ic\_index$						-0.088 (0.157)		
$state \times ic\_index$							-0.158** (0.069)	
$competition \times ic\_index$								-1.293* (0.705)
控制变量	控制	控制	控制	控制	控制	控制	控制	控制
industry/year	控制	控制	控制	控制	控制	控制	控制	控制
观测值	17059	17060	15438	16414	15873	15873	14359	15873
$Adj-R^2$/ $Pseudo\ R^2$	0.835	0.804	0.808	0.835	0.590	0.589	0.600	0.591

注：***、**、* 分别表示在1%、5%、10%的统计水平上显著；回归中按公司代码进行了 cluster 处理，括号内为 cluster 聚类稳健标准误。

(三) 替换估计方法

前文的描述性统计分析指出，本节的研究样本中同时存在高管获得超额薪酬和高管未获得超额薪酬的样本，考虑到样本聚类可能会影响固定效应的估计结果，作为稳健性检验，我们采用 Tobit 方法代替固定效应进行回归。表4-7报告了替换估计方法的回归结果。可以看到，表4-7与表4-3高度一致，相关变量回归系数的符号和显著性并未发生实质性改变，验证了本节的研究结论。

表4-7　替换估计方法的稳健性检验回归结果

变量	(1)	(2)	(3)	(4)
ic_index	-0.027*** (0.001)	-0.057*** (0.016)	-0.039** (0.017)	-0.029*** (0.001)
$central$		0.030 (0.078)		
$central \times ic\_index$		-0.002 (0.012)		
$state$			0.136*** (0.046)	
$state \times ic\_index$			-0.014* (0.007)	
$competition$				-0.002*** (0.000)
$competition \times ic\_index$				-0.187*** (0.008)
控制变量	控制	控制	控制	控制
industry/year	控制	控制	控制	控制
观测值	17060	17060	15438	16415
Pseudo R^2	0.846	0.716	0.715	0.862

注：***、**、* 分别表示在1%、5%、10%的统计水平上显著；回归中按公司代码进行了 cluster 处理，括号内为 cluster 聚类稳健标准误。

（四）分组回归

根据实际控制人的性质，我们将全样本划分为中央企业、地方国有企业和民营企业三个子样本进行分组回归，结果如表4-8中的Panel A所示。以产品市场竞争的中位数为临界点将全样本分为低竞争和高竞争两个子样本进行分组回归，结果如表4-8的Panel B所示。从Panel A的回归结果看，中央企业样本中内部控制质量的回归系数为-0.009，统计上不显著，表明对于中央企业而言，内部控制质量的高低与高管超额薪酬没有显著相关关系，再次验证了假设H4-2a。地方国有企业和民营企业两组样本中内部控制质量的回归系数分别为-0.020、-0.014，显著性水平为1%，并且组间系数差异检验表明两组系数差异显著，由此表明，与民营企业相比，地方国有企业中内部控制质量对高管超额薪酬的抑制作用更大，再次验证了假设H4-2b。

表4-8　　　　　　　　　　分组回归结果

变量	Panel A：产权性质			Panel B：产品市场竞争	
	(1) 中央企业	(2) 地方国有企业	(3) 民营企业	(4) 低竞争	(5) 高竞争
ic_index	-0.009 (0.011)	-0.020*** (0.005)	-0.014*** (0.005)	-0.012* (0.007)	-0.018*** (0.003)
控制变量	控制	控制	控制	控制	控制
组间系数差异检验	—	chi2(1)=3.55　p=0.060		chi2(1)=18.38　p=0.000	
industry/year	控制	控制	控制	控制	控制
观测值	1622	5396	10042	8528	8529
$Adj-R^2$	0.846	0.819	0.802	0.819	0.847

注：***、*分别表示在1%、10%的统计水平上显著；回归中按公司代码进行了cluster处理，括号内为cluster聚类稳健标准误；组间系数差异检验采用的是基于似无相关模型SUR的检验。

从Panel B的回归结果看，无论产品市场竞争激烈程度如何，内部控制质量均会对高管超额薪酬发挥显著的抑制作用，但这种抑制作用会随着产品市场竞争的激烈程度的提高而增强。在低竞争样本中，内部控制质量

的回归系数为 -0.012，显著性水平为 10%；在高竞争样本中，内部控制质量的回归系数为 -0.018，显著性水平为 1%，并且组间系数差异检验显著，表明随着产品市场竞争激烈程度的提高，内部控制质量对高管超额薪酬的抑制作用逐渐增大，再次验证了假设 H4-3。

（五）其他稳健性检验

在上述稳健性检验之余，我们补充了以下检验：第一，删除超额薪酬小于 0 的样本并再次回归，回归结果仍支持原假设。第二，构建内部控制质量的虚拟变量（先计算出内部控制质量的行业均值，若样本公司的内部控制质量大于行业均值则虚拟变量取值 1，否则取值 0）代替原内部控制变量进行回归，发现回归结果未发生重大改变。第三，将全样本按照营业收入增长率和留存收益比划分为衰退期、成长期和成熟期，从动态的角度考察企业生命周期对本节结论的影响，结果进一步证实了本节的结论。

六、本节小结

现有文献对于内部控制质量的公司治理作用进行了大量研究，并已取得相当丰富的成果，但关于其能否有效约束高管利用权力获得超额薪酬的机会主义行为则鲜有涉猎。对此，本节选取 2005~2017 年我国 A 股上市公司为研究样本，实证检验了上市公司的内部控制质量对高管超额薪酬水平的影响和作用机制，以及企业产权性质和产品市场竞争在内部控制质量影响高管超额薪酬过程中的调节作用。研究结果表明：第一，内部控制质量与高管超额薪酬水平显著负相关，即公司内部控制质量越高，高管超额薪酬水平越低。第二，产权性质和产品市场竞争是影响内部控制质量与高管超额薪酬之间相关关系的重要调节变量，从产权角度看，在中央企业中，内部控制质量与高管超额薪酬之间不存在明显的相关关系；与民营企业相比，地方国有企业中内部控制质量对高管超额薪酬的抑制作用更大；从产品市场竞争角度看，样本公司面临的产品市场竞争越激烈，内部控制质量与高管超额薪酬的负相关性越强。第三，通过中介效应分析发现，内部控制质量通过约束管理层权力和打破重视人情关系的董事会文化，从而降低了高管超额薪酬。

本节的研究结论丰富了既有关于内部控制的研究文献,从公司内部治理机制的微观层面(内部控制质量)拓展了关于高管超额薪酬影响因素的研究。主要有以下两方面政策含义:第一,上市公司尤其是中央政府控股的上市公司,要重视公司的内部控制建设,推动内部控制评价体系的完善,进而运用内部控制系统约束管理层的机会主义行为。此外,上市公司要切实推进公司内外治理机制的联合建设,发挥不同机制之间关于公司治理效应的互补性,从而强化公司治理。第二,政府部门要充分发挥主观能动性和市场调节作用,并致力于为企业主体创造良好的市场竞争环境,从而发挥产品市场竞争对企业的积极外部治理作用。

第二节 公司内部治理与高管超额薪酬:冗员负担视角

一、引言

现代公司制度的确立使得公司的所有权与经营权相分离,这两权分离使得高管拥有公司主要的经营控制权,虽然有助于权责分明,但信息不对称容易导致高管产生管理松懈。一方面,拥有经营控制权的高管作为理性的经济人,有着强烈的动机利用其权力影响董事会对其薪酬契约的制定过程,与此同时,也有可能利用各种短视投资项目谋取私人利益,这不仅会增加代理成本,也会加大企业内部的薪酬差距,进而影响员工的工作积极性并最终损害企业的发展。另一方面,我国上市公司董事会固有的重视人情关系文化也会使得董事们通常不愿破坏与高管的良好关系,从而对高管获得超额薪酬的行为扮演"旁观者"的角色(Bebchuk and Fried, 2003; Brick et al., 2006;郑志刚等,2012)。高管超额薪酬问题一直是学者们关注和研究的热点话题,相关文献也围绕高管超额薪酬的影响因素展开大量研究,然而鲜有学者从企业产权的根本性质上讨论高管超额薪酬产生的原因。

事实上，国有产权与非国有产权之间存在绩效差异的最根本原因在于政府干预。政府干预会直接影响国有企业高管激励机制的正常建立，也会给国有企业强加政策性负担，使得国有企业面临多重经营任务（张敏等，2013）。政府有义务缓解社会就业压力，因此，国有企业承担冗员压力便是政府干预下的主要任务之一，也正因如此，国有企业的高管才有更加强烈的动机寻求额外补偿，从而获得超额薪酬。基于上述分析，本节以国有控股上市公司为研究对象，探讨冗员负担与高管超额薪酬之间的关系，可以有效弥补现有文献缺乏从产权因素角度进行研究的局限，研究结论也可以补充高管超额薪酬影响因素的相关研究。

本节余下结构安排如下：第二部分是理论分析与研究假设；第三部分是研究设计；第四部分是实证分析；第五部分是进一步分析；最后是本节小结。

二、理论分析与研究假设

学界关于企业冗员负担可能产生的经济后果的研究最早涉及冗员负担对国有企业经营效率的影响（Shleifer and Vishny，1994；Bai et al.，2006），并指出当时的国有企业承担着大量的冗员负担（Dewenter and Malatesta，2001）。在此基础上，国内学者开始以国有企业为研究对象，从理论和实证上研究国有企业冗员负担的经济后果（林毅夫，2004；曾庆生和陈信元，2006；薛云贵和白云霞，2008）。譬如，张天琴（2011）、张敏（2013）、沈永建和倪婷婷（2014）等研究指出，国有企业的冗员负担与高管薪酬—业绩敏感性显著负相关。叶建宏和汪伟（2015）的研究表明，国有企业承担的政策性负担会明显抑制高管获得超额薪酬。杨德明和赵璨（2016）认为冗员负担使得国有企业承担较高的劳动力成本，从而降低企业价值。赵雅娜和敖小波（2016）指出，国有企业的冗员负担会对企业的盈利能力和财务绩效造成负面影响。张宏亮和曹丽娟（2016）研究发现，国有企业的冗员负担会加大企业自由现金约束和高管道德风险，同时还会制约企业的投资行为。陈晓珊和刘洪铎（2019a）的研究表明，冗员负担会负向影响公司的现金股利政策。尽管相关研究已取得较为丰富的成果，但是上述文献更多的是讨论国有企业冗员负担的经济后果，忽视了国有企业在经过混合所有制改革之后所形成的具有相对静止产权状态的混合所有制企业中，同样因为国有产权的存在仍然承担着冗员负担，因此，讨论这种混合所有制企业的冗员负担问题有一定的必要性和重要性。

现有关于高管超额薪酬影响因素的研究主要从以下三个方面展开：一是从公司治理的角度讨论公司治理机制如何有效降低高管超额薪酬（Graham et al., 2012；Pandher and Currie, 2013；陈晓珊和刘洪铎，2019b）；二是从企业文化的角度分析董事会文化对高管超额薪酬的影响（Jensen, 1993；郑志刚等，2012）；三是从外部监督的角度探讨媒体对高管超额薪酬的治理作用（Kuhnen and Niessen, 2012）。然而，上述文献忽视了企业产权的绩效差异是影响企业经营的重要原因。在国有企业的混合所有制改革进程中，国有独资企业在经过所有制改革后，所形成的混合所有制企业内部同时拥有国有产权和非国有产权，国有产权的存在不可避免地造成混合所有制企业也会受到政府干预，而政府干预会使混合所有制企业面临更严重的代理问题，同时影响企业高管的激励机制设计，此外，政府也会赋予混合所有制企业包括社会、经济、政治等多重任务，造成企业多重目标之间的利益冲突，并且给企业带来沉重的政策性负担，最终降低了企业的市场主动性和自生能力。

对于混合所有制企业而言，当它们承担大量的冗员负担时，企业的经营目标由单纯地追求利润最大化异化为多目标，其中一个重要的目标就是承担社会上的冗员负担，从而为政府缓解就业压力（张敏等，2013）。从高管的角度看，无论是国有产权的高管抑或非国有产权的高管，其绩效薪酬均与企业业绩高度正相关，如果企业在为政府承担冗员负担的同时，高管却无法获得相应的薪酬补偿，那对高管来说明显是一种损失。因此，作为理性的经济人，高管必然会通过其他手段谋取替代性补偿，从而获得超额薪酬。从政府的角度看，政府为了使企业高管积极配合让企业长期承担冗员，也会默许让高管获得其他的隐性激励，如此一来，企业承担的冗员压力越大，高管可获得的超额薪酬越多。

基于上述分析，提出本节的研究假设：

假设 H4-4：混合所有制企业的冗员负担会使高管获得超额薪酬。

三、研究设计

(一) 样本选择与数据来源

本节选择 2010~2018 年国有控股上市公司为研究样本，剔除样本期内的金融类公司、财务状况异常、数据缺失严重的公司，得到 7195 个样本观测值。同时对所有连续变量进行上下 1% 的 Winsorize 处理。除特别说明之外，本节的数据均来自 CSMAR 国泰安金融研究中心数据库。

(二) 计量模型设计与变量说明

为检验混合所有制企业的冗员负担与高管超额薪酬之间的关系，本节构建以下计量模型进行实证分析：

$$overpay_{i,t} = \eta_0 + \eta_1 burden_{i,t} + \eta control_{i,t} + \sum year_t + \sum industry_i + \varepsilon_{i,t} \quad (4-7)$$

模型 (4-7) 中，$overpay$ 表示高管超额薪酬，使用模型 (2-1) 估计得到。$burden$ 表示冗员负担。考虑到公司规模、资本密集度、成长性水平、行业特征等是公司决定雇用员工规模的最基本决定因素，本节关于公司冗员负担的衡量主要借鉴曾庆生和陈信元 (2006)、薛云奎和白云霞 (2008)、张敏等 (2013) 等的研究方法，构建以下模型进行分行业分年度回归：

$$Y = \alpha_0 + \alpha_1 size_{i,t} + \alpha_2 capital_{i,t} + \alpha_3 growth_{i,t} + \sum industry_i + \sum year_t + \varepsilon_{i,t} \quad (4-8)$$

先根据模型 (4-8) 的估计得到各变量的预测系数，再代入模型 (4-8) 算出公司正常的雇员规模 $\hat{Y}$，最后再计算得出公司的冗员负担：$burden = Y - \hat{Y}$。模型 (4-8) 中，被解释变量 Y 衡量公司的雇员规模，其计算方法为：公司雇员人数/年末资产总额×1000000；变量 $size$ 代表公司规模，以年末资产总额取自然对数表示；变量 $capital$ 为资本密集度，以固定资产/总资产衡量；变量 $growth$ 为公司成长性，以公司的营业收入增长率表示。

模型 (4-7) 中，$control$ 为一组控制变量。本节分别从公司特征和公司治理两个维度对可能影响高管超额薪酬的因素进行控制。其中，公司特征包括公司绩效、公司规模、公司资本密集度、公司成长性、公司代理成本、公司财务杠杆；公司治理机制包括管理层激励、第一大股东持股比例、独立董事比例、董事会规模、监事会规模等。此外，本节还控制了行业和时间固定效应。综上所述，所有变量的定义和具体计算方法见表4-9。

表4-9　　　　　　　　　　变量说明

变量类型	变量名称	变量符号	变量定义
被解释变量	高管超额薪酬	overpay	根据模型（2-1）估计所得
解释变量	冗员负担	burden	根据模型（4-8）的估计系数再加以计算所得
控制变量	管理层激励	pay	公司薪酬最高前三名高管的薪酬之和取自然对数
	代理成本	perks	管理费用/营业收入
	第一大股东持股比例	equity	第一大股东持股数量/公司股本数量总和
	独立董事比例	ratio	独立董事数量/董事会总人数
	董事会规模	director	董事会人数
	监事会规模	supervisor	监事会人数
	公司规模	size	总资产取自然对数
	资本密集度	capital	固定资产/总资产
	公司成长性	tobinq	公司托宾Q值
	公司绩效	roa	净利润/总资产
	财务杠杆	lev	总负债/总资产
	时间哑变量	year	对应某一年度时，取值1，否则取值0
	行业哑变量	industry	对应某一行业时，取值1，否则取值0

四、实证分析

（一）描述性统计与相关性分析

表4-10报告了所有变量的描述性统计信息。数据显示，样本区间内高管超额薪酬的总体均值为-0.077，标准差为0.829，最小值为-2.475，

最大值为 1.750，说明 2010~2018 年我国上市公司的高管同时存在实际薪酬低于或高于正常水平的现象。进一步对数据进行分析发现，上市公司间高管获得超额薪酬与未获得超额薪酬的样本数据约各占 50%。通过模型（4-8）估计出的冗员负担，其总体均值为 6.229，标准差为 0.856，最小值为 4.644，最大值为 11.040，说明样本期间内我国上市公司间的冗员负担差异较大。由于控制变量不是本节关注的重点，故此不对其数据特征进行详细分析。

表 4-10　　　　　　　　　描述性统计信息

变量	观察值	均值	标准差	最小值	最大值
overpay	7195	-0.077	0.829	-2.475	1.750
burden	7195	6.229	0.856	4.644	11.040
pay	7195	14.070	0.718	12.000	15.960
perks	7195	0.105	0.125	0.008	1.000
equity	7195	39.440	15.310	9.087	76.000
ratio	7195	0.367	0.052	0.300	0.571
director	7195	9.422	1.883	5.000	15.000
supervisor	7195	4.204	1.266	3.000	7.000
size	7195	22.260	1.278	18.900	25.470
capital	7195	0.963	0.054	0.674	1.000
tobinq	7195	1.540	1.478	0.205	12.880
roa	7195	0.031	0.059	-0.248	0.230
lev	7195	0.482	0.208	0.007	0.998

表 4-11 报告了变量的 Pearson 相关性检验结果。可以看到，从整体上看本节计量模型中所有变量与被解释变量之间均存在显著的相关性。其中，冗员负担变量与高管超额薪酬之间呈现显著的正相关关系，相关系数为 0.044，初步表明冗员负担会促进高管获得超额薪酬。此外，方差膨胀因子（VIF）检验结果显示（篇幅限制未列示），所有变量的 VIF 值均介于 1.00~3.00，其中最小值为 1.22，最大值仅为 2.70，充分表明本节的变量间不存在严重的多重共线性，可以进行多元回归分析。

表4-11 相关性检验结果

变量	overpay	burden	pay	perks	equity	ratio	director	supervisor	size	capital	qa	roa	lev
overpay	1												
burden	**0.044**	1											
pay	**0.539**	-0.043	1										
perks	**0.065**	0.033	0.025	1									
equity	-0.163	0.011	**0.056**	-0.071	1								
ratio	-0.032	-0.008	**0.048**	0.009	**0.091**	1							
director	0.004	**0.034**	**0.098**	-0.085	0.010	-0.266	1						
supervisor	-0.072	0.037	0.016	-0.069	0.020	-0.058	0.297	1					
size	-0.099	-0.039	**0.440**	-0.167	**0.298**	0.151	0.237	0.189	1				
capital	0.040	-0.063	**0.142**	0.028	0.024	0.044	-0.050	-0.007	0.060	1			
tobinq	0.109	-0.002	-0.091	**0.183**	-0.079	-0.034	-0.106	-0.094	-0.462	-0.073	1		
roa	0.142	0.013	**0.311**	-0.042	**0.124**	-0.042	0.047	0.007	0.101	-0.046	0.173	1	
lev	-0.048	-0.051	-0.081	-0.205	-0.035	0.033	0.069	0.094	0.281	0.024	-0.381	-0.354	1

注：本表中加粗的数值表示在1%的统计水平上显著。

(二) 回归分析

通过 Hausman 检验，本节的计量模型适合固定效应估计。为对比考虑，表 4-12 同时报告了 OLS 估计、FE 估计，以及将解释变量和控制变量滞后一期处理的 FE 估计结果，但主要结论仍以 FE 估计的结果为主。可以看到，三组回归的结果高度一致，冗员负担变量（$burden$）与高管超额薪酬（$overpay$）之间均呈现显著的正相关关系，并且回归系数均在 5% 的统计水平上显著，表明冗员负担会显著促进高管获得超额薪酬，验证了本节的研究假设。

表 4-12　混合所有制企业的冗员负担与高管超额薪酬的关系检验结果

变量	(1) OLS 估计	(2) FE 估计	(3) FE 估计（滞后一期）
$burden$	0.0040 ** (0.002)	0.0040 ** (0.002)	0.0653 ** (0.029)
pay	0.9554 *** (0.004)	0.9554 *** (0.004)	0.7691 *** (0.031)
$perks$	0.0116 (0.011)	0.0116 (0.011)	0.1560 (0.154)
$equity$	-0.0003 ** (0.000)	-0.0003 ** (0.000)	-0.0048 *** (0.001)
$ratio$	0.0559 * (0.031)	0.0559 * (0.031)	0.0939 (0.354)
$director$	0.0013 (0.001)	0.0013 (0.001)	0.0120 (0.012)
$supervisor$	0.0015 (0.001)	0.0015 (0.001)	-0.0194 (0.016)
$size$	-0.2023 *** (0.002)	-0.2023 *** (0.002)	-0.2234 *** (0.026)
$capital$	-0.5981 *** (0.028)	-0.5981 *** (0.028)	-0.0541 (0.286)

续表

变量	(1) OLS 估计	(2) FE 估计	(3) FE 估计（滞后一期）
$tobinq$	-0.0114 *** (0.001)	-0.0114 *** (0.001)	0.0269 * (0.014)
roa	-0.9839 *** (0.028)	-0.9839 *** (0.028)	-0.2506 (0.306)
lev	0.1995 *** (0.008)	0.1995 *** (0.008)	0.4231 *** (0.113)
$Constant$	-10.5420 *** (0.070)	-8.5426 *** (0.061)	-6.4290 *** (0.681)
industry/year	控制	控制	控制
观测值	7195	7194	5690
R^2	0.993	0.993	0.346

注：***、**、*分别表示在1%、5%、10%的统计水平上显著；括号内为经过公司层面的 cluster 处理后的稳健标准误。

从控制变量的回归结果看，管理层激励、独立董事比例、公司财务杠杆均与高管超额薪酬显著正相关。公司代理成本与高管超额薪酬未有明显的相关性。第一大股东持股比例越大，高管超额薪酬越低，充分肯定了大股东的治理作用。未有证据表明董事会与监事会对高管超额薪酬发挥显著的治理作用。公司规模、公司资本密集度、公司成长性和公司绩效等越高，越有助于降低高管超额薪酬。

（三）稳健性检验

为了增强前文研究结果的说服力，本节进行如下稳健性检验：

（1）内生性问题。本节研究发现，冗员负担会正向提升高管超额薪酬，但是不可避免地需要考虑两者间可能存在的内生性问题。如果那些高管通过权力谋取私人利益的公司，其冗员负担本身就重，那么冗员负担与高管超额薪酬之间的正相关关系就不完全代表冗员负担对高管超额薪酬的提升效应。通过 Hausman 检验和异方差稳健的 DWH 检验发现，本节的回归模型（4-8）中的冗员负担变量与被解释变量之间存在明显的内生性。对此，本节考虑采用工具变量法控制内生性。

具体而言，本节同时选择冗员负担的滞后一阶变量（$l.burden$）和其行业均值水平（$burden\_ind$）作为冗员负担的工具变量，这两个变量都与冗员负担息息相关，但不会直接影响高管的超额薪酬水平。表4-13中列（1）和列（2）报告了2SLS估计结果，可以看到，第一阶段回归中，两个工具变量均与冗员负担呈正相关关系，回归系数分别为0.8437、0.5015，并且都在1%的统计水平上高度显著；此外，工具变量均通过不可识别检验、弱识别检验和过度识别检验，满足工具变量的有效性要求。第二阶段回归中，冗员负担变量与高管超额薪酬之间呈显著的正相关关系，回归系数为0.0044，表明在控制内生性后，本节的研究结论依然成立。

表4-13　　　　　　　　稳健性检验结果

变量	2SLS估计		Logit估计	FE估计	FE估计
	(1)	(2)	(3)	(4)	(5)
	第一阶段因变量：$burden$	第二阶段因变量：$overpay$	因变量：$overpay\_dum$	因变量：$overpay$	因变量：$overpay$
$l.burden$	0.8437*** (0.017)				
$burden\_ind$	0.5015*** (0.047)				
$burden$		0.0044** (0.002)	0.2143** (0.083)		0.0056** (0.002)
$lnemp$				0.0036** (0.002)	
Constant		-10.6511*** (0.077)	-35.0140*** (3.010)	-8.4897*** (0.062)	-8.0797*** (0.098)
不可识别检验	150.42*** (p=0.0000)				

续表

变量	2SLS 估计 (1) 第一阶段 因变量：burden	2SLS 估计 (2) 第二阶段 因变量：overpay	Logit 估计 (3) 因变量：overpay_dum	FE 估计 (4) 因变量：overpay	FE 估计 (5) 因变量：overpay
弱识别检验	1752.84*** (p=0.0000)				
过度识别检验	4.5954 (p=0.3210)				
控制变量	控制	控制	控制	控制	控制
industry/year	控制	控制	控制	控制	控制
观测值	5690	5690	7195	7194	3490
R^2	0.993	0.993	0.402	0.993	0.981

注：***、**分别表示在1%、5%的统计水平上显著；括号内为经过公司层面的cluster处理后的稳健标准误。

（2）替换关键变量。首先，基于模型（2-1）对高管超额薪酬水平的估计，本节构建高管是否获得超额薪酬的虚拟变量（overpay_dum）为被解释变量，当高管超额薪酬水平（overpay）大于0时，哑变量overpay_dum取值1，相反地，当高管超额薪酬水平（overpay）小于0时，overpay_dum哑变量取值0，并采用Logit估计，具体估计结果如表4-13列（3）所示。可以看到，冗员负担变量与高管是否获得超额薪酬之间呈现显著的正相关关系，表明冗员负担会增加高管获得超额薪酬的概率，佐证了本节的研究结论。

其次，本节采用公司绝对雇员规模（lnemp）作为冗员负担的代理变量，并采用固定效应估计。表4-13中列（4）展示了具体的回归结果，可以看到，绝对雇员规模变量lnemp与高管超额薪酬之间存在显著的正相关关系，回归系数为0.0036，表明公司雇员规模越大，高管获得超额薪酬越多。

（3）严格界定研究样本。根据前文表4-10的描述性统计信息，本节的研究样本中高管获得超额薪酬与未获得超额薪酬的数据各占50%。作为稳健性检验，本节对研究样本进行严格界定，删除高管未获得超额薪酬的数据，并重新进行固定效应回归，结果如表4-13列（5）所示。可以看到，在确保研究样本中高管获得超额薪酬的情况下，冗员负担与高管超额薪酬之间的正相关关系并未发生实质性改变，充分验证了本节的研究结论。

五、进一步分析

前文的基础分析中证实了混合所有制企业的冗员负担会使高管获得超额薪酬，随之而来的问题是，这一结论是否在所有的混合所有制企业中都存在。本部分将进一步从企业生命周期、企业特征、管理层权力等角度探讨冗员负担与高管超额薪酬之间的关系，以夯实本节的研究结论。

（一）企业生命周期的影响

前文的研究主要从静态的角度讨论冗员负担与高管超额薪酬之间的关系，但是企业在不同的生命阶段面临着不同的经营状态，可能会影响两者间的关系。因此，本部分考虑从动态的角度探讨冗员负担与高管超额薪酬之间的关系是否会随着企业生命周期的变化而变化。借鉴王旭和徐向艺（2015）、陈晓珊和刘洪铎（2019a）的研究，本节首先将营业收入为负值的企业认定为正处于衰退期的企业，将营业收入增长率大于0的前50%的企业认定为正处于成长期的企业，后50%的企业归为成熟期企业集合Ⅰ；其次，将留存收益资产比从高到低排序，将前5%分位上的样本归入成熟期企业集合Ⅱ，集合Ⅰ与集合Ⅱ的交集即为成熟期企业。将上述三组样本进行固定效应回归，结果如表4-14所示。可以看到，三组回归中冗员负担变量的回归系数均为正，但仅在成熟期企业中显著，充分表明冗员负担与高管超额薪酬之间的正相关关系仅在成熟期企业中存在。

表4-14　冗员负担与高管超额薪酬：企业生命周期的影响

变量	(1) 成长期	(2) 成熟期	(3) 衰退期
burden	0.0027 (0.002)	0.0063*** (0.002)	0.0030 (0.002)

续表

变量	(1) 成长期	(2) 成熟期	(3) 衰退期
Constant	-8.5733*** (0.070)	-8.5282*** (0.070)	-8.5757*** (0.072)
控制变量	控制	控制	控制
industry/year	控制	控制	控制
观测值	3541	3856	2991
R^2	0.993	0.992	0.993

注：***表示在1%的统计水平上显著；括号内为经过公司层面的cluster处理后的稳健标准误。

（二）企业特征的影响

从产权性质的角度看，不同产权的企业有着明显的责任差异，譬如国有产权的企业面临着较高的政策性负担和预算软约束，企业同时追求政治和经济目标，而非国有产权的企业更多的是创造利润，单纯面临着经济压力。本节按绝对控股比例（50%）将全样本分为国有绝对控股和民营绝对控股，并对两组样本进行固定效应估计，结果如表4-15列（1）和列（2）所示。可以看到，两组样本中的冗员负担变量的回归系数均为正，但仅在民营绝对控股的样本中才显著，表明冗员负担与高管超额薪酬之间的正相关关系在民营绝对控股的企业中更明显。

表4-15　　冗员负担与高管超额薪酬：企业特征的影响

变量	国有股比例		行业属性		产品市场竞争	
	(1) 国有绝对控股	(2) 民营绝对控股	(3) 垄断行业	(4) 非垄断行业	(5) 低竞争	(6) 高竞争
burden	0.0006 (0.004)	0.0039** (0.002)	0.0042* (0.002)	0.0035 (0.003)	0.0035 (0.002)	0.0043* (0.002)
Constant	-8.5395*** (0.142)	-8.5298*** (0.061)	-8.4434*** (0.077)	-8.6341*** (0.089)	-8.4342*** (0.086)	-8.6729*** (0.074)
控制变量	控制	控制	控制	控制	控制	控制

续表

变量	国有股比例		行业属性		产品市场竞争	
	(1)	(2)	(3)	(4)	(5)	(6)
	国有绝对控股	民营绝对控股	垄断行业	非垄断行业	低竞争	高竞争
industry/year	控制	控制	控制	控制	控制	控制
观测值	1677	5512	3409	3781	3581	3581
R^2	0.993	0.993	0.990	0.994	0.993	0.993

注：***、**、*分别表示在1%、5%、10%的统计水平上显著；括号内为经过公司层面的cluster处理后的稳健标准误。

从行业属性的角度看，企业所处的行业会影响企业的社会贡献，也会影响企业所承担的社会责任。本节将全样本按行业性质划分为垄断行业和非垄断行业（篇幅限制，具体分类未列出），并将上述两组样本进行固定效应估计，结果如表4-15列（3）和列（4）所示。可以看到，两组样本中的冗员负担变量的回归系数均为正，但仅在垄断行业的样本中才显著，表明冗员负担与高管超额薪酬之间的正相关关系在垄断行业的企业中更明显。

从产品市场竞争的角度看，企业所面临的市场竞争是一种重要的外部治理机制，高管面临不同的市场竞争压力可能会对其谋取私人利益的行为产生影响。对此，本节采用勒纳指数的相反数作为市场竞争的代理变量，并将其从低到高平均划分为六组，将最低的三组定义为低竞争组，将最高的三组定义为高竞争组，并对上述两组样本进行固定效应估计，具体估计结果如表4-15列（5）和列（6）所示。可以看到，两组样本中冗员负担变量的回归系数均为正，但只在高竞争组中显著，表明混合所有制企业的冗员负担与高管超额薪酬之间的正相关关系在面临较高市场竞争的企业中更明显。

（三）管理层权力的影响

相关研究表明，管理层权力是高管获得超额薪酬的重要原因，那么，为了验证管理层权力是否会影响冗员负担与高管超额薪酬之间的关系，本节首先将全样本按照董事长与总经理是否两职合一划分为两职分离和两职合一两个子样本，一般而言，两职分离时高管的权力相对较小。其次，本节按照管理层是否持股（有持股取值1，否则取值0）、独立董事比例是否低于当年样本均值（低于均值取值1，否则取值0）、第一大股东与第二至第十大股东的比值是否小于1（小于1取值1，否则取值0）构建管理层权力的积分变量，再将此积分变量按从低到高平均分为六组，将最低的三组定义为管理层权力低组，将最高的三组定义为管理层权力高组。最后，对上述四组样本进行固定效应估计，具体结果如表4-16所示。可以看到，四组样本中，冗员负担变量的回归系数均为正，但仅在两职分离和管理层权力低的企业中显著，表明混合所有制企业的冗员负担与高管超额薪酬之间的正相关关系在董事长与总经理两职分离和管理层权力较低的企业中更明显。

表4-16　冗员负担与高管超额薪酬：管理层权力的影响

变量	董事长与总经理是否两职合一		管理层权力	
	（1）两职分离	（2）两职合一	（3）管理层权力低	（4）管理层权力高
$burden$	0.0038 ** (0.002)	0.0066 (0.004)	0.0040 * (0.002)	0.0026 (0.002)
$Constant$	-8.5392 *** (0.066)	-8.5862 *** (0.111)	-8.4808 *** (0.089)	-8.5690 *** (0.066)
控制变量	控制	控制	控制	控制
industry/year	控制	控制	控制	控制
观测值	6384	679	3479	3588
R^2	0.993	0.995	0.992	0.994

注：*** 、** 、* 分别表示在1%、5%、10%的统计水平上显著；括号内为经过公司层面的cluster处理后的稳健标准误。

六、本节小结

在政府不断推进国有企业混合所有制改革的背景下，本节以2010~2018年沪深两市A股国有控股的上市公司为研究对象，实证研究了混合所有制企业的冗员负担对高管超额薪酬的影响。结果表明，冗员负担会显著促进高管获得超额薪酬，并且该结论在控制内生性和一系列稳健性检验下都成立。进一步分析发现，冗员负担对高管超额薪酬的促进效应在处于成熟期、民营绝对控股、垄断行业、面临激烈的市场竞争、董事长与总经理两职分离、管理层权力低等类型的企业中更明显。

本节的研究具有重要的理论意义和实践价值。从理论上看,本节充分考虑了企业的产权性质问题对公司治理的影响。从产权的角度看,混合所有制企业需要代替政府承担社会就业的政策性目标。本节特此选择冗员负担这一研究视角,深入讨论当企业本身存在事实上的冗员压力时会如何影响作为经营决策者的高管的行为,这有助于丰富相关领域的研究文献,拓展研究视野,同时也提供了新的研究视角。从实践上看,本节的研究结论在一定程度上可以为混合所有制企业的高管获得超额薪酬的事实提供来自企业产权层面的合理解释,同时也为企业部门进一步完善公司治理,以及政府部门进一步完善监管制度提供了经验证据。

具体启示在于:一是混合所有制企业要同时兼顾经济目标和政治目标,这要求高管要能够动态调整经营决策方向,同时要重视员工雇用制度建设,设定适度冗员水平,避免因冗员负担过重而影响企业利润目标的实现。二是国有企业要注重分类改革和治理,不同功能的企业要设定不同程度的冗员规模,重点解决特殊功能类和公益类企业的冗员问题,提升此类企业的经营效率。三是国有企业的混合所有制改革过程中,应该科学估计和设定混改后的混合所有制企业内部合理的雇员数量,积极利用人才市场机制,并充分发挥市场的资源配置效用,引导市场这一"无形之手"真正参与企业管理和治理中。四是政府在持续稳步推进国有企业的混合所有制改革时要注重企业内部的产权制衡改革,同时减少政府干预,切实降低混合所有制企业的冗员负担,尤其是要降低处于成熟期、民营绝对控股、垄断行业、面临激烈市场竞争、董事长与总经理两职分离、管理层权力低等类型企业的冗员负担,从而约束高管获得超额薪酬的机会主义行为。

第三节 公司内部治理与高管超额薪酬:独立董事薪酬激励视角

一、引言

理论上,独立董事受聘于上市公司,但又不受制于管理层、大股东和治理层，其承担对董事会的监督职责，发挥一定的公司治理作用。然而，实践中出现的一个尴尬现象是：上市公司外部独立董事有时会呈现出"不懂事""不独立"的"花瓶"形象。上述悖论与学术界关于独立董事公司治理效应的研究结论不统一甚至矛盾高度一致。

现有文献中，关于独立董事的研究多从独立董事的个体特征出发，包括独立董事比例、独立董事性别、独立董事的网络特征、独立董事的私人关系、独立董事的背景特征等（韩洁等，2015；洪峰，2018；陈霞等，2018）。国内学者周泽将和王浩然（2021）研究发现，股东大会投票得票率越低，独立董事异议行为发生的概率越大、数量越多，具体表现为压力效应，并指出压力效应是中国情境下独立董事履职的重要机制。国外学者则认为在评价独立董事如何保护股东利益、任命或保留独立董事时就应充分考虑声誉方面的顾虑（Le et al.，2022）。例如，布莱恩和梅森（Bryan and Mason，2024）研究发现，拥有声誉激励相对较低的独立董事的公司的审计收费比拥有声誉激励中性的独立董事的公司高 4.39%。本节认为，从西方经济学的理性人假设考虑，应该从激励的角度刻画独立董事的特征，换言之，理性人的自利天性更多是逐利性的。为了更好地发挥独立董事的公司治理作用，应该关注其薪酬问题。中国证监会《关于在上市公司建立独立董事制度的指导意见》规定："上市公司应当给予独立董事适当的津贴"，津贴的标准应当由董事会制定预案，股东大会审议通过，并在公司年报中进行披露。那么合理的猜想是：假如上市公司给予独立董事更多的薪酬激励，独立董事应该会更加积极地发挥公司治理作用。事实是否如此呢？本节考虑从高管获得超额薪酬这一代理问题着手，研究独立董事薪酬激励与高管超额薪酬之间的关系，以期对上述猜想进行验证。

事实上，上市公司建立独立董事制度的初衷主要是为了提升董事会的独立性，提高董事会的监督效率，从而约束高管可能从事的机会主义行为，并最终达到降低公司代理成本的目的。从这个角度看，公司若给予独立董事适当的薪酬以作为其发挥积极监督职能的补偿，确实能够有效抑制高管谋取私人利益的行为。但是，随着管理层权力理论的快速发展，学者们发现高管有着非常强烈的动机利用其特定控制权去谋取超额薪酬（陈作华和方红星，2023），并且高管获得超额薪酬已成为一种非常普遍的现象，由此导致独立董事被公众诟病为"不懂事""不独立"的"花瓶"形象

（蒋尧明和梁美蓉，2024）。明显地，高管获得超额薪酬违背了独立董事制度的意义。这也从侧面反映了这样一个问题，即在公司给予薪酬激励的情况下，独立董事在任职期间是否认真履职？若答案是肯定的，那如何解释高管获得超额薪酬的现象？若答案是否定的，那么是什么因素导致独立董事不履行监督职能？对此可以大胆预期，独立董事是否与高管存在合谋现象？综上所述，本节深入探讨独立董事的薪酬激励与高管超额薪酬之间的关系有着重要的理论意义和实践价值，且综合运用博弈论和计量统计分析相结合的方法进行研究也有一定的创新性。

本节的研究贡献在于：首先，相较于选择公司价值或代理成本等角度进行研究，在高管"天价薪酬"见诸报端的现实背景下，本节选择高管薪酬的视角能够更直接地验证上市公司独立董事的治理效应。与此同时，独立董事在高管薪酬契约设计、业绩评价、变更、解聘等重大事项中发挥重要作用，所以探讨独立董事薪酬激励与高管获得超额薪酬之间的关系具有一定的现实意义。其次，本节运用博弈论和计量统计相结合的方法进行研究，弥补了既有文献缺乏理论数理依据的局限性，为后续研究提供了方法参考。最后，本节的研究结论明确了独立董事薪酬激励与高管超额薪酬之间存在明显的"U型"关系，这不仅为上市公司进一步完善独立董事激励方案提供了经验证据，也为后续研究提供了思路，即上市公司的独立董事与高管之间是否存在通过互相提高薪酬从而形成"双赢"的利益合作关系。

二、博弈模型

（一）模型构建

考虑一个双方不完全信息静态博弈模型，参与人分别为独立董事和高管，二者对应的策略空间分别为（监督、不监督）、（自利、不自利）。基于理性的经济人假定，博弈双方各自按照预期的效用最大化原则作出策略选择。为了简化分析，本节将公司的损失简化为仅因高管利用权力获得超额薪酬的自利行为所产生的损失。

本节在邱风和张青（2006）的模型基础上结合中国企业的实际情况和

本节的研究主旨加以调整和扩展，给定以下参数：首先，从独立董事的角度，假定公司给独立董事提供的基本报酬为常数 $\omega(\omega>0)$；独立董事发挥监督职能并成功发现高管自利行为的概率为 $p(0 \leqslant p \leqslant 1)$，此时独立董事获得声誉激励，我们将其货币化为收益常数 $\alpha(\alpha \geqslant 0)$；独立董事履行职能时可能产生的监管成本为常数 $c(c>0)$；独立董事发现高管自利行为时存在两种选择，第一种是其未与高管合谋，认真履行监督职责，向公司报告，第二种是其与高管合谋，对高管的自利行为睁只眼闭只眼，不向公司报告，对此假定独立董事与高管合谋的概率为 $\mu(0 \leqslant \mu \leqslant 1)$，并且合谋被公司发现的概率为 $\theta(0 \leqslant \theta \leqslant 1)$。此外，双方合谋未被发现时独立董事可获得高管给予的合谋收益为常数 $\xi(\xi>\alpha)$，但被发现时公司给予独立董事的惩罚为 $\psi(\psi \geqslant 0)$。其次，从高管的角度，设定高管的薪酬契约为 $\eta+\lambda\pi$，其中，$\eta(\eta>0)$ 为基本底薪，$\lambda\pi$ 为业绩薪酬，$\lambda(0 \leqslant \lambda \leqslant 1)$ 是薪酬—业绩敏感性；高管利用权力谋取超额薪酬的自利行为被独立董事发现并报告公司时所受到的惩罚包括罚金 $d(d>0)$ 和声誉损失，我们同样将声誉损失货币化为常数 $\chi(\chi \geqslant 0)$；高管自利行为未被公司查处时的收益为常数 $b(b>\xi)$。

基于上述参数，图4-1列示了双方博弈所产生的期望收益。

参与人		高管	
		自利	不自利
独立董事	监督	$\omega-c+(1-\mu)p\alpha+p\mu(1-\theta)\xi-\mu\theta\psi$, $\eta+\lambda\pi-p(1-\mu)(d+\chi)+b(1-p)-\mu(1-\theta)\xi$	$\omega-c, \eta+\lambda\pi$
	不监督	$\omega+\mu(1-\theta)\xi-\mu\theta\psi$, $\eta+\lambda\pi+b(1-\mu)+\mu(1-\theta)(b-\xi)$	$\omega, \eta+\lambda\pi$

图4-1 独立董事与高管的博弈收益方阵

（二）模型解析

如图4-1所示，$\omega>\omega-c$，$\eta+\lambda\pi+b(1-\mu)+\mu(1-\theta)(b-\xi)>\eta+\lambda\pi$ 恒成立，因此，模型的均衡解取决于 $\omega-c+(1-\mu)p\alpha+p\mu(1-\theta)\xi-\mu\theta\psi$ 与 $\omega+\mu(1-\theta)\xi-\mu\theta\psi$，以及 $\eta+\lambda\pi-p(1-\mu)(d+\chi)+b(1-p)-$

$\mu(1-\theta)\xi$ 与 $\eta+\lambda\pi$ 的比较，我们运用双划线方法求解图 4-1 的纯策略纳什均衡，具体分析如下：

（1）当 $\omega-c+(1-\mu)p\alpha+p\mu(1-\theta)\xi-\mu\theta\psi > \omega+\mu(1-\theta)\xi-\mu\theta\psi$，$\eta+\lambda\pi-p(1-\mu)(d+\chi)+b(1-p)-\mu(1-\theta)\xi > \eta+\lambda\pi$ 时，博弈的纯策略纳什均衡为（监督，自利）。

（2）当 $\omega-c+(1-\mu)p\alpha+p\mu(1-\theta)\xi-\mu\theta\psi > \omega+\mu(1-\theta)\xi-\mu\theta\psi$，$\eta+\lambda\pi-p(1-\mu)(d+\chi)+b(1-p)-\mu(1-\theta)\xi < \eta+\lambda\pi$ 时，该博弈没有纯策略纳什均衡。

（3）当 $\omega-c+(1-\mu)p\alpha+p\mu(1-\theta)\xi-\mu\theta\psi < \omega+\mu(1-\theta)\xi-\mu\theta\psi$，$\eta+\lambda\pi-p(1-\mu)(d+\chi)+b(1-p)-\mu(1-\theta)\xi < \eta+\lambda\pi$ 时，博弈的纯策略纳什均衡为（不监督，自利）。

（4）当 $\omega-c+(1-\mu)p\alpha+p\mu(1-\theta)\xi-\mu\theta\psi < \omega+\mu(1-\theta)\xi-\mu\theta\psi$，$\eta+\lambda\pi-p(1-\mu)(d+\chi)+b(1-p)-\mu(1-\theta)\xi > \eta+\lambda\pi$ 时，博弈的纯策略纳什均衡同样是（不监督，自利）。

由此可见，在纯策略纳什均衡下，无论独立董事是否选择发挥监督作用，高管都会选择自利，这既呼应了高管是理性人的隐含假定，也表明高管获得超额薪酬在上市公司中是一个非常普遍的现象，由此更凸显了本节研究的必要性，即如何更有效地激励独立董事履行监督职能，并且能够产生实质性地降低高管自利概率的作用。因此，本节基于第一种情形［即（监督，自利）］探讨独立董事监督与高管自利之间的关系。

基于图 4-1 所示的博弈收益表可知，独立董事发挥监督职能能够获得的收益为：$y_1 = \omega-c+(1-\mu)p\alpha+p\mu(1-\theta)\xi-\mu\theta\psi$，与此同时，高管自利可获得的收益为：$y_2 = \eta+\lambda\pi-p(1-\mu)(d+\chi)+b(1-p)-\mu(1-\theta)\xi$。根据这两个式子，我们可以求得独立董事薪酬激励 ω 与高管所获得的超额收益 b 之间的关系模型为：

$$b = \frac{c-\omega+y_1-y_2+\eta+\lambda\pi+dp(\mu-1)+(\theta-1)\mu\xi+p[(\mu-1)(\alpha+\chi)+\mu(\theta-1)\xi]+\mu\theta\psi}{p-1}$$

$$(4-9)$$

其中，$p = \dfrac{c-\omega+y_1+\mu\theta\psi}{\alpha-[\alpha+(\theta-1)\xi]\mu}$。

基于模型（4-9），可以求得一阶表达式为：

$$\frac{\partial b}{\partial \omega} = -\frac{[\alpha(\mu-1)+\mu(\theta-1)\xi][-y_2+\eta+\lambda\pi+(\mu-1)(d+\chi)+(\theta-1)\mu\xi]}{[c-\omega+y_1+\alpha(\mu-1)+\mu(\theta-1)\xi+\mu\theta\psi]^2} < 0$$

$$(4-10)$$

由模型（4-10）可知，在一定条件下，高管超额薪酬与独立董事薪酬之间存在明显的负相关关系，表明上市公司给予独立董事适度范围内的薪酬确实能够激励其履行监督职责，约束高管获得超额收益的行为。但在这种情形下，理性的高管有动机利用管理层权力寻租独立董事，试图通过给予独立董事更高的合谋利益来笼络独立董事，弱化独立董事的监督，从而避免自身利益受损。对此，我们进一步将模型（4-10）求一阶偏导，得到以下模型：

$$\frac{\partial^2 b}{\partial \omega^2} = -\frac{2[\alpha(\mu-1)+\mu(\theta-1)\xi][-y_2+\eta+\lambda\pi+(\mu-1)(d+\chi)+(\theta-1)\mu\xi]}{[c-\omega+y_1+\alpha(\mu-1)+\mu(\theta-1)\xi+\mu\theta\psi]^3} > 0$$

$$(4-11)$$

由模型（4-11）可知，在公司给予独立董事一定薪酬激励的基础上，高管进一步给予独立董事更多的薪酬确实会促使高管获得更高的超额收益，由此可见，在这个阶段高管与独立董事之间确实存在合谋行为。此时 $\mu=1$，故 $\frac{\partial^2 b}{\partial \omega^2} = -\frac{2(\theta-1)\xi[-y_2+\eta+\lambda\pi+(\theta-1)\xi]}{[c-\omega+y_1+(\theta-1)\xi+\theta\psi]^3} > 0$ 恒成立。上述分析充分表明独立董事薪酬激励与高管超额薪酬之间存在明显的"U型"关系，由此提出本节的研究假设：

假设 H4-5：在一定条件下，独立董事薪酬激励与高管超额薪酬之间存在"U型"关系，适当范围内的薪酬水平有助于激励独立董事发挥有效的监督作用，降低高管超额薪酬，但给予过多的薪酬反而会弱化独立董事的监督作用，从而提升高管的超额薪酬水平。

三、研究设计

（一）样本选择与数据来源说明

本节选取 2010~2021 年我国沪深两市 A 股上市公司为研究样本，选择 2010 年为研究起点，主要考虑到 2010 年之后经济开始复苏，样本区间内没有过多的外生噪声。按照研究的常规操作，本节剔除原始样本中财务数据缺失、公司治理数据缺失、金融类行为以及样本期内被 ST、*ST 的公司，共得到 25559 个样本观测值。

本节所用上市公司高管绝对薪酬数据、财务数据、公司治理数据等均来自 CSMAR 国泰安金融研究中心数据库，机构投资者数据来自 CCER 数据库，高管超额薪酬数据由作者通过模型估计进行整理。为了避免极端值的影响，本节对所有连续型变量在上下 1% 的水平进行了 Winsorize 处理。

（二）变量选取

（1）被解释变量：高管超额薪酬。本节选择两种方法刻画高管超额薪酬，一是测算高管获得超额薪酬的水平，二是构建高管是否获得超额薪酬的虚拟变量。针对高管超额薪酬水平的衡量，采用模型（2-1）测算得到。基于上述对高管超额薪酬水平的估计，我们构建高管是否获得超额薪酬的虚拟变量（overpay_dum）为被解释变量，当高管超额薪酬水平（overpay）大于 0 时，哑变量 overpay_dum 取值 1，相反地，当高管超额薪酬水平（overpay）小于 0 时，overpay_dum 哑变量取值 0。

（2）解释变量：独立董事薪酬激励。借鉴张天舒等（2018）、谢德仁和黄亮华（2013）的研究，本节关于独立董事薪酬激励的刻画以上市公司年报中披露的独立董事津贴取自然对数进行衡量。

（3）控制变量。参考郑志刚等（2012）、罗宏等（2014）等主流文献的做法，本节选择以下变量作为控制变量，具体包括股权制衡度（z_score）、代理成本（perks）、机构投资者持股比例（hold）、高层人员的职业生涯关注（career）、高层人员规模（num_total）、企业业绩（roe）、企业规模（size）、资产负债率（lev）、两职兼任（dual）、产品市场竞争（competition）、制度环境（market）、产权性质（state）。此外，本节还同时控制时间效应和行业效应。

（三）计量模型构建

为检验上市公司独立董事薪酬激励对高管超额薪酬是否存在非线性影响，本节构建以下模型进行实证分析：

$$overpay_{i,t} = \gamma_0 + \gamma_1 allowance_{i,t} + \gamma_2 allowance \times allowance_{i,t} + \Gamma control_{i,t}$$
$$+ \sum year_t + \sum industry_i + \varepsilon_{i,t} \qquad (4-12)$$

$$overpay\_dum_{i,t} = \gamma_0 + \gamma_1 allowance_{i,t} + \gamma_2 allowance \times allowance_{i,t}$$
$$+ \Gamma control_{i,t} + \sum year_t + \sum industry_i + \varepsilon_{i,t}$$
$$(4-13)$$

模型（4-12）中，被解释变量为高管超额薪酬水平的连续变量，通过 Hausman 检验，采用固定效应估计；模型（4-13）中，被解释变量为高管是否获得超额薪酬的虚拟变量，采用 Logit 估计。$allowance$ 和 $allowance \times allowance$ 分别为独立董事薪酬激励及其平方项；$control$ 为一组控制变量，见表 4-17。两个回归模型中，本节主要关注系数 γ_1 和 γ_2 的符号和显著性水平，若 $\gamma_1 < 0$、$\gamma_2 > 0$ 并且都在统计水平上显著，则表示独立董事薪酬激励与高管超额薪酬之间存在"U 型"关系，符合理论预期。

表 4-17　　　　　　　　　　　变量说明

变量类型	变量名称	变量符号	变量定义
被解释变量	高管超额薪酬水平	overpay	基于模型（2-1）进行测算
	高管是否获得超额薪酬	overpay_dum	虚拟变量，overpay 大于 0 时取值 1，否则取值 0
解释变量	独立董事薪酬激励	allowance	年报信息披露的独立董事津贴取自然对数
	独立董事薪酬激励的平方	allowance × allowance	allowance 的平方项
控制变量	股权制衡度	z_score	第一大股东持股比例/第二大股东持股比例
	代理成本	perks	管理费用/营业收入
	机构投资者持股比例	inst_hold	基金、QFII、券商、保险等机构投资者的持股比例之和
	高层人员的职业生涯关注	career	董事、监事和高级管理人员的平均年龄
	高层规模	num_total	董事、监事和高级管理人员的总人数
	企业业绩	roe	净利润/营业收入
	企业规模	size	资产规模取自然对数

续表

变量类型	变量名称	变量符号	变量定义
控制变量	资产负债率	lev	总负债/总资产
	两职兼任	dual	虚拟变量，董事长与总经理两职兼任取值1，否则取值0
	产品市场竞争	competition	勒纳指数的倒数
	制度环境	market	王小鲁等（2021）的地区市场化程度指数
	产权性质	state	虚拟变量，国有企业取值1，否则取值0
	年度效应	year	年度虚拟变量
	行业效应	industry	行业虚拟变量

四、实证分析

（一）描述性统计分析

表4-18报告了模型主要变量的描述性统计信息。数据显示，2010~2021年，我国约62%的上市公司高管获得超额薪酬，超额薪酬的平均水平约为0.126，最小值为-1.508，最大值为1.512，表明部分公司也存在实际薪酬低于正常水平的现象。上市公司间独立董事薪酬激励存在一定的差距，取自然对数后的平均值为10.710，标准差为1.561，最小值为0.000，表明部分公司存在零薪酬的独立董事①。衡量股权制衡度的z指数均值为10.720，意味着公司间股权制衡度相对较高。公司间管理费用占营业收入的比重平均约为10%，高层人员平均年龄约为46岁，高层人员的规模平均约为17人。样本中约56%的企业为国有企业，地区市场化指数平均为7.852。此外，相关性检验和VIF检验都表明，本节主要变量之间不存在严重的多重共线性问题。

---

① 后文的计量回归中删掉零薪酬独立董事的样本后，回归结果仍然成立。

表 4-18　　　　　　　　　　描述性统计信息

变量	观测值	均值	标准差	最小值	最大值
overpay	25559	0.126	0.556	-1.508	1.512
overpay_dum	25559	0.621	0.485	0.000	1.000
allowance	25559	10.710	1.561	0.000	12.210
allowance × allowance	25559	117.200	19.380	0.000	149.000
z_score	25559	10.720	17.970	1.003	116.800
perks	25559	0.101	0.080	0.010	0.489
inst_hold	25559	1.091	1.153	-2.109	3.065
career	25559	46.250	8.595	0.000	55.000
num_total	25559	17.080	5.147	0.000	32.000
roe	25559	0.088	0.134	-0.495	0.554
size	25559	22.100	1.290	19.610	26.020
lev	25559	0.432	0.216	0.047	0.920
dual	25559	0.222	0.416	0.000	1.000
competition	25559	2.624	1.001	-0.873	6.036
market	25559	7.852	1.777	2.870	10.000
state	25559	0.389	0.487	0.000	1.000

（二）回归分析

表 4-19 报告了独立董事薪酬激励与高管超额薪酬之间关系的检验结果。可以看到，四种回归中独立董事薪酬激励的一次项（*allowance*）均与高管超额薪酬水平（*over_pay*）以及高管是否获得超额薪酬虚拟变量（*overpay_dum*）之间呈现显著的负相关关系，表明给予独立董事适当的薪酬会激励他们发挥积极的监督作用，降低高管超额薪酬水平和获得超额薪酬的概率；与此同时，独立董事薪酬激励的二次项（*allowance × allowance*）则与高管超额薪酬水平（*over_pay*）以及高管是否获得超额薪酬虚拟变量（*overpay_dum*）之间呈现显著的正相关关系。由此说明，独立董事薪酬激励有一个临界值，超过该临界值之后如果继续加大独立董事薪酬

激励反而会弱化独立董事的监督作用从而促进高管获得超额薪酬①。上述结论验证了本节的研究假设，同时也明确了上市公司给予独立董事更多的薪酬激励并不会产生预期的积极监督的效果，反而会适得其反。

表4-19　　独立董事薪酬激励与高管超额薪酬的关系检验

变量	因变量：over_pay (1)	因变量：over_pay (2)	因变量：overpay_dum (3)	因变量：overpay_dum (4)
allowance	-0.065 ** (0.030)	-0.206 *** (0.015)	-0.239 ** (0.116)	-0.742 *** (0.066)
allowance × allowance		0.019 *** (0.001)		0.070 *** (0.006)
z_score	-0.001 *** (0.000)	-0.001 *** (0.000)	-0.004 *** (0.001)	-0.007 *** (0.002)
perks	0.262 *** (0.099)	0.184 * (0.095)	-0.556 (0.373)	0.632 (0.423)
inst_hold	-0.018 *** (0.005)	-0.017 *** (0.005)	-0.075 *** (0.019)	-0.129 *** (0.021)
career	-0.002 *** (0.001)	-0.003 *** (0.001)	-0.008 *** (0.003)	-0.011 *** (0.003)
num_total	0.011 *** (0.002)	0.013 *** (0.002)	0.032 *** (0.007)	0.046 *** (0.008)
roe	-0.027 (0.053)	-0.020 (0.052)	0.422 ** (0.201)	-0.128 (0.221)
size	0.019 ** (0.008)	-0.017 ** (0.008)	-0.148 *** (0.028)	-0.148 *** (0.034)
lev	-0.067 (0.044)	-0.036 (0.042)	0.273 * (0.163)	0.099 (0.184)
dual	0.040 ** (0.016)	0.037 ** (0.016)	0.119 * (0.066)	0.107 (0.071)

---

① 基于表4-19的回归系数计算可知，该临界值大约是5.42。而本节的样本数据中独立董事薪酬激励的均值为10.71，这表明我国独立董事薪酬激励总体上呈现偏高的状态。

续表

变量	因变量：over_pay		因变量：overpay_dum	
	(1)	(2)	(3)	(4)
$competition$	-0.028*** (0.006)	-0.027*** (0.006)	-0.182*** (0.026)	-0.163*** (0.029)
$market$	0.046*** (0.005)	0.039*** (0.005)	0.048*** (0.017)	0.148*** (0.021)
$state$	0.009 (0.018)	0.002 (0.018)	-0.120* (0.068)	0.038 (0.076)
industry/year	控制	控制	控制	控制
观测值	25559	25559	25559	25559
Adj-R^2/Pseudo R^2	0.181	0.209	0.060	0.101

注：***、**、*分别表示在1%、5%、10%的统计水平上显著；回归中按公司代码进行了cluster处理，括号内为cluster聚类稳健标准误。

（三）稳健性检验

为了增强研究结论的可靠性，本节进行如下几个方面的稳健性检验：

（1）内生性问题。本节采用两阶段最小二乘法（2SLS）控制内生性问题，其中工具变量为滞后一阶的独立董事薪酬激励及其平方项，以及行业年均独立董事薪酬激励及其平方项。一般而言，上期公司给予独立董事的薪酬与本期息息相关，但不会直接影响到本期高管是否获得超额薪酬，所以滞后一阶的独立董事薪酬激励满足工具变量的要求。此外，相关研究表明，我国上市公司在决定独立董事的薪酬时存在明显地向同一或相关行业的公司看齐的现象（沈艺峰和陈旋，2016）。由此，行业年均独立董事薪酬也与样本公司的独立董事薪酬高度相关，但行业层面的独立董事薪酬激励情况并不会直接影响到样本公司的高管是否获得超额薪酬，因此，行业年均独立董事薪酬激励同样满足工具变量的要求。

表4-20中的列（1）和列（2）报告了2SLS第一阶段的回归结果，可以看到，工具变量都与原变量高度相关，满足工具变量的相关性要求。与此同时，不可识别工具变量检验结果显示，Kleibergen-Paap LM统计量为

52.53，在1%的统计水平上拒绝工具变量不可识别的原假设，表明工具变量是可识别的。弱工具变量检验结果显示，Cragg – Donald Wald F 统计量为28.72，明显大于5%偏误下的临界值11.04，拒绝弱工具变量假设。过度识别检验结果显示，Sargan 统计量为0.759（p = 0.564），接受"所有变量均外生"的原假设。上述检验充分表明本节选择的工具变量满足相关性和外生性，是有效的工具变量。表4 – 20 的列（3）和列（4）报告了 2SLS 第二阶段的回归结果，可以看到，在控制了内生性问题后，独立董事薪酬激励仍与高管超额薪酬呈现显著的"U 型"关系，验证了研究结论的稳健性。

表 4 – 20　　　　　　　　　　工具变量回归结果

变量	第一阶段		第二阶段	
	（1）	（2）	（3）	（4）
	allowance	allowance × allowance	over_pay	overpay_dum
l. allowance	-0.090 *** (0.017)			
allowance_ind	1.161 *** (0.242)			
l. allowance × allowance		0.772 *** (0.029)		
l. allowance_ind × allowance_ind		0.575 *** (0.183)		
allowance			-0.461 *** (0.041)	-0.955 *** (0.072)
allowance × allowance			0.043 *** (0.003)	0.089 *** (0.005)
控制变量	控制	控制	控制	控制
industry/year	控制	控制	控制	控制
观测值	19459	19459	18333	18333
Adj – R^2/Pseudo R^2	0.109	0.207	0.105	0.169

注：*** 表示在1%的统计水平上显著；回归中按公司代码进行了 cluster 处理，括号内为 cluster 聚类稳健标准误。

（2）样本自选择问题。现实中高管获取超额薪酬并不是随机事件，因此本节的样本可能存在选择性偏差问题。对此，考虑采用 Heckman 两阶段模型来加以修正。首先根据高管是否获得超额薪酬构造虚拟变量，并在第一阶段采用 Probit 方法估计出高管获得超额薪酬的概率，即逆米尔斯比率（imr），然后再将其作为控制变量加入第二阶段的回归中，结果如表4-21所示。可以看到，独立董事薪酬激励的一阶项与高管超额薪酬、高管是否获得超额薪酬显著负相关，而独立董事薪酬激励的二阶项与高管超额薪酬、高管是否获得超额薪酬显著正相关，并且两组回归中的逆米尔斯比率都高度显著，充分表明在控制了样本自选择问题之后，本节的基础结论依然成立。

表4-21　　　　　　　　控制样本自选择问题的回归结果

变量	(1) over_pay	(2) overpay_dum
allowance	-0.207*** (0.015)	-0.744*** (0.066)
allowance × allowance	0.019*** (0.001)	0.070*** (0.006)
imr	-6.047** (2.916)	-16.968** (7.656)
控制变量	控制	控制
industry/year	控制	控制
观测值	25559	25559
Adj-R^2/Pseudo R^2	0.206	0.100

注：***、**分别表示在1%、5%的统计水平上显著；回归中按公司代码进行了 cluster 处理，括号内为 cluster 聚类稳健标准误。

（3）替换关键变量。首先，考虑到独立董事治理效应可能存在一定的滞后性，本节借鉴以往研究使用未来一期的高管超额薪酬作为被解释变量，回归结果如表4-22中列（1）和列（2）所示。其次，为了避免因高管超额薪酬测算带来的偏差，本节利用薪酬最高前三名董事薪酬的自然对数替换高管绝对薪酬，重新计算超额薪酬，再重复计量回归，结果如表4-22中列（3）和列（4）所示。最后，本节利用行业年均独立董事薪酬激励及其平方项替换原来的解释变量并重新进行回归，结果如表4-22列（5）和列（6）所示。将表4-22与表4-19作对比，发现关键变量回归系数的符号与显著性水平与基准回归结论高度一致，表明本节的研究结果不受关键变量定义的影响。

表4-22　　　　　替换关键变量的稳健性检验结果

变量	被解释变量未来一期		替换被解释变量		替换解释变量	
	(1)	(2)	(3)	(4)	(5)	(6)
	$f.over\_pay$	$f.overpay\_dum$	$overpay\_r$	$overpay\_dum\_r$	$over\_pay$	$overpay\_dum$
$allowance$	-0.264*** (0.018)	-0.898*** (0.074)	-0.257*** (0.024)	-0.603*** (0.065)		
$allowance \times allowance$	0.025*** (0.002)	0.083*** (0.006)	0.025*** (0.002)	0.058*** (0.006)		
$allowance\_ind$					-0.166** (0.076)	-0.315** (0.156)
$allowance\_ind \times allowance\_ind$					0.018*** (0.006)	0.028** (0.011)
控制变量	控制	控制	控制	控制	控制	控制
industry/year	控制	控制	控制	控制	控制	控制
观测值	19459	19459	25559	25559	25559	25559
$Adj-R^2/Pseudo\ R^2$	0.209	0.103	0.181	0.069	0.159	0.011

注：***、**分别表示在1%、5%的统计水平上显著；回归中按公司代码进行了cluster处理，括号内为cluster聚类稳健标准误。

（四）机理分析

前文的理论与实证研究表明，我国上市公司的独立董事薪酬激励与高管超额薪酬之间存在明显的"U型"关系，本部分我们继续讨论这一结论背后的机理。

首先，独立董事是一种为了提高董事会独立性的制度安排。相对于那些职业利益与高管密切相关的内部董事而言，外部独立董事与公司没有直接的利益往来，且存在声誉机制的制约（张天舒等，2018），所以更能够履行实质意义上的监督职责，保护股东利益免受高管机会主义行为的伤害。但是，正由于独立董事的外部独立性，其对公司的经营状况并不完全熟悉和了解，这就使得独立董事要想切实履行好监督职责就必须投入较多的时间和精力，因此，上市公司通常会给予独立董事一定的报酬作为激励。由上可见，适当范围内的薪酬水平确实能够激励独立董事发挥有效的监督作用。

其次，随着制度建设的逐步完善，独立董事与高管之间也存在相互制约的情况，体现在独立董事在高管薪酬契约设计、变更、解聘等重大事项中发挥重要作用。譬如，中国证监会和国家经贸委于2002年联合发布的《上市公司治理准则》中明确，董事会设立薪酬委员会来负责经理人激励机制的设计，并强调委员主要为独立董事。而高管在独立董事的聘任、提名、津贴制定等方面同样扮演重要角色。从理性人的角度看，与其两败俱伤，不如抱团发展，这就决定了独立董事与高管之间也存在较大的动机进行合谋，通过增加彼此的报酬来实现两相受益。因此，随着独立董事薪酬激励的提升，高管超额薪酬也会明显提高。本节认为，高管权力在这个过程中发挥着中间传导作用。

从高管的角度看，正因为独立董事与高管自身利益的相关性较强，此时的高管有很大的概率寻租独立董事，通过增加独立董事的薪酬激励来弱化他们的监督，从而获得超额薪酬，在这种逻辑下，随着高管权力的增大，高管越可能通过提升独立董事的薪酬激励以缓解两者间的利益冲突，最终可能达到"共赢"的利益合作关系。而独立董事一旦受控于高管，董事会独立性就会丧失并形同虚设，此时拥有至高权力的高管就会肆无忌惮谋取超额薪酬。从独立董事的角度看，独立董事之所以容易被高管俘获并形成共谋的原因在于：一是高管在独立董事的连任提名中扮演重要角色，独立董事有强烈的动机讨好高管以获得连任，继续享受作为独立董事可获得的待遇、声誉和各种资源（赵健梅等，2017）；二是高管在独立董事的聘任中发挥关键作用，使得独立董事在监督高管的问题上容易妥协，因为如果独立董事与高管产生冲突或者在圈子内形成乐于与高管对抗的名声，其他公司的高管会避之不及，由此可能失去成为上市公司独立董事的机会；三是独立董事大多是领域或者行业专家，本职工作繁忙，没有足够时间和精力参与公司治理，与此同时，独立董事获得公司信息也有一定的难度。

基于上述分析，本部分进一步检验管理层权力作为独立董事薪酬激励与高管超额薪酬之间关系的中间传导机制[①]。其中，关于管理层权力（power）的衡量，本节主要参照陈晓珊和刘洪铎（2019）的做法，选择董事长和总经理两职兼任（若两职兼任则取值1，否则取值0）、公司股权制衡度（当第一大股东持股比例与第二至第十大股东持股比例之和的比值小于1时取值1，否则取值0）、高管是否持股（高管有持股则取值1，否则取值0），以及董事会的独立性（董事会中独立董事比例低于当年样本均值时取值1，否则取值0）四个指标进行加总构建积分变量进行刻画，该值越大，意味着管理层权力越大。

表4-23列示了具体的检验结果，可以看到，两组回归中独立董事薪酬激励变量的回归系数显著为负，管理层权力变量的回归系数显著为正，而独立董事薪酬激励与管理层权力的交乘项变量系数同样显著为正。上述回归结果充分表明，随着管理层权力的扩大，提高独立董事薪酬激励会明显促进高管获得超额薪酬，由此证实，高管确实存在利用权力游说独立董事进行合谋，从而谋取共同利益的行为。这也进一步验证了本节关于独立董事薪酬激励与高管超额薪酬之间存在"U型"关系的基础研究结论，即公司给予独立董事适度范围内的薪酬可以激励独立董事发挥有效的监督作用，约束高管的机会主义行为，但是在这个过程中，理性的高管也会利用权力寻租，通过给予独立董事更高额度的激励来弱化他们的监督动力，从而获取超额薪酬。

表4-23　　　　　　　　　　影响机理检验结果

变量	(1)	(2)
	over_pay	overpay_dum
allowance	-0.069*** (0.016)	-0.187** (0.074)

[①] 考虑到本部分的基准模型中包含解释变量的平方项，无法运用经典的中介效应检验法，故采用构建交互项的方法来间接验证独立董事薪酬激励对高管超额薪酬的作用机理。

续表

变量	(1) over_pay	(2) overpay_dum
power	0.015*** (0.004)	0.065*** (0.016)
allowance × power	0.061*** (0.007)	0.206*** (0.030)
控制变量	控制	控制
industry/year	控制	控制
观测值	25559	25559
Adj-R^2/Pseudo R^2	0.183	0.081

注：***、**分别表示在1%、5%的统计水平上显著；回归中按公司代码进行了 cluster 处理，括号内为 cluster 聚类稳健标准误。

五、本节小结

本节先构建独立董事与高管之间关于策略空间为（监督、不监督）、（自利、不自利）的静态博弈模型分析独立董事薪酬激励与高管超额薪酬之间的关系，再以 2010~2021 年我国沪深两市 A 股上市公司为研究样本进行实证检验。结果表明，独立董事薪酬激励与高管超额薪酬之间存在明显的"U 型"关系，即给予独立董事适当的薪酬有助于激励独立董事发挥积极的监督作用，降低高管超额薪酬，但超过正常水平之后继续加大独立董事薪酬激励反而会驱使独立董事与高管合谋，进而提升高管超额薪酬。

本节的研究启示在于：一是完善独立董事的提名与选聘制度。根据我国证监会的规定，上市公司独立董事的津贴标准由董事会制定预案，股东大会审议通过，并在公司年报中进行披露，但是在现实中，管理层权力使得独立董事制度收效甚微，多数独立董事为保住现职会尽量避免与管理层发生冲突，由此导致监督作用大大降低。因此，应该着重完善独立董事的选聘制度，强化市场监督，并在薪酬制定过程中增加中小股东的表决程序。此外，还应该增强独立董事的专职程度和专业程度，通过完善独立董事的工作机制，督促独立董事勤勉履职。二是推动独立董事失职的民事法律责任机制建设。我国关于上市公司独立董事失职问题的惩罚制度还有待进一步完善，尤其是关于独立董事失职的民事法律责任机制仍有所欠缺。在这种情况下，相关独立董事了解到事后的惩罚成本较低时便更可能充当"花瓶"的角色，甚至与管理层合作谋取利益。因此，应该强化独立董事的监管体系和执法力度。

第四节 公司内部治理与高管超额薪酬：
实际控制人境外居留权视角

一、引言

时有我国民营企业的实际控制人获得境外居留权见诸报端，引起社会各界关注[①]。传统的观点认为，降低"原罪"压力、提高幸福感、获得心怡的居住环境、追求私有产权保护等是移民现象产生的主要原因（Hanson and McIntosh，2009；Boustan et al.，2012），但这些观点却难以解释近年来出现的"新富移民"潮。"新富移民"大多采取投资移民的方式，但"移民不移居""移民不移业"——他们当中的绝大多数人仍然留在国内从事企业管理活动（宋理升和任义忠，2015）。针对上述"裸商模式"下企业家的移民动机和经济后果，部分研究指出其可能是出于便利国际业务与投资开展的目的，通过发挥拥有境外居留权的实际控制人在海外市场的优势，从而提升企业海外研发实力和创新效率（陈春华等，2018）；但绝大部分学者认为实际控制人获取境外居留权的动机可能是为了获得逃避惩罚的"保护伞"，从而强化了实际控制人掏空、利益侵占、财务舞弊、逃税等非法动机（Chen et al.，2018；刘行等，2016）。

事实上，由于中国民营上市公司的股权结构相对集中，实际控制人一般可通过多重持股、金字塔、交叉持股等方式控制大股东或控股股东（张

[①] 本节所指的境外居留权是指自然人被允许居留于某个国家或地区的权利，但不享有公民权；此外，本节也将拥有外国国籍的自然人认定为其拥有境外居留权。

胜等，2016），从而掌握着民营上市公司较大的主导权和话语权（王雪平，2019）。然而，既有研究局限于将公司的经营决策看作是高管、董事会、投资者等利益相关者之间的博弈，忽略了实际控制人的重要地位。本节认为，当实际控制人兼任高管时，公司的整体经营决策会受到实际控制人的影响，此时的实际控制人掌握着实质性的权力，其所拥有的境外居留权会明显影响其个人偏好，进而干预其经营思路和决策行为；当实际控制人不兼任高管时，其拥有境外居留权的信息也会给监管部门、外部投资者、内部股东、员工等传递风险信号，从而倒逼高管行为的改变。由此可见，无论实际控制人是否担任高管，其境外居留权特征均会影响高管的行为。据CNRDS数据库所披露的上市公司数据统计，我国民营上市公司约70.8%的实际控制人属于公司的管理者[①]。那么，区别于现有文献集中于从企业层面探讨实际控制人拥有境外居留权对企业逃税、企业审计费用等的影响，本节主要关注的是：我国民营上市公司的实际控制人拥有境外居留权是否会促使公司内部的管理者获得超额薪酬？若答案是肯定的，那么其背后的机制是什么？

  本节的研究贡献为：第一，本节开辟了关于高管超额薪酬影响因素的新视角。现有文献主要从公司治理角度讨论高管超额薪酬的影响因素，而本节直接关注到实际控制人在公司治理中的重要地位，进而基于行为公司金融理论，以实际控制人拥有境外居留权这一全新角度作为切入点进行研究，发现实际控制人的境外居留权特征是影响高管超额薪酬的重要因素，从而拓展了高管超额薪酬影响因素的文献内容。第二，本节补充了高层梯队理论中关于企业实际控制人的个人背景特征可能产生的经济后果的研究文献。现有文献较多从管理学高层梯队理论研究个人背景特征对企业行为的影响，较少研究个人背景特征对某一个体行为的影响，而本节探讨实际控制人的境外居留权特征与高管行为之间的关系，丰富了高层梯队理论的研究文献。并且从作者掌握的文献看，本节首次尝试从公司内部高管行为的角度研究实际控制人境外居留权的经济后果，丰富了当前关于企业实际控制人的个人背景特征影响高管行为的研究。第三，本节对于完善民营上市

[①] 譬如，赛克赛斯生物科技股份公司的实际控制人邹方明，作为公司法定代表，同时拥有美国境外永久居留权。

公司治理进而推动民营经济发展具有重要的现实意义。本节立足于中国的具体实践，针对我国民营上市公司实际控制人拥有境外居留权这一社会热点问题进行了深入的理论与实证分析，研究结论为民营上市公司完善信息披露制度和深化高管薪酬契约设计、监管职能部门强化监管意识和手段等提供了政策启示，从而有助于进一步完善我国的民营公司治理并最终推动我国民营经济的可持续发展。

本节余下篇章安排如下：第二部分是理论分析与研究假设；第三部分是研究设计；第四部分是实证分析；第五部分是进一步分析；最后是本节小结。

二、理论分析与研究假设

我国民营上市公司的实际控制人拥有境外居留权可能会产生以下两方面的经济后果：一是拥有境外居留权为民营企业的实际控制人从事不合理或不合法行为提供了一种隐形的"保护罩"，使得这些实际控制人会有更加强烈的不正当动机去申请境外居留权，这也是越来越多的民营上市公司实际控制人获得境外居留权的原因之一。此外，我国的法治环境不尽成熟，拥有境外居留权或者取得外国国籍的实际控制人如果出现经济问题，可以选择离境，使得国内的追踪半径和监管难度都大大提升。与此同时，目前与我国签署引渡条约的国家普遍集中于亚洲地区，这无形中降低了拥有加拿大、美国等发达国家居留权的实际控制人从事非法行为的惩罚力度。因此，拥有境外居留权作为一种有效规避法律责任的手段，会使得拥有境外居留权，尤其是拥有发达国家或地区的居留权的实际控制人产生更加激进的想法，进而更加肆无忌惮地从事类似资产转移至境外、会计舞弊等损害公司和股东利益的不合法行为。二是实际控制人拥有境外居留权也会引起监管部门的关注。我国媒体报道过一些民营企业家出逃境外的新闻，譬如2024年恩捷公司拥有美国国籍的实际控制人李晓明卷款50亿元潜逃美国。2024年广微控股实际控制人陈炫霖卷款53万元逃往美国。这些事例为政府监管部门和社会公众敲响了警钟，即热衷于拥有境外居留权的实际控制人可能动机并不单纯，他们有可能是为了日后的违法并逃避我国法律制裁而事先铺路。因此，那些实际控制人拥有境外居留权的民营上市公司更容易引起政府监管部门的关注，监管部门可能会不定期审查公司的财务账目，既加大了公司的管理费用，也会向外部投资者传递公司经营不善的信号。

综上所述，从法律保护的角度看，拥有境外居留权为实际控制人提供了"保护罩"，明显降低了实际控制人从事违规行为的惩罚成本，从而增加了高管获取超额薪酬的动机；从监管压力的角度看，实际控制人拥有境外居留权也会引发监管部门关注，从而促使实际控制人与高管合谋谋取利益。可见，实际控制人拥有境外居留权会促使高管获得超额薪酬。由于在现实情况中，实际控制人与高管可能并不是同一个人，加之本节的研究样本中也确实有将近30%的比例显示实际控制人与高管并非同一个人，因此有必要从以下两个方面加以分析，以进一步从理论上明确实际控制人拥有境外居留权与高管超额薪酬之间的关系。

首先，当实际控制人兼任高管时，公司的整体经营决策会受到实际控制人（高管）的干预，此时的实际控制人（高管）掌握着实质性的权力，加上民营企业中可能出现的重视人情关系的董事会文化（郑志刚等，2012），实际控制人（高管）可以通过对董事会施加影响（如推荐和聘任董事、操纵薪酬委员会等）来干预薪酬契约的制定以谋取私利（唐雪松等，2019）。此外，拥有境外居留权的企业更容易引起监管部门的关注，迫于外界的监督压力，实际控制人难以直接进行资产转移，便会退而求其次，选择为自己制定更高的报酬契约这种相对保险的方式谋求利益；与此同时，为了避免监管部门更多地关注，获得超额薪酬的实际控制人（高管）也更可能通过提高其薪酬—业绩敏感性来为自己的高薪酬进行辩护。可见，拥有境外居留权的实际控制人（高管）所获得的薪酬很有可能超过正常水平。

其次，当实际控制人不兼任高管时，他们也可以利用董事的身份来影响高管薪酬契约的设定。中国证监会和国家经贸委于2002年联合发布的《上市公司治理准则》中明确提出董事会设立薪酬委员会来负责高管激励机制的设计。一方面，上市公司中实际控制人若想直接和深度介入高管激励机制的设计，可以利用董事身份兼任薪酬委员会委员参与乃至实质主导该委员会的运作来实现（林乐等，2013）。可见实际控制人如果对高管的薪酬契约有话语权时，由于拥有境外居留权会影响实际控制人的心理状态和行为模式，使其更倾向于追逐短期利益和实施"掏空"行为（王雪平，

2019），故拥有境外居留权的实际控制人完全有动机为"贿赂"高管配合其机会主义行为而提高高管的薪酬和允许更多的在职消费。另一方面，实际控制人在侵占公司利益之后可以随时离境逃避法律责任，这给外部投资者、债权人、内部股东、员工等利益相关者都带来了人为风险，使得公司面临严重的代理问题，也会引起监管部门加强对此类公司的关注，而且投资者也有理由相信公司未来的发展面临更高的不确定性从而减少投资力度。在这种情形下，理性的高管会意识到这种风险，并且考虑到自身的声誉而选择离职。但此时，实际控制人也有可能为了避免高管变更进一步引起监管部门关注而说服高管与之合谋，并给予高管合谋行为的利益补偿，而且，随着实际控制人获得境外居留权的公司越来越多，高管也不可能频繁变更单位，所以高管也有明显的动力参与合谋，从而获得超额薪酬。

最后，拥有境外居留权的实际控制人通常都具有一定的国际视野，文化上也较为开放，为了塑造良好的形象，降低利益相关者的质疑，也会利用高薪留住高管，从而"自证清白"。综上所述，当实际控制人不兼任高管时，其境外居留权也会促使高管获得超额薪酬。

基于上述分析，本节认为，实际控制人拥有境外居留权的个人特征会明显影响高管超额薪酬，据此，提出本节的研究假设 H4-6：

假设 H4-6：实际控制人拥有境外居留权会促使高管获得超额薪酬。

三、研究设计

（一）样本选择与数据来源

2003 年 1 月 6 日，证监会发布关于《公开发行证券的公司信息披露内容与格式准则第 2 号〈年度报告的内容与格式〉》（2003 年修订）的通知，要求上市公司披露"若控股股东为自然人，应介绍其姓名、国籍、是否取得其他国家或地区居留权、最近五年内的职业"等信息[①]，这一强制披露

[①] 譬如，三湘股份有限公司（000863）2014 年年报中披露的公司实际控制人情况："实际控制人姓名—国籍—是否取得其他国家或地区居留权—最近 5 年内的职业及职务。黄辉，中国，加拿大居留权，2007 年 9 月至今任上海三湘董事长，2007 年 8 月至今任三湘控股董事长兼总裁，2012 年 1 月至今任三湘股份有限公司董事长。"

政策为本节的研究提供了独特的数据支持。鉴于我国证监会关于上市公司披露实际控制人境外居留权的信息要求仅适用于自然人的情况，而国有企业的实际控制人一般为国有企业或国资委等政府机构，非自然人，因此，本节选择我国沪深两市包括主板、中小板与创业板等在内的所有A股民营上市公司为研究对象。考虑到境外居留权披露条例修订于2003年开始，故本节的样本区间设定为2003~2021年。本节通过查看我国民营上市公司的年报信息，从公司年报中披露的"控股股东及实际控制人基本情况"和"董事、监事、高级管理人员和员工情况"这两部分中手工收集有关我国民营上市公司的实际控制人情况及其是否具备境外居留权、可以居留的国家或地区等信息，并且对每个企业每一年的实际控制人的情况进行详细核查，补充缺失的数据，进而形成本节的研究样本。

我们对原始样本进行如下处理：（1）剔除公司年报中明确表示"公司不存在控股股东或实际控制人"的公司；（2）剔除最终控制人是国家、集体、工会、外资控股、港澳台投资等非自然人控制的公司；（3）剔除证券、银行、保险、货币服务等金融类公司；（4）剔除2016年处于ST、*ST状态的上市公司；（5）剔除数据缺失严重的公司；（6）剔除资产负债率小于0的公司。最终，我们总共获得10638个年度观测值。为了避免异常值对回归结果的影响，本节将所有连续变量进行上下1%的Winsorize处理。

数据来源方面，本节关于民营上市公司实际控制人拥有境外居留权的信息初始来源于CSMAR国泰安金融研究中心数据库对实际控制人背景的介绍，而对于实际控制人背景介绍缺失或者模糊的情况，我们通过对民营上市公司年报信息进行手工收集，对每个企业每一年的实际控制人的情况进行核查，补充缺失的数据。考虑到中国香港和中国澳门均与内地实行不同的法律和户籍制度，因此，与我国对于外资企业的认定标准一致，本节将实际控制人拥有中国香港和中国澳门这两个特别行政区的居留权与其他境外居留权归为一类进行分析。需要特别说明的是，由于民营上市公司中可能存在多个实际控制人的情况，本节认定，在同时存在多个实际控制人的情况下，只要其中一个实际控制人拥有境外居留权，则认为该公司的实际控制人拥有境外居留权。除特别说明之外，本节中所用的公司数据均来自CSMAR国泰安金融研究中心数据库。

(二) 变量定义

(1) 高管超额薪酬。高管超额薪酬水平采用模型（2-1）估计得到，且基于上述对高管超额薪酬水平的估计，我们构建高管是否获得超额薪酬虚拟变量（Overpay_dum）为被解释变量，其中，当高管超额薪酬水平（Overpay）大于0时，该虚拟变量取值1，反之，当高管超额薪酬水平（Overpay）小于0时，该虚拟变量取值0。

(2) 实际控制人的境外居留权。借鉴刘行等（2016）、陈冬华等（2018）等主流文献的做法，本节采用设置虚拟变量的方法刻画我国民营上市公司实际控制人的境外居留权情况。如果该公司的实际控制人拥有境外居留权，设置变量ID被赋值为1，反之，若公司实际控制人不拥有境外的居留权，则变量ID赋值为0。

(3) 控制变量。借鉴主流文献的做法（权小锋等，2010；罗宏等，2014），我们控制其他可能对高管超额薪酬产生影响的因素，包括公司的现金流量、成长机会、财务杠杆、公司年龄、公司规模、董事长与总经理是否两职合一、董事会规模、独立董事比例、监事会规模等。除此之外，我们还同时控制年度和行业效应。综上所述，具体变量的定义如表4-24所示。

表 4-24　　　　　　　　变量说明

变量层次	变量符号	变量名称	变量定义
被解释变量	Overpay	超额薪酬水平	采用模型（2-1）测算得到
	Overpay_dum	是否获得超额薪酬	虚拟变量，当超额薪酬水平大于0时取值1，否则取值0
解释变量	ID	实际控制人境外居留权	虚拟变量，当实际控制人拥有境外居留权时取值1，反之取值0
控制变量	cash	现金流量	经营活动产生的现金流量净额取自然对数
	tobinq	成长机会	公司市场价值与重置成本之比
	lev	公司财务杠杆	公司总负债与总资产之比
	age	公司年龄	公司上市年数
	size	公司规模	公司年末资产总额取自然对数

续表

变量层次	变量符号	变量名称	变量定义
控制变量	dual	两职合一	虚拟变量,董事长与总经理两职合一时取值1,否则取值0
	director	董事会规模	董事会人数取自然对数
	ratio	独立董事比例	独立董事人数/董事会人数
	supervisor	监事会规模	监事会人数取自然对数
	mshare	管理层持股比例	管理层持股数量/总股数
	time	总经理任职年限	总经理任职结束年份—任职开始年份
	industry	行业效应	虚拟变量,对应某一行业时取值1,否则取值0
	year	年度效应	虚拟变量,对应某一年份时取值1,否则取值0

(三) 模型设计

为检验民营上市公司的实际控制人拥有境外居留权与高管是否获得超额薪酬、高管超额薪酬水平之间的关系,我们构建以下模型 (4-14) 和模型 (4-15) 进行实证分析:

$$Overpay\_dum_{i,t} = \alpha_1 + \alpha_2 ID_{i,t-1} + \alpha_3 cash_{i,t-1} + \alpha_4 tobinq_{i,t-1} + \alpha_5 lev_{i,t-1}$$
$$+ \alpha_6 age_{i,t-1} + \alpha_7 size_{i,t-1} + \alpha_8 dual_{i,t-1} + \alpha_9 director_{i,t-1}$$
$$+ \alpha_{10} ratio_{i,t-1} + \alpha_{11} supervisor_{i,t-1} + \sum industry_i$$
$$+ \sum year_t + \varepsilon_{i,t} \quad (4-14)$$

$$Overpay_{i,t} = \chi_1 + \chi_2 ID_{i,t-1} + \chi_3 cash_{i,t-1} + \chi_4 tobinq_{i,t-1} + \chi_5 lev_{i,t-1} + \chi_6 age_{i,t-1}$$
$$+ \chi_7 size_{i,t-1} + \chi_8 dual_{i,t-1} + \chi_9 director_{i,t-1} + \chi_{10} ratio_{i,t-1}$$
$$+ \chi_{11} supervisor_{i,t-1} + \sum industry_i + \sum year_t + \varepsilon_{i,t} \quad (4-15)$$

模型 (4-14) 中,被解释变量为 0~1 虚拟变量,回归中主要采用 Probit 估计;模型 (4-15) 中,被解释变量为连续型变量,经过 Hausman 检验,适合采用固定效应估计。此外,我们主要关注变量 $ID_{i,t-1}$ 的回归系数即 α_2、χ_2 的符号和显著性水平。根据前文的理论分析,我们预期 $\alpha_2 > 0$、

$\chi_2 > 0$，并且通过统计意义上的显著性检验，意味着我国民营上市公司实际控制人拥有境外居留权会显著促进高管获得超额薪酬。

四、实证分析

（一）描述性统计分析

从表 4 - 25 的描述性统计结果可以看到，样本中约 7% 的公司实际控制人获得境外居留权。高管获得超额薪酬的比例平均为 59.7%，高管超额薪酬水平均值为 0.002。此外，本节还对研究变量进行了 Pearson 相关性检验和 VIF 检验①。结果显示，民营上市公司实际控制人的境外居留权与高管超额薪酬之间存在显著的正相关关系，并且控制变量与被解释变量之间也存在某种显著的相关性。VIF 结果显示，各变量之间的相关系数都明显小于 0.5，并且各变量的 VIF 因子都较小，充分表明本书的计量模型中并不存在严重的多重共线性问题。

表 4 - 25　　　　　　　　描述性统计信息

变量	观测值	均值	标准差	最小值	最大值
Overpay_dum	15602	0.597	0.490	0.000	1.000
Overpay	15602	0.002	0.543	-1.482	1.451
ID	15602	0.070	0.256	0.000	1.000
cash	15602	18.490	1.232	13.900	21.820
tobinq	15602	2.778	2.560	0.307	16.790
lev	15602	0.319	0.205	0.007	0.997
age	15602	7.330	5.718	1.000	22.000
size	15602	21.500	1.038	18.610	24.510
dual	15602	0.340	0.474	0.000	1.000
director	15602	2.116	0.196	1.609	3.000

---

① 限于篇幅，相关性检验和 VIF 检验结果未报告，备索。

续表

变量	观测值	均值	标准差	最小值	最大值
ratio	15602	0.373	0.052	0.286	0.571
supervisor	15602	1.181	0.203	0.693	1.946
mshare	15602	14.090	19.600	0.000	68.320
time	15602	4.079	2.432	0.000	14.000

注：表中数据由 Stata 13.0 软件计算得到，经笔者整理。

（二）多元回归分析

表4-26报告了模型（4-14）和模型（4-15）的基准回归结果。为使回归结果更加稳健，本节对回归系数标准误在公司层面进行了 cluster 处理。首先，针对实际控制人的境外居留权与高管是否获得超额薪酬之间关系的检验，从 Probit 估计的结果看，实际控制人的境外居留权变量的回归系数为0.408，并且在1%的统计水平上显著，意味着我国民营上市公司的实际控制人拥有境外居留权会提高公司内部的高管获得超额薪酬的概率；加入年度和行业固定效应的 Probit 估计结果进一步验证了这一结论。其次，针对实际控制人拥有境外居留权与高管获得超额薪酬水平之间关系的检验，从 OLS 估计的结果看，实际控制人是否拥有境外居留权的虚拟变量 *ID* 的回归系数为0.226，同样在1%的统计水平上显著，意味着我国民营上市公司的实际控制人拥有境外居留权会使公司内部的高管获得更高水平的超额薪酬；同理，加入年度和行业固定效应的固定效应估计结果（FE 估计）也验证了这一结论。上述研究结论表明，实际控制人的境外居留权会显著促使高管获得超额薪酬，支持了本节的假设 H4-6。

表4-26　　　　　　　　　基准回归结果

变量	因变量：*Overpay_dum*		因变量：*Overpay*	
	(1)	(2)	(3)	(4)
l.ID	0.408***	0.432***	0.226***	0.223***
	(0.104)	(0.103)	(0.044)	(0.041)

续表

变量	因变量：Overpay_dum (1)	因变量：Overpay_dum (2)	因变量：Overpay (3)	因变量：Overpay (4)
l. cash	0.039 ** (0.019)	0.038 ** (0.019)	0.027 *** (0.009)	0.025 *** (0.008)
l. tobinq	0.044 *** (0.010)	0.055 *** (0.012)	0.023 *** (0.005)	0.026 *** (0.006)
l. lev	-0.245 ** (0.115)	-0.367 *** (0.133)	-0.133 ** (0.059)	-0.190 *** (0.063)
l. age	0.002 (0.005)	0.001 (0.006)	-0.002 (0.003)	-0.001 (0.003)
l. size	0.084 *** (0.031)	0.130 *** (0.037)	0.047 *** (0.015)	0.070 *** (0.017)
l. dual	0.117 ** (0.054)	0.122 ** (0.055)	0.081 *** (0.027)	0.084 *** (0.026)
l. director	0.573 *** (0.161)	0.601 *** (0.160)	0.284 *** (0.076)	0.292 *** (0.072)
l. ratio	0.968 * (0.560)	0.937 (0.582)	0.354 (0.264)	0.392 (0.260)
l. supervisor	0.009 (0.138)	-0.087 (0.141)	0.021 (0.075)	-0.033 (0.070)
l. mshare	0.122 * (0.072)	0.153 ** (0.072)	0.094 ** (0.038)	0.105 *** (0.035)
l. time	0.557 *** (0.144)	0.469 *** (0.146)	0.262 *** (0.071)	0.212 *** (0.065)
industry/year	未控制	控制	未控制	控制
N	12445	12445	12445	12445
Pseudo R^2/Adj-R^2	0.023	0.079	0.050	0.154

注：变量前的"l"代表滞后一期；***、**、*分别表示在1%、5%、10%的统计水平上显著；括号内为经过公司层面的cluster处理的稳健标准误。

从控制变量的回归结果看,公司的现金流量、成长机会、公司规模、两职合一、董事会规模、管理层持股比例、总经理任职年限均与高管是否获得超额薪酬、高管超额薪酬水平显著正相关,意味着公司更大的现金流水平、更具发展的成长机会、更大的资产规模、更集中的高管权力,以及更大规模的董事会等均会促使高管获取超额薪酬;相反地,四组回归中公司财务杠杆变量的回归系数至少在5%的统计水平上与因变量呈现显著的负相关关系,意味着较大比例的负债水平会降低高管超额薪酬;最后,公司年龄、独立董事比例和监事会规模与高管超额薪酬之间的关系并不具备统计上的显著性。

(三) 稳健性检验

为了使上述研究结论更加可靠,本节进行如下稳健性检验。

(1) 内生性问题。前文的基础分析为民营上市公司的实际控制人拥有境外居留权是否影响高管超额薪酬提供了一定的证据,但是不可避免地需要考虑到潜在的内生性问题。根据管理层权力理论,公司内部高管有强烈的动机通过自己所拥有的剩余控制权去获取超额薪酬,那些本身高管获取超额薪酬的意愿较强烈以及获得超额薪酬水平较高的公司,可能其实际控制人更倾向于拥有境外居留权,那么,实际控制人的境外居留权与高管超额薪酬之间的正相关关系就不完全代表实际控制人的境外居留权对高管超额薪酬的提升效应。除此之外,本节的样本中关于实际控制人取得境外居留权也可能不是随机的,可能会导致样本存在自选择问题。对此,我们通过以下方法来控制内生性。

①组间差异分析。从表4-27的数据来看,无论是均值差异的独立样本t检验还是中位数差异的Wilcoxon秩和检验,对于那些实际控制人拥有境外居留权的公司而言,其高管获得超额薪酬的意愿和超额薪酬水平均在1%的统计水平上显著大于未拥有境外居留权的公司,这表明,并非高管获得超额薪酬意愿强烈和获得超额薪酬水平高的公司的实际控制人更倾向于获取境外居留权,相反地,实际控制人拥有境外居留权的公司的高管更倾向于获取超额薪酬,佐证了本节的基础结论。

表4-27　是否拥有境外居留权与高管获得超额薪酬倾向和水平的组间差异分析

变量	拥有境外居留权（A组）		未拥有境外居留权（B组）		均值差异	中位值差异
	平均值	中位数	平均值	中位数	A组-B组	A组-B组
Overpay_dum	0.717	1	0.588	1	8.403 ***	8.385 ***
Overpay	0.217	0.202	-0.014	-0.012	11.194 ***	11.232 ***

注：*** 表示在1%的统计水平上显著；组间平均值差异检验采用t检验，中位数差异检验采用Wilcoxon秩和检验。

②工具变量法。本节样本 Hausman 检验的 χ^2 统计量为 37.72（p = 0.000），在1%的显著水平上拒绝"所有解释变量均为外生变量"原假设，说明实际控制人的境外居留权是内生性解释变量，需要使用工具变量法进行估计。关于民营上市公司实际控制人境外居留权的工具变量的选取，本节认为，我国东部沿海地区中，当属北京市、上海市、广东省、福建省、江苏省、浙江省等的移民数量最多，居住在这些地区的人的移民倾向相对而言更为强烈，在本节的样本中，上述地区的民营上市公司的实际控制人拥有境外居留权为563个，占全样本中取得境外居留权的观测值（726个）的77.5%，因此具有较好的代表性。基于上述分析，本节的工具变量选择的是上市公司是否位于北京市、上海市、广东省、福建省、江苏省、浙江省等省市，若是，则虚拟变量 ID2 取值1，否则，虚拟变量 ID2 取值0。工具变量的选择需要满足两个基本条件，一是与内生变量高度相关，二是与扰动项不相关。一般而言，得益于沿海的便利区位和经济发展条件，位于这些地区的公司的实际控制人具有更强烈的移民意愿，进而致力于获取境外居留权；但是公司是否位于上述地区却与高管是否获得超额薪酬没有直接关系，因此，本节所选择的工具变量具有较好的代表性。

表4-28中列（1）至列（3）报告了控制内生性问题的回归结果。当因变量为高管是否获得超额薪酬的0-1变量时，采用 IV - Probit 两步法估计，结果显示，实际控制人的境外居留权变量 ID 的回归系数均在1%的显著水平与高管是否获得超额薪酬正相关，表明实际控制人拥有境外居留权会提升高管获得超额薪酬的概率。当因变量为超额薪酬水平的连续变量时采用2SLS估计。在第一阶段回归中，我们同时将前文的控制变量和实际控制人境外居留权的工具变量（ID2）一起对 ID 进行回归，发现工具变

量与实际控制人的境外居留权变量在1%的显著水平上高度正相关,并且识别不足检验和弱工具变量检验都表明该工具变量是有效的。在第二阶段回归中,实际控制人的境外居留权变量 ID 的回归系数在5%的统计水平上与高管超额薪酬水平显著正相关,表明实际控制人拥有境外居留权会使高管获得更高水平的超额薪酬。上述检验结果表明,在控制了内生性问题后,民营上市公司实际控制人的境外居留权会显著提升高管获得超额薪酬的概率和水平,再次强化了本节的研究结论。

表4-28　　　　　控制内生性问题和 ERM 回归结果

变量	Overpay_dum IV-Probit (1)	Overpay 2SLS 估计 (2) 第一阶段	Overpay 2SLS 估计 (3) 第二阶段	Overpay_dum ERM 估计 (4)	Overpay ERM 估计 (5)
IV: l.ID2		0.058*** (0.014)			
l.ID	3.155*** (0.505)		1.353** (0.599)	0.105*** (0.023)	0.223*** (0.022)
Wald 检验统计量	$\chi^2(1)=37.68$ (p=0.000)				
K-P rk LM 统计量		17.21 (p=0.000)			
K-P rk Wald F 统计量		17.59			
C-D Wald F 统计量		136.34			
控制变量	控制	控制	控制	控制	控制
industry/year	控制	控制	控制	控制	控制
N	12445	12445	12445	12445	12445
Pseudo R^2/Adj-R^2	0.068	0.192	0.194	—	—

注:***、**分别表示在1%、5%的统计水平上显著;括号内为经过公司层面的 cluster 处理后的稳健标准误。

③扩展回归模型。本节进一步采用一个可以同时处理解释变量或控制变量的内生性、内生性的样本自选择等问题的扩展回归模型(extended regression model，ERM）来解决可能存在的样本自选择问题。表 4 – 28 中列（4）和列（5）报告了 ERM 估计结果。可以看到，利用 ERM 控制内生性问题之后，两组回归均显示实际控制人境外居留权变量（$l.ID$）的回归系数显著为正，充分表明实际控制人拥有境外居留权会明显促使公司高管获得超额薪酬。

（2）倾向得分匹配估计。本节根据实际控制人是否拥有境外居留权，采用倾向得分匹配方法（propensity score matching，PSM）估计实际控制人的境外居留权对高管超额薪酬的"处理效应"。基于数据的可得性，本节选择实际控制人的受教育程度、所拥有上市公司的控制权和所有权比例、公司价值、公司资本结构、公司上市年龄、公司规模、董事会规模、独立董事规模等可能影响境外居留权的变量作为协变量集合，其中，实际控制人的受教育程度取值为（1 = 中专及中专以下，2 = 大专，3 = 本科，4 = 硕士生，5 = 博士生）。在进行 PSM 估计之前，需要进行平衡性检验，检验结果表明，匹配后所有协变量的 t 检验结果均不拒绝处理组与控制组无系统差异的原假设，并且相较于匹配前的结果，所有协变量的标准化偏差都明显减小（标准差均通过自助法得到），表明所有协变量都通过了平衡性检验[①]。这意味着经过倾向得分匹配后，有效消除了样本选择偏差。表 4 – 29 报告了实际控制人的境外居留权对高管超额薪酬采用一对一匹配和邻近匹配（k = 4）的估计结果。结果显示，四组匹配结果的系数都为正，且都在 1% 的统计水平上高度显著，表明实际控制人拥有境外居留权确实能够显著促进高管获得超额薪酬，进一步验证了本节的研究结论。

表 4 – 29　实际控制人的境外居留权对高管超额薪酬的倾向得分匹配回归估计结果

变量	因变量：$Overpay\_dum$		因变量：$Overpay$	
	一对一匹配	邻近匹配	一对一匹配	邻近匹配
未匹配	0.717 *** (0.015)	0.717 *** (0.015)	0.178 *** (0.017)	0.178 *** (0.017)
ATT	0.129 *** (0.021)	0.142 *** (0.021)	0.189 *** (0.027)	0.182 *** (0.022)

---

① 限于篇幅，协变量的平衡性检验结果未报告，备索。

续表

变量	因变量：Overpay_dum		因变量：Overpay	
	一对一匹配	邻近匹配	一对一匹配	邻近匹配
ATU	0.144*** (0.024)	0.129*** (0.023)	0.190*** (0.024)	0.181*** (0.019)
ATE	0.143*** (0.022)	0.130*** (0.022)	0.189*** (0.023)	0.181*** (0.018)

注：***表示在1%的统计水平上显著；括号内为经过公司层面的cluster处理后的稳健标准误。

（3）重新界定实际控制人境外居留权变量。前文研究中，我们将实际控制人拥有中国香港、中国澳门居留权的公司实际控制人与拥有境外居留权的实际控制人归为一类。作为稳健性检验，我们严格限定只有当实际控制人拥有外国居留权的样本才认定为其拥有境外居留权。我们将重新界定的变量命名为 $ID1$，并重复进行基准回归。检验结果如表4-30列（1）和列（2）所示，可见，实际控制人的境外居留权依然能够在1%的统计水平上显著提升高管获得超额薪酬的概率和水平，再次验证了基础结论。

表4-30 严格界定境外居留权变量和考虑实际控制人身份的稳健性检验结果

变量	严格界定境外居留权变量		考虑实际控制人身份	
	（1）Overpay_dum	（2）Overpay	（3）Overpay_dum	（4）Overpay
l.ID1	0.482*** (0.124)	0.233*** (0.049)		
l.mainland			0.405*** (0.111)	0.217*** (0.044)
l.overseas			0.625*** (0.201)	0.245*** (0.064)
控制变量	控制	控制	控制	控制
industry/year	控制	控制	控制	控制
N	12445	12445	12445	12445
Pseudo R^2/Adj-R^2	0.078	0.146	0.079	0.147

注：***表示在1%的统计水平上显著；括号内为经过公司层面的cluster处理后的稳健标准误。

(4) 考虑实际控制人的身份。从逻辑上看，是民营企业实际控制人获得境外居留权之后改变了其行为模式，因此有必要区分两类人，即华侨和大陆人士取得境外居留权。本节根据实际控制人的国籍和过去十年（即样本年份前十年内）曾控股的境内外上市公司信息将实际控制人的身份划分为华侨和大陆人士，考虑到民营上市公司中可能存在多个实际控制人的情况，并且实际控制人的国籍可能不一致①，为避免样本重复计算引起偏误，我们剔除此类样本。整理之后，本节 726 个拥有境外居留权的样本中实际控制人为华侨的样本公司有 97 家，实际控制人为大陆人士的样本公司有 609 家，同时拥有多个实际控制人多种国籍的有 20 家。对此，本节分别设置 mainland 和 overseas 两个虚拟变量，当实际控制人拥有境外居留权且其为中国国籍时，mainland 取值 1，否则取值 0；当实际控制人拥有境外居留权且其为外国国籍时，overseas 取值 1，否则取值 0。重复对基准模型的回归估计，结果如表 4 - 30 列（3）和列（4）所示。可以看到，两组回归中 mainland 和 overseas 两个虚拟变量的回归系数均显著为正，充分表明拥有境外居留权的实际控制人是华侨还是大陆人士的身份并不影响本节的研究结论，保证了研究结论的稳健性。

(5) 其他稳健性检验。第一，采用"薪酬最高前三名董事的薪酬总额"取自然对数作为高管薪酬的替换变量，重新利用模型（2 - 1）估算超额薪酬，并根据超额薪酬水平的正负划分是否获得超额薪酬的虚拟变量，发现替换被解释变量的回归结果仍支持原假设。第二，分别采用 Logit 和 Tobit 方法代替 Probit 和 OLS 估计，结果保持高度一致。第三，大样本数据中的异常值会使实证结果产生较大扭曲，进一步将本节基准模型中的所有连续变量进行上下 5% 的 Winsorize 处理，结果并未发生实质性改变。第四，本节的样本区间（2003 ~ 2021 年）内包含金融危机事件和新冠疫情事件，为剔除此类不可抗力事件的影响，将样本缩小至 2010 ~ 2019 年并重新进行基准回归，发现相关结论并未改变。第五，考虑到每个样本公司的实际控制人获得境外居留权的动机、所造成的影响、影响的大小，以

---

① 譬如，根据上市公司年报披露的数据，2019 年北京利德曼生化股份有限公司（股权代码：300289）有两个实际控制人，其中，实际控制人孙茜为加拿大国籍，实际控制人沈广仟为中国国籍；2019 年上海莱士血液制品股份有限公司（股权代码：002252）同样有两个实际控制人，其中，实际控制人黄凯为美国国籍，实际控制人郑跃文为中国国籍。

及实际控制人自身特征的影响等都不可观测，因而可能存在较大的个体差异性。为排除不可观测因素对研究结论的影响，本节进一步控制公司固定效应，相关回归结果并未发生实质性改变。

五、进一步分析

前文分析指出，我国民营上市公司的实际控制人拥有境外居留权会明显促进高管获得超额薪酬。原因在于拥有境外居留权为实际控制人提供了一种隐形的"保护罩"，使得实际控制人更有动机从事掏空和转移资产的行为，并且与我国签署引渡条约的国家普遍集中于亚洲地区，无形中降低了拥有美国、加拿大等发达国家或地区居留权的实际控制人从事非法行为的惩罚力度，从而更可能驱动实际控制人的违规动机。当实际控制人兼任高管时，其会利用所掌握的实质性权力对董事会施加压力，干预薪酬契约的制定，从而谋取更高的报酬；而当实际控制人不兼任高管时，公司内部实际上存在着更严重的代理问题，理性的实际控制人会给予高管更多的利益补偿以"贿赂"高管配合其机会主义行为。此外，为了避免引起监管部门的关注，获得超额薪酬的高管更可能利用薪酬—业绩敏感性来为其高薪酬制造合理性的表象。

按照上述逻辑，我们可以进一步分析以下问题：一是实际控制人拥有境外居留权是否真的会强化其"掏空"动机？二是无论实际控制人是否兼任高管，实际控制人的境外居留权都会显著促使高管获得超额薪酬？三是实际控制人的境外居留权对高管超额薪酬的正向影响是否在实际控制人可永久居留的国家或地区未与我国签署引渡条约以及公司治理较差的公司中更加明显？因为未签署引渡条约会明显降低违规成本，促使实际控制人更肆无忌惮地从事损害公司的行为，从而导致高管也更可能利用契机谋取私人利益；此外，当公司治理较差时，实际控制人和高管受到的约束较小，也更容易进行机会主义行为。四是高管是否存在利用提高薪酬—业绩敏感性进行薪酬辩护的行为？

（一）境外居留权与高管超额薪酬：实际控制人的"掏空"行为

借鉴姜国华等（2010）、陈冬华等（2018）的做法，本节采用上市公司控股股东及其关联公司占用上市公司资金来衡量实际控制人的"掏空"行为,其计算方法为 tun =(应收账款 - 应付账款 + 预付账款 - 预收账款 + 应收票据 - 应付票据 + 其他应收款 - 其他应付款)/总资产。若净资金占用大于0,表明控股股东存在"掏空"行为,虚拟变量 tun_dum 取值1,否则取值0。我们将基准模型的被解释变量替换为 tun_dum 和 tun,并重新回归,结果如表4-31列(1)和列(2)所示。可以看到,两组回归中实际控制人的境外居留权变量均与实际控制人的"掏空"行为显著正相关,表明拥有境外居留权的实际控制人确实更热衷于"掏空"行为。此外,我们将实际控制人的"掏空"行为作为中介变量引入本节的基准模型中以进一步研究实际控制人境外居留权与高管超额薪酬之间的作用机制,结果如表4-31中列(3)和列(4)所示。综合来看,实际控制人境外居留权变量与掏空变量的回归系数均显著为正,意味着取得境外居留权的实际控制人更热衷于"掏空"行为,从而获取超额薪酬。上述信息充分表明实际控制人"掏空"行为在实际控制人境外居留权与高管超额薪酬之间发挥着部分中介作用。

表4-31　　　　　　实际控制人"掏空"的检验结果

变量	(1) tun_dum	(2) tun	(3) Overpay_dum	(4) Overpay
l. ID	0.429 *** (0.102)	0.211 *** (0.039)	0.430 *** (0.104)	0.220 *** (0.041)
l. tun_dum			0.199 *** (0.045)	
l. tun				0.253 ** (0.113)
控制变量	控制	控制	控制	控制
industry/year	控制	控制	控制	控制
N	12445	12445	12445	12445
Pseudo R^2/R^2	0.069	0.197	0.081	0.148

注:***、** 分别表示在1%、5%的统计水平上显著;括号内为经过公司层面的 cluster 处理后的稳健标准误。

(二) 境外居留权与高管超额薪酬：实际控制人是否兼任高管

囿于数据局限性，本节考虑实际控制人是否在公司担任高管职务将全样本划分为两个子样本，并对本节的基准模型重新进行回归，结果如表4-32所示。可以看到，无论实际控制人是否在上市公司担任高管，四组回归中实际控制人的境外居留权与高管超额薪酬之间均存在显著的正相关关系，并且组间系数差异检验表明组间回归系数的差异不显著，充分表明无论我国民营上市公司的实际控制人是否兼任高管，其所拥有的境外居留权都会使高管获得超额薪酬。

表4-32　实际控制人是否兼任高管的稳健性检验结果

变量	因变量：*Overpay_dum*		因变量：*Overpay*	
	(1) 兼任	(2) 不兼任	(3) 兼任	(4) 不兼任
l.ID	0.348*** (0.123)	0.647** (0.183)	0.183*** (0.047)	0.319*** (0.074)
组间系数差异检验	chi2 (1) =6.42, p=0.118		chi2 (1) =5.47, p=0.195	
控制变量	控制	控制	控制	控制
industry/year	控制	控制	控制	控制
N	8959	3484	8959	3484
Pseudo R²/R²	0.089	0.103	0.176	0.151

注：***、**分别表示在1%、5%的统计水平上显著；括号内为经过公司层面的cluster处理后的稳健标准误。

(三) 境外居留权与高管超额薪酬：引渡条约

本节的样本区间内实际控制人拥有境外居留权的647个观测值总体涉及16个国家的境外居留权，其中，我国分别与菲律宾、澳大利亚两个国家签署了引渡条约。为了检验实际控制人获得境外居留权的国家或地区是否与我国签署引渡条约对实际控制人境外居留权与高管超额薪酬之间关系的调节作用，本节参照陈冬华等 (2018)、梁娟 (2015) 的做法，分别设置 *ID_extradite* 和 *ID_noextradite* 两个虚拟变量并加以赋值。当实际控制人拥有境外居留权且该居留国家与我国签订了引渡条约时，*ID_extradite* 取值1，否则取值0；当实际控制人拥有境外居留权但该居留国家未与我国签订引渡条约时，ID_noextradite 取值1，否则取值0。综上所述，本节对基准模型再次进行回归。表4-33中列（1）和列（2）列示了估计结果，可以看到，两组回归中变量 ID_noextradite 的回归系数均显著为正，而变量 ID_extradite 的回归系数虽为正，但不具备统计上的显著意义，这意味着实际控制人的境外居留权对高管超额薪酬的正向影响在实际控制人拥有境外居留权但其所居留的国家或地区未与我国签订引渡条约时更明显。

表4-33　境外居留权与高管超额薪酬：引渡条约与公司治理

变量	是否签订引渡条约		公司治理			
			公司治理好		公司治理差	
	（1）	（2）	（3）	（4）	（5）	（6）
	Overpay_dum	Overpay	Overpay_dum	Overpay	Overpay_dum	Overpay
l. ID			0.312 (0.229)	0.181 (0.131)	0.539 *** (0.130)	0.255 *** (0.053)
l. ID_noextradite	0.400 *** (0.108)	0.214 *** (0.043)				
l. ID_extradite	0.681 (0.409)	0.291 (0.225)				
控制变量	控制	控制	控制	控制	控制	控制
industry/year	控制	控制	控制	控制	控制	控制
N	12445	12445	6204	6241	6204	6241
Pseudo R^2/Adj-R^2	0.079	0.147	0.105	0.199	0.099	0.161

注：*** 表示在1%的统计水平上显著；括号内为经过公司层面的 cluster 处理后的稳健标准误。

（四）境外居留权与高管超额薪酬：公司治理

相关研究表明，公司治理越好，股东和投资者的利益越能得到保障。完善的公司治理机制越可能发现实际控制人或高管的利益侵占行为，相反地，治理较差的公司，其实际控制人，尤其是拥有境外居留权的实际控制人更可能从事资产转移活动，而公司内部的高管也越可能运用权力谋取私人利益。本节关于公司治理的衡量主要选择股东集中度、董事会规模、董事会会议次数、独立董事比例、两职合一、董事持股比例、高管薪酬激励、管理层持股比例8个指标进行主成分分析，进而通过系数加权得到公司治理综合指数CGI。按CGI的大小将样本平均划分为6组，将CGI最高的3组定义为公司治理较好的组，将最低的3组定义为公司治理较差的组，并对基准模型重新进行回归。表4-33中列（3）至列（6）报告了估计结果，可以看到，公司治理好的样本中，境外居留权变量都不显著，而在公司治理较差的样本中，境外居留权变量均在1%的统计水平上显著为正，充分表明实际控制人的境外居留权对高管超额薪酬的正向影响在公司治理较差的公司中更明显。

（五）薪酬辩护假说检验

薪酬辩护假说认为，作为一个理性的经济人，高管利用权力谋取超额薪酬的同时会有强烈的动机和需求通过证明该薪酬的"结果正当性"和"程序正当性"来让其所获得的高薪酬显得公平合理（谢德仁等，2014）。相关研究表明，获得高额报酬的高管倾向于通过提高薪酬—业绩敏感性来为自己的高薪酬进行正当辩护（谢德仁等，2012；罗宏等，2014），该指标越高，意味着高管薪酬的增长更多是来自企业业绩的增长，此时，社会公众质疑感较低，高管面临的社会舆论压力也相对较小。在上述逻辑的基础上，本节预期，相较于实际控制人未拥有境外居留权的公司而言，如果实际控制人拥有境外居留权的公司中其高管薪酬—业绩敏感性更高，则符合薪酬辩护假说。

为验证上述机制分析的理论预期，本节首先基于詹森和墨菲（Jensen and Murphy，1990）的"业绩决定薪酬"假设来测算民营上市公司高管的薪酬—业绩敏感性。理论上，管理者的货币薪酬契约可以表示为线性方程 $W = \overline{W} + \chi \times Y$，其中，$\overline{W}$ 为固定底薪，不与企业业绩挂钩，Y 是企业业绩，系数 χ 即为薪酬—业绩敏感性。现实中，高管薪酬高低会受企业特征以及公司治理情况的影响，对此，本节构建模型（4-16）进行回归估计，具体的估算模型设定如下：

$$pay_{i,t} = \gamma_0 + \gamma_1 roe_{i,t} + \gamma_2 age_{i,t} + \gamma_3 size_{i,t} + \gamma_4 lev_{i,t} + \gamma_5 zone_{i,t} + \gamma_6 dual_{i,t}$$
$$+ \gamma_7 ratio_{i,t} + \gamma_8 director_{i,t} + \gamma_9 supervisor_{i,t} + \sum industry_i$$
$$+ \sum year_t + \varepsilon_{i,t} \qquad (4-16)$$

模型（4-16）中，变量 pay、roe、age、size、lev、zone、dual、ratio、director、supervisor 分别表示高管薪酬、公司业绩、上市年龄、公司规模、资产负债率、公司所处区位、董事长与总经理是否两职兼任、独立董事比例、董事会规模、监事会规模；企业业绩变量 roe 的回归系数 $\hat{\gamma}_1$ 便是薪酬—业绩敏感性（PPS）。

首先，我们对实际控制人是否拥有境外居留权与高管薪酬—业绩敏感性之间进行组间差异分析。如表4-34所示，无论是均值差异的独立样本 t 检验还是中位数差异的 Wilcoxon 秩和检验，对于那些实际控制人拥有境外居留权的公司而言，其高管薪酬—业绩敏感性均在1%的统计水平上显著大于未拥有境外居留权的公司。

表4-34　　　实际控制人是否拥有境外居留权与高管薪酬—业绩敏感性的组间差异分析

变量	拥有境外居留权（A组）		未拥有境外居留权（B组）		均值差异	中位值差异
	平均值	中位数	平均值	中位数	A组-B组	A组-B组
PPS	0.592	0.479	0.570	0.479	3.188***	2.511***

注：*** 表示在1%的统计水平上显著；括号内为经过公司层面的 cluster 处理后的稳健标准误。

其次，依据 PPS 的中位数设置虚拟变量 PPS_dum，若高于中位数则 PPS_dum 取值1，否则取值0。分别将基准模型的被解释变量替换为 PPS_dum 和 PPS，并重新进行基准回归。从表4-35的检验结果可以看到，实际控制人的境外居留权变量与高管薪酬—业绩敏感性之间呈现正相关关系，回归系数分别为0.084、0.021，且至少在5%的统计水平上显著，表明实际控制人境外居留权会明显提高公司的高管薪酬—业绩敏感性。

表4-35　　　　　　　　　高管薪酬辩护检验结果

变量	(1)	(2)
	因变量：PPS_dum	因变量：PPS
l.ID	0.084**	0.021***
	(0.036)	(0.008)
控制变量	控制	控制

续表

变量	(1)	(2)
	因变量：PPS_dum	因变量：PPS
industry/year	控制	控制
N	12445	12445
Pseudo R^2/Adj-R^2	0.002	0.026

注：***、** 分别表示在1%、5%的统计水平上显著；括号内为经过公司层面的cluster处理后的稳健标准误。

表4-34和表4-35的综合结论高度吻合高管薪酬辩护的理论预期，表明在实际控制人拥有境外居留权的民营上市公司中，高管确实会利用提高薪酬—业绩敏感性作为其超额薪酬正当性辩护的工具。

六、本节小结

本节立足于越来越多的民营企业实际控制人拥有境外居留权这一现实背景，利用2003年1月6日证监会发布的关于《公开发行证券的公司信息披露内容与格式准则第2号〈年度报告的内容与格式〉》（2003年修订）通知要求上市公司披露"若控股股东为自然人，应介绍其姓名、国籍、是否取得其他国家或地区居留权、最近5年内的职业"等信息的契机，手工搜集了2003~2021年实际控制人为自然人的我国民营上市公司年度报告中企业实际控制人是否拥有境外居留权，以及拥有哪个国家或地区的居留权等资料，进而实证检验了实际控制人拥有境外居留权对公司高管超额薪酬的影响。结果发现，我国民营上市公司实际控制人拥有境外居留权会促使公司内部的高管获得超额薪酬。进一步研究发现，拥有境外居留权的实际控制人更热衷于"掏空"行为，并且无论实际控制人是否兼任高管，其境外居留权都会显著促进高管获得超额薪酬；此外，实际控制人的境外居留权与高管超额薪酬之间的正相关关系在实际控制人可永久居留的国家或地区未与我国签署引渡条约以及公司治理较差的公司中更加明显，并且高管存在通过提高薪酬—业绩敏感性为自己获得超额薪酬进行"结果正当性"的辩护行为，从而制造出其薪酬契约合理性的表象。

本节的研究具有一定的政策启示：

（1）强化民营上市公司实际控制人境外居留权信息披露的深度和广度。民营企业的实际控制人拥有境外居留权降低了其从事不合法或不合理行为的惩罚成本，容易导致企业内部发生财务漏洞、高管谋取超额薪酬、舞弊行为或者其他更严重的经济后果。对此，本节认为，需要进一步强化企业实际控制人背景特征的信息披露，尤其是要重点披露拥有境外居留权的实际控制人的非正常交易信息，包括关联交易、对外担保、资金调度等财务信息。

（2）推进法律改革，加大对实际控制人"金蝉脱壳"行为的法律严惩力度。我国资本市场的法治环境相对不成熟，客观上助长了实际控制人的机会主义行为动机，尤其是拥有境外居留权的实际控制人，更加容易从事资产转移、会计舞弊、外逃出境等不合法活动；而这类企业内部的高管为了防范企业利益被侵占后会造成自身利益受损，会更倾向于谋取超额薪酬。因此，建议监管核查部门应该加强和完善资本市场的法律体系建设，尤其是与公司治理领域相关的法律法规，加大立法和执法力度，严厉打击实际控制人的"金蝉脱壳"行为，营造一个相对公平的市场竞争环境，进而保护企业利益相关主体的切身利益。

（3）动态调整高管薪酬契约，重点关注高管的薪酬辩护行为。企业监管部门应该制定更加完善的高管薪酬监督体系，重点关注高管利用权力影响薪酬契约的制定过程进而利用薪酬—业绩敏感性作为其高薪酬的辩护工具的行为，不能被高管的薪酬辩护行为引致的超额薪酬的"合理性"表象所蒙蔽而放松了对高管薪酬的监管。此外，为防止高管的短视和机会主义行为，建议董事会或薪酬制定委员会在制定高管薪酬时要更加重视企业的长期业绩，并且动态调整高管不合理的高报酬，避免更严重的薪酬操纵行为。考虑到获得超额薪酬的高管普遍利用薪酬—业绩敏感性作为辩护工具，但这种简单地将高管薪酬与本企业业绩挂钩的薪酬契约容易受到"噪声"的影响，进而降低其激励效应，因此，建议公司进一步完善薪酬契约设计，采用更加市场化的薪酬契约。

最后，需要指出的是，本节仍然存在一定的不足。第一，由于公司年报中所披露的关于实际控制人个人背景特征的信息十分有限，我们仅能获得实际控制人是否拥有境外居留权、获得哪个国家或地区的居留权、获得多少个国家或地区的居留权、最近 5 年内的职业及职务等信息，未能准确抓取实际控制人何时获取境外居留权以及获得境外居留权的动机等。第二，囿于数据局限性，本节未能充分考虑实际控制人获得境外居留权的动态变化可能产生的经济后果，譬如，实际控制人取得境外居留权的前后，高管获得的正常薪酬与超额薪酬是否存在明显的变化。

第五章　公司外部治理与高管超额薪酬

第一节　异质个体机构投资者持股与高管超额薪酬

一、引言

在资本市场上，机构投资者相较于个人投资者而言往往拥有更雄厚的投资能力、更专业的分析能力和更灵敏的信息获取能力，使其投资行为和投资动向常常被认为是资本市场的"风向标"。正因如此，机构投资者在与上市公司内部的管理层、大股东、中小股东等之间的制衡博弈中能够占据一定的优势。

一直以来，关于机构投资者这股"第三方力量"在上市公司中的治理作用吸引了理论界、实务界以及学术界等众多学者的广泛讨论，并且相关研究形成了以下三种彼此对立的观点。其中，"监督者"假说认为，机构投资者参与公司治理能够发挥有效的监督作用，通过约束管理层的自利行为以降低公司代理成本，进而提升公司的长期绩效来获取更高的投资回报（Zhao et al.，2021；牛彪等，2023；Lin et al.，2025）。"合谋者"假说认为，机构投资者是一类兼具投资性与投机性的逐利型市场主体，为了与公司的管理层保持良好的商业关系，他们存在与管理层结成联盟（合谋）的激励，进而与管理层共同谋取私利（程小可等，2022；吴晓晖等，2022；

曹越等，2023）。"旁观者"假说认为，机构投资者本身的投票权有限，他们不会积极参与具体的公司治理实践中，并且当公司出现经营问题时，他们通常会选择"用脚投票"并采取"事不关己"的态度，从而维护自身利益（Zhao and Qu，2023）。

上述关于机构投资者"公司治理效应"的研究表明，机构投资者作为资本市场的重要参与者，其在公司治理中究竟扮演"监督者"、"合谋者"还是"旁观者"的角色，主要取决于其与公司内部高管之间的利益关系。现代公司制度确立之后，公司所有权与经营权相分离，高管作为公司经营的主要决策者，其行为会直接影响到公司的经营状况和长期绩效，并且这种经营权使得高管对于自身的薪酬设计有着实质性的影响，高管极容易利用自身所掌握的权力进行寻租，进而获得超过正常所得的收入。不同于既有文献从制度因素、内部治理、政府补助、董事会文化等角度探讨高管超额薪酬的影响因素，本节关注的是，上市公司的外部机构投资者作为公司独立性较强的股东，从整体层面看，其是否会积极参与公司治理、约束高管谋取超额薪酬的自利行为？更细致而言，从个体层面看，不同类型的个体机构投资者由于其投资理念、持股偏好、持股比例、资金规模等方面不尽相同，这些差异是否会导致个体机构投资者在公司治理中扮演不同的角色？对上述问题的回答有助于厘清机构投资者的公司治理机制，明确个体机构投资者的公司治理职能，为上市公司进一步完善公司治理框架提供经验启示。

本节的研究贡献体现在三个方面：第一，本节从整体角度系统检验了上市公司外部机构投资者的持股深度和持股广度对高管超额薪酬的影响，发现机构投资者持股深度和持股广度都会明显约束高管获得超额薪酬的行为，但是持股广度所产生的抑制效应相对更大，这不仅拓展了机构投资者"公司治理效应"和高管超额薪酬影响因素等领域的研究，更为上市公司吸引多元化和多层次的机构投资者提供了实证数据的支持。第二，本节尝试从机构投资者的个体异质性角度探讨机构投资者在公司治理中所扮演的角色，弥补了已有研究局限于将公司外部的全部机构投资者作为一个整体进行分析的不足。第三，本节的研究结论揭示了我国个体机构投资者在公司治理中发挥着不同的作用，这对于证监会等监管当局进一步培育和发展机构投资者、规范机构投资者的行为，以及上市公司深入优化机构投资者的结构和规模等均有着丰富的政策启示。

二、理论分析与研究假设

（一）机构投资者持股与高管超额薪酬

学术界绝大部分关于机构投资者持股的文献都是将机构投资者作为一个整体的无差异对象进行分析，并且相关研究集中于从高管变更、股利政策、盈余管理、股价崩盘风险等角度探讨机构投资者的公司治理效应（尹筑嘉等，2024；张铁铸和冯文钦，2024；王亚男和陈俊杰，2025；吴战篪和袁玉，2025）。

随着研究的深入，有学者发现机构投资者参与公司治理的决策与公司内部高管的利益关系息息相关，并且越来越多的机构投资者将干预高管薪酬的制定过程作为其参与公司治理的渠道（Focke，2022；Liu and Yin，2023；Cao et al.，2025）。对此，部分文献也围绕机构投资者的持股深度与高管薪酬水平或薪酬契约有效性等之间的关系展开研究。譬如，有研究指出，机构投资者实地调研增强了公司信息透明度，有效降低了高管薪酬差距，使有权力的高管更难利用他们的权力来增加薪酬（Cao et al.，2025）。还有学者指出，监督关注度较高的机构投资者正向影响高管薪酬—业绩敏感性（Liu and Yin，2023）。有研究发现，机构投资者关注能够通过增强高管薪酬激励强度来提高企业绩效（Liu，2021）。宁宜希等（2015）的研究也证实了机构投资者持股比例与高管薪酬之间的负相关关系。张圣利和孙珊珊（2020）、李争光等（2019）均从机构投资者异质性的角度研究机构投资者与高管薪酬之间的关系，前者发现稳定型机构投资者能够显著提高高管薪酬业绩敏感性，后者发现稳定型机构股东对高管薪酬差距有着显著的正向影响。

随着证监会"超常规发展机构投资者"战略的实施，我国机构投资者越来越呈现出多元化和多层次的发展趋势（刘斯琴等，2024），但是学界关于机构投资者持股广度的研究尚不多见，这也使得本节的研究是该领域的有益补充。理论上，机构投资者的公司治理效应与个人投资者存在很大的区别。首先，机构投资者所拥有的股票规模相比个人投资者而言大得多，即它们拥有更加集中的投票权，这会促使它们更有动力运用自身掌握的专业投资或监管技能去发挥积极的公司治理作用，从而降低代理成本；其次，机构投资者作为专业的投资主体，其所具备的专业能力、投资理念、资源优势等都有助于优化上市公司的内部治理框架，改善公司经营状况，从而提升公司经营效率。实践上，随着资本市场的快速发展，我国机构投资者经历了从无到有、从单一到多元化的发展过程，并逐渐形成了包含券商、保险公司、信托公司、财务公司、证券投资基金、QFII等多种类型投资主体共存的局面，随着上述机构投资者持股比例的日益提升，从某种程度上它们也会更加积极地参与公司治理，并运用所拥有的投票权对高管的行权过程进行有效监督，通过提升公司的经营效率从而获得投资回报。

本节认为，一方面，机构投资者持股比例越高，越有助于削弱高管的控制权，进而约束高管利用权力寻租董事会的行为，降低高管获得超额薪酬的概率和水平；另一方面，机构投资者持有公司股份越多，其在公司的话语权越大，进而可以通过干预高管薪酬的制定过程，有效避免公司向高管发放过多的薪酬。因此，预期上市公司机构投资者的持股深度与高管超额薪酬显著负相关。此外，共同持有同一家上市公司股票的机构投资者类型越多，其所形成的外部监督力量越大，越有助于强化对高管自利行为的监管，预期机构投资者的持股广度同样与高管超额薪酬呈负相关关系。

基于上述分析，本节提出以下假设：

假设 H5-1a：总体上，我国上市公司机构投资者持股深度与高管超额薪酬呈现负相关关系。

假设 H5-1b：总体上，我国上市公司机构投资者持股广度与高管超额薪酬呈现负相关关系。

（二）异质个体机构投资者持股与高管超额薪酬

不同类型的机构投资者在投资理念、持股偏好、持股比例、资金规模等方面不尽相同，这些差异会对机构投资者是否选择参与公司治理产生显著影响。布里克利等（Brickley et al., 1988）首次在研究中引入机构投资者的异质性概念，并考察异质机构投资者的公司治理效应是否存在显著差异。自此，相关研究开始依据不同的分类方法讨论机构投资者异质性的经济后果，包括划分为压力抵抗型机构投资者和压力敏感型机构投资者

(彭利达，2016)、潜在积极机构投资者和潜在消极机构投资者 (Almazan et al., 2005)、投资主导型机构投资者和业务主导型机构投资者 (韩亮亮，2016)、独立机构投资者和非独立机构投资者 (刘颖斐和倪源媛，2015)，等等。

然而，尽管上述文献考虑了机构投资者的异质性，但随着资本市场上所呈现的越来越多样化、多元化的机构投资者类型，上述分类方法未能完全体现机构投资者的个体异质性。譬如同属压力抵抗型的机构投资者，证券投资基金与QFII的投资规模和投资理念便存在很大的差别。因此，有必要进一步细化机构投资者的分类，按照其最基本的组织结构的异质性考察包括券商、保险公司、信托公司、财务公司等在内的个体机构投资者的公司治理效应。譬如，伍伟和刘惠好 (2008) 指出，保险公司、社保基金等机构投资者的投资期限相对较长，此类投资者更加关注持股公司的长期发展，也更重视公司治理情况，可以通过高管薪酬制定的途径参与公司治理。施东晖 (2001) 探讨了证券投资基金的交易行为和市场的影响，发现证券投资基金存在明显的"羊群行为"，加剧了股价波动。熊家财等 (2014) 基于股价信息含量视角研究异质机构投资者的公司治理效应，发现证券投资基金的交易行为会明显降低股价信息含量，相反地，保险基金、社保基金、QFII等机构投资者持股则有助于优化公司信息环境，进而提高股价信息含量。

从作者掌握的文献看，鲜有文献研究异质个体机构投资者对高管超额薪酬的影响，少数几篇文献主要讨论机构投资者持股与高管薪酬或薪酬—业绩敏感性之间的关系。譬如，马克西和腾瓦尔德 (Maxey and Ten Wolde, 1998) 指出，高管薪酬是共同基金经理在作出投资决策时的主要考量因素。毛磊等 (2011) 实证检验了机构投资者的整体和个体持股水平对高管薪酬的影响，发现机构投资者整体持股比例显著提高了高管薪酬及其薪酬—业绩敏感性，但个体机构投资者中只有证券投资基金能对高管薪酬产生影响，没有证据表明券商、QFII、社保基金、保险公司、信托公司等机构投资者会影响高管薪酬情况。韩亮亮 (2016) 基于产权性质差异视角实证研究了机构投资者持股对银行高管的货币薪酬的影响，结果表明，社保基金和QFII等投资主导型机构投资者持股会显著降低非中央直管银行的高管薪酬，保险公司、信托公司、证券投资基金、券商、财务公司等业务主导型机构投资者持股则发挥相反的作用。

基于上述文献回顾发现，关于机构投资者监督角色这一问题暂未形成一致意见，并且关于个体机构投资者如何影响高管超额薪酬也未有深入研究。本节认为，从各个体机构投资者的投资风格角度看，证券投资基金的交易行为存在明显的"短视倾向"，并更加注重短期利益，因此有更大的概率与高管合谋，并有可能对高管谋取私利的行为"视而不见"，甚至结成联盟共同谋取利益，从而在公司治理中扮演"合谋者"的角色。券商、保险公司、社保基金、信托公司等机构投资者更加注重公司的长期价值，对企业的长远发展也较为关注，更倾向于以"长视目光"对公司的治理发挥作用。合理的猜想是，此类机构投资者在持有公司股份后会有较为强烈的动机参与公司治理，积极监督高管的行为，对不称职的高管提出警告，对不合理的决策提出异议，抑制高管获得不恰当的薪酬，从而在公司治理中扮演有效的"监督者"的角色。QFII、财务公司、银行等机构投资者属于小规模的投资者，其持股总额相较于其他机构而言较小，使得此类机构投资者在公司中的话语权相当有限，因此对高管行为也未能发挥有效的监督作用，从而他们在公司治理中更可能扮演"旁观者"的角色。

从各个体机构投资者的持股规模和稳定性角度看，只有当机构投资者持股规模较大，并且不容易在市场转让、需要长期持股时，机构投资者才有足够的动机关注公司治理，并通过实施积极的监督获取相应的利益；但与此同时，如果持股比例太大亦有可能造成投资者对公司治理的话语权太大，不仅干扰高管的治理决策，还可能干预高管薪酬契约的制定，不可避免地会与高管产生一定的利益冲突，因此，理性的高管会竭力寻找机构投资者并形成策略联盟，共同谋取"合谋"利益，从而导致更高的代理成本。相反地，如果机构投资者持股规模较小，并且容易在市场转让股权，则不太愿意参与公司治理。

具体而言，证券投资基金是我国资本市场上最大的个体机构投资者，现已成为上市公司壮大资本、筹集资金的重要来源。近年来此类机构投资者的持股规模持续增大，在公司中也形成了较大的话语权，可以在股东大会、董事会、监事会中对高管的任命及其薪酬政策方面行使表决权，此时，理性的高管出于自身利益考虑会积极进行寻租，在监督成本明显高于监督收益的情况下，证券投资基金会选择与高管形成联盟，放任高管谋取超额薪酬，试图谋取更高的利益，由此在公司治理中扮演"合谋者"的角色。券商、保险公司、社保基金、信托公司等机构投资者的持股规模较为合理，稳定性相对较强，并且投资的目标主要是资本增值，他们期望通过资本增值和分红来获利，因此更愿意参与公司治理；与此同时，此类投资者有较高的监督和信息获取能力，所以能更好地抑制高管获得超额薪酬的自利行为，在公司治理中发挥"监督者"的可能性更大。QFII、财务公司、银行等"短暂型"机构投资者的持股规模相当小，并且持股时间短，持股稳定性较弱，所以他们不会特别关注公司的治理状况，更不会积极主动参与公司治理，从而对高管获取超额薪酬的自利行为也会采取"袖手旁观"的态度，扮演"旁观者"的角色。

基于上述分析，本节提出以下假设：

假设 H5-2a：证券投资基金持股比例与高管超额薪酬呈现正相关关系，其在公司治理中主要扮演"合谋者"的角色。

假设 H5-2b：券商、保险公司、社保基金、信托公司等机构投资者的持股比例与高管超额薪酬呈现负相关关系，这些类型的机构投资者在公司治理中主要扮演"监督者"的角色。

假设 H5-2c：QFII、财务公司、银行等机构投资者的持股比例与高管超额薪酬不存在明显的相关性，这些类型的机构投资者在公司治理中主要体现为"旁观者"的角色。

三、研究设计

（一）样本选择与数据来源说明

本节选取 2010~2017 年我国沪深两市 A 股上市公司为研究样本，并对样本进行如下筛选：剔除金融、证券、货币服务类公司；剔除主要财务数据和公司治理数据缺失的样本；剔除样本期内被 ST、PT 的公司，最终得到的研究样本包括 17219 个观测值。

本节所用上市公司高管绝对薪酬数据、财务数据、公司治理数据等均来自 CSMAR 国泰安金融研究中心数据库，机构投资者数据来自 CCER 数据库，高管超额薪酬数据由作者通过模型估计进行整理。为了避免极端值的影响，本节对所有连续型变量在上下 1% 的水平进行了 Winsorize 处理。

（二）变量选择

（1）被解释变量。关于高管超额薪酬水平，本节基于模型（2-1）测算得到，并在此基础上，构建高管是否获得超额薪酬的虚拟变量（overpay_dum）为被解释变量，当高管超额薪酬水平（overpay）大于零时，哑变量 overpay_dum 取值 1，相反地，当高管超额薪酬水平（overpay）小于零时，overpay_dum 哑变量取值 0。

（2）解释变量。本节关于异质机构投资者的划分主要依据机构投资者总体持股的深度和广度，以及个体投资者的持股比例等标准进行划分。具体而言，机构投资者的持股深度为剔除非金融类上市公司持股之外的所有机构投资者对公司的持股比例之和，包括证券投资基金、QFII、券商、保险公司、社保基金、信托公司、财务公司、银行等。机构投资者的持股广度主要以公司外部机构投资者的类型所涉及的数量进行算术加总并加以刻画。关于个体机构投资者的持股比例，我们直接以各个体机构投资者所持有的本公司股份比例进行衡量。

（3）控制变量。本节综合借鉴科尔等（Core et al.，2008）、罗宏等（2014）等主流文献的做法选取以下控制变量：独立董事激励，用独立董事津贴表示，当公司向独立董事提供更多的报酬津贴时，可以有效激励独立董事的公司治理功能，约束高管自利行为，预期独立董事激励会降低高管超额薪酬。高管在职消费，用管理费用/营业收入表示，高管在职消费具有"效率观"和"代理观"的双重属性，既有代理成本的一面，亦有隐性激励的一面，但无论如何，高管在职消费都会变相提升高管的待遇。高管货币薪酬激励，用薪酬金额最高前三名高管的薪酬总额取自然对数表示，货币薪酬越高，高管超额薪酬就越高，预期两者之间呈现正相关关系。董事会规模，用董事会总人数衡量，学者们普遍认为，董事会规模越大越会增加董事间的沟通难度，进而增加高管的寻租空间，预期董事会规模会正向影响高管超额薪酬。高层人员的职业生涯关注，用董事、监事和高管的平均年龄表示，高层人员的职业生涯过程伴随着其年龄的逐渐增大，年龄越大越可能催生"五十九岁"现象，进而促进高管谋取超额薪酬。高层规模，以董事、监事和高管的总人数衡量，高层规模越大，监督力度越大,使得高管获取私利的可能性越小。高管持股比例,以高管持有本公司的股份比例表示,高管持股比例越多表明高管权力越大,高管越可能利用权力获得超额薪酬。公司业绩,以净利润/营业收入表示,公司盈利能力越强,意味着公司的代理效率越高,即代理成本越小。此外,本节还同时控制了时间效应和行业效应。综上所述,本节主要变量的定义如表5-1所示。

表 5-1　　　　　　　　　变量定义

变量层级	变量符号	变量名称	变量定义
被解释变量	overpay	高管超额薪酬水平	根据模型(2-1)估计所得
	overpay_dum	高管是否获得超额薪酬	虚拟变量,当超额薪酬水平大于0时,取值1,否则取值0
解释变量	inst_hold	机构投资者持股深度	证券投资基金、社保基金、QFII、券商、保险公司、信托公司、财务公司、银行等机构投资者持股比例之和(%)
	inst_number	机构投资者持股广度	持股机构类型的数量之和
	inst_fund	证券投资基金持股	证券投资基金持股比例(%)
	inst_qfii	QFII合格境外投资者持股	QFII持股比例(%)
	inst_broker	券商持股	券商持股比例(%)
	inst_insurance	保险公司持股	保险公司持股比例(%)
	inst_security	社保基金持股	社保基金持股比例(%)
	inst_entrust	信托公司持股	信托公司持股比例(%)
	inst_finance	财务公司持股	财务公司持股比例(%)
	inst_bank	银行持股	银行持股比例(%)
控制变量	lnallowance	独立董事激励	独立董事津贴
	perks	高管在职消费	管理费用/营业收入
	lnsalary	高管货币薪酬激励	薪酬金额最高前三名高管的薪酬总额的自然对数
	director	董事会规模	董事会人数
	age_average	高层人员的职业生涯关注	董事、监事和高管的平均年龄

续表

变量层级	变量符号	变量名称	变量定义
控制变量	num_total	高层规模	董事、监事和高管的总人数
	$share\_manage$	高管持股比例	高管持有本公司的股份比例
	roe	公司业绩	净利润/营业收入
	$year$	年度效应	虚拟变量，对应某一年份取值1，否则取值0
	$industry$	行业效应	虚拟变量，对应某一行业取值1，否则取值0

（三）计量模型构建

为了考察我国异质机构投资者与高管超额薪酬之间的关系，本节构建了以下模型进行实证检验：

$$overpay_{i,t} = \alpha_0 + \alpha_1 inst_{i,t} + \Gamma Control_{i,t} + \sum year_t + \sum industry_i + \varepsilon_{i,t} \quad (5-1)$$

$$overpay\_dum_{i,t} = \beta_0 + \beta_1 inst_{i,t} + \Gamma Control_{i,t} + \sum year_t + \sum industry_i + \varepsilon_{i,t} \quad (5-2)$$

模型（5-1）和模型（5-2）中的被解释变量分别为高管超额薪酬水平和高管是否获得超额薪酬的虚拟变量，当被解释变量为 $overpay$ 时，采用固定效应估计；当被解释变量为 $overpay\_dum$ 时，采用 Logit 估计。$inst$ 为一组解释变量，代表机构投资者的异质性，指代机构投资者持股深度、持股广度，以及个体机构投资者的持股比例；$Control$ 是一组控制变量，控制住企业特征，避免遗漏变量引起内生性和回归结果偏误。

（四）描述性统计分析

（1）描述性分析。

表5-2报告了模型主要变量的描述性统计信息。数据显示，2010~2017年，我国约61%的上市公司高管获得超额薪酬，超额薪酬的平均水平约为0.001，最小值为-1.516，最大值为1.534，表明部分公司也存在实际薪酬低于正常水平的现象。上市公司间机构投资者持股深度（$inst\_hold$）差距较大，标准差达到4.522，平均持股4.830%，最小值为0，最大值为

34.390%。机构投资者持股广度（inst_number）平均约为 2 种，最多为 7 种，即部分公司存在 7 种类型的外部机构投资者。个体机构投资者中，证券投资基金持股（inst_fund）平均比例最大，达到 2.212%，并且存在部分公司持股比例达到 15.840%；QFII 合格境外投资者（inst_qfii）持股比例较少，平均值为 0.106%；券商（inst_broker）、保险公司（inst_insurance）、社保基金（inst_security）的机构投资者的持股比例较为接近，平均持股分别为 0.589%、0.420%、0.437%；信托公司持股（inst_entrust）平均持股比例为 1.003%，标准差达到 2.290；财务公司（inst_finance）和银行（inst_bank）的机构投资者平均持股比例较低，分别为 0.030%、0.033%。

表 5-2　　　　　　　　变量描述性统计信息

变量	观测值	均值	标准差	最小值	最大值
overpay	17219	0.001	0.602	-1.516	1.534
overpay_dum	17219	0.609	0.488	0.000	1.000
inst_hold	17219	4.830	4.522	0.000	34.390
inst_number	17219	2.121	1.028	0.000	7.000
inst_fund	17219	2.212	3.140	0.000	15.840
inst_qfii	17219	0.106	0.599	0.000	12.080
inst_broker	17219	0.589	1.193	0.000	7.880
inst_insurance	17219	0.420	1.292	0.000	14.540
inst_security	17219	0.437	0.967	0.000	6.210
inst_entrust	17219	1.003	2.290	0.000	16.560
inst_finance	17219	0.030	0.275	0.000	7.410
inst_bank	17219	0.033	0.510	0.000	17.920
lnallowance	17219	10.930	0.476	9.616	12.210
perks	17219	0.101	0.080	0.010	0.489
lnsalary	17219	14.190	0.716	12.250	16.130
director	17219	5.430	1.986	0.000	16.000
age_average	17219	45.550	10.350	0.000	61.000
num_total	17219	16.840	5.622	0.000	53.000
share_manage	17219	4.161	11.260	0.000	376.600
roe	17219	0.090	0.134	-0.495	0.554

（2）相关性分析。

表 5-3 报告了主要变量的 Pearson 相关性检验结果（限于篇幅，解释变量与控制变量相互间的相关性结果未报告）。可以看到，异质机构投资者持股比例与高管超额薪酬之间均存在显著的相关关系。其中，机构投资者持股深度与持股广度均与高管超额薪酬显著负相关，表明机构投资者持股比例提高和持股机构类型多样化更有助于降低高管超额薪酬水平。证券投资基金持股比例与 QFII 合格境外投资者持股比例均与高管超额薪酬呈现显著的正相关关系，相反地，券商、保险公司、社保基金、信托公司、财务公司、银行的机构投资者持股均与高管超额薪酬呈现显著的负相关关系。控制变量中除了高层人员的职业生涯关注变量外，其他变量都与高管超额薪酬显著正相关。上述信息只能初步判定变量间可能存在的相关性，具体还有待大样本数据的实证检验。从相关系数的大小看，各变量与被解释变量之间的相关系数都明显小于 0.5，进一步的 VIF 和 1/VIF 检验结果显示，VIF 值都介于 1~3，明显小于 10 的经验法则，此外，1/VIF 值都明显大于 0.1，充分表明本节的变量间不存在严重的多重共线性。

表 5-3　　　　　　　　　　变量相关性检验

变量	overpay	overpay_dum	VIF	1/VIF
overpay	1			
overpay_dum	0.7859***	1		
inst_hold	-0.0732***	-0.0048***	1.25	0.800
inst_number	-0.0515***	-0.0102***	1.29	0.773
inst_fund	0.0860***	0.0627***	1.16	0.864
inst_qfii	0.0970***	0.0463***	1.05	0.955
inst_broker	-0.0056***	-0.0395***	1.05	0.956
inst_insurance	-0.0617***	-0.0200***	1.04	0.960
inst_security	-0.0908***	-0.0193***	1.08	0.926
inst_entrust	-0.0574***	-0.0803***	1.08	0.924
inst_finance	-0.0333***	-0.0328***	1.02	0.981
inst_bank	-0.0344***	-0.0156***	1.02	0.985

续表

变量	overpay	overpay_dum	VIF	1/VIF
lnallowance	0.2661 ***	0.1131 ***	1.19	0.842
perks	0.0376 ***	0.0432 ***	1.02	0.976
lnsalary	0.4750 ***	0.4098 ***	1.25	0.803
director	0.0257 ***	0.0061 ***	2.42	0.413
age_average	-0.0019 ***	-0.0073 ***	2.03	0.493
num_total	0.0421 ***	0.0107 ***	2.94	0.339
share_manage	0.0068 ***	0.0390 ***	1.04	0.962
roe	0.0450 ***	0.0508 ***	1.04	0.962

注：*** 表示在1%的统计水平上显著。

四、实证分析

（一）机构投资者持股与高管超额薪酬：持股深度与持股广度

为了考察机构投资者持股深度与持股广度对上市公司高管超额薪酬的影响，本节按照模型（5-1）和模型（5-2）进行回归分析，结果见表5-4。表5-4的结果表明，机构投资者持股深度和持股广度的回归系数均在1%的统计水平上显著为负，表明外部机构投资者持股比例提升和持股机构类型的多样化都有助于约束高管的自利行为，降低高管获得超额薪酬的概率和水平，验证了假设H5-1a和假设H5-1b。从回归系数的大小看，持股机构类型的多样化对高管超额薪酬的抑制效应相对较大，表明上市公司应该更多地追求外部机构投资者持股的广度。

表5-4　机构投资者持股与高管超额薪酬：持股深度与持股广度

变量	机构投资者持股深度		机构投资者持股广度	
	(1)	(2)	(3)	(4)
	因变量：overpay	因变量：overpay_dum	因变量：overpay	因变量：overpay_dum
inst_hold	-0.003 *** (0.001)	-0.063 *** (0.006)		

续表

变量	机构投资者持股深度		机构投资者持股广度	
	(1)	(2)	(3)	(4)
	因变量：overpay	因变量：overpay_dum	因变量：overpay	因变量：overpay_dum
inst_number			-0.037*** (0.002)	-0.291*** (0.025)
lnallowance	-0.079*** (0.006)	-0.405*** (0.065)	-0.076*** (0.006)	-0.377*** (0.064)
perks	0.719*** (0.044)	4.093*** (0.448)	0.674*** (0.042)	3.822*** (0.440)
lnsalary	0.880*** (0.005)	3.520*** (0.091)	0.886*** (0.005)	3.561*** (0.091)
director	0.012*** (0.002)	0.087*** (0.021)	0.011*** (0.002)	0.081*** (0.021)
age_average	0.001*** (0.000)	0.005 (0.004)	0.001*** (0.000)	0.005 (0.004)
num_total	-0.013*** (0.001)	-0.078*** (0.009)	-0.012*** (0.001)	-0.073*** (0.009)
share_manage	0.001*** (0.000)	0.014*** (0.003)	0.001*** (0.000)	0.013*** (0.003)
roe	-0.428*** (0.023)	-1.221*** (0.234)	-0.414*** (0.022)	-1.148*** (0.231)
industry/year	控制	控制	控制	控制
观测值	17219	17219	17219	17219
R^2/Pseudo R^2	0.923	0.376	0.927	0.348

注：***表示在1%的统计水平上显著；回归中按公司代码进行了cluster处理，括号内为cluster聚类稳健标准误。

此外，各控制变量的回归结果均符合理论预期，提升独立董事激励能够降低高管超额薪酬；增加高管在职消费、货币薪酬激励、持股比例以及扩大董事会规模等则会促进高管获得超额薪酬；高层人员的职业生涯越到后期越可能放任高管的自利行为；扩大高层规模和提升公司业绩有助于约束高管行为，进而降低高管获得超额薪酬的概率和水平。

（二）机构投资者持股与高管超额薪酬：个体异质性

我们接着基于机构投资者的个体异质性，按照模型（5-1）和模型（5-2）实证考察个体机构投资者持股比例对高管超额薪酬的影响，结果见表5-5。表5-5的全样本和分样本回归结果显示，证券投资基金持股比例变量（$inst\_fund$）与高管超额薪酬显著正相关；QFII合格境外投资者持股比例（$inst\_qfii$）、财务公司持股比例（$inst\_finance$）、银行持股比例（$inst\_bank$）与高管超额薪酬之间均呈现负相关关系，但不具备统计上的显著性，表明这三类机构投资者所发挥的作用不明显；券商持股比例（$inst\_broker$）、保险公司持股比例（$inst\_insurance$）、社保基金持股比例（$inst\_security$）、信托公司持股比例（$inst\_entrust$）等变量均在1%的统计水平上与高管超额薪酬水平呈现显著的负相关关系。

上述结论表明，证券投资基金会加剧公司的代理问题，在公司治理中主要扮演"合谋者"的角色，验证了假设H5-2a；券商、保险公司、社保基金、信托公司等外部机构投资者持有公司股份能够发挥较好地约束高管自利行为的作用，在公司治理中主要扮演"监督者"的角色，验证了假设H5-2b；QFII、财务公司、银行等机构投资者对高管超额薪酬没有显著影响，在公司治理中主要扮演"旁观者"的角色，验证了假设H5-2c。

（三）稳健性检验

前文研究为异质机构投资者持股与高管超额薪酬之间的关系提供了经验证据，但是不可避免地需要考虑两者间可能存在的内生性问题，即要厘清究竟是机构投资者持股发挥了公司治理作用，降低了高管超额薪酬？还是高管获得超额薪酬，使得更多的机构投资者认为公司有利可图而增持公司的股份？对此，我们运用工具变量法进行稳健性检验。

表 5–5　　机构投资者持股与高管超额薪酬：个体异质性

变量	(1)全样本	(2)证券投资基金	(3)QFII	(4)券商	(5)保险公司	(6)社保基金	(7)信托公司	(8)财务公司	(9)银行
inst_fund	0.002*** (0.001)	0.003*** (0.001)							
inst_qfii	-0.004 (0.007)		-0.002 (0.007)						
inst_broker	-0.016*** (0.002)			-0.017*** (0.002)					
inst_insurance	-0.009*** (0.001)				-0.010*** (0.001)				
inst_security	-0.007*** (0.002)					-0.006*** (0.002)			
inst_entrust	-0.002** (0.001)						-0.003*** (0.001)		
inst_finance	-0.006 (0.008)							-0.010 (0.008)	
inst_bank	-0.001 (0.006)								-0.001 (0.006)
控制变量	控制	控制	控制	控制	控制	控制	控制	控制	控制
industry/year	控制	控制	控制	控制	控制	控制	控制	控制	控制
观测值	17219	17219	17219	17219	17219	17219	17219	17219	17219
R²	0.925	0.923	0.923	0.924	0.924	0.923	0.923	0.923	0.923

注：***、**、*分别表示在1%、5%的统计水平上显著；回归中按公司代码进行了cluster处理，括号内为cluster聚类稳健标准误。

本节关于异质机构投资者持股变量的工具变量主要选取其滞后一阶项和行业平均项；对应模型（5-1），我们采用2SLS估计；对应模型（5-2），我们采用IV-Probit估计。表5-6报告了机构投资者持股深度与持股广度在控制内生性之后的估计结果。可以看到，表5-6中列（1）和列（2）关于机构投资者持股深度与高管超额薪酬水平的工具变量估计结果显示，在第一阶段回归中，机构投资者持股比例的两个工具变量（l.inst_hold、inst_hold_ind）均与解释变量（inst_hold）高度正相关，并且均通过工具变量不可识别检验和弱工具变量检验，表明工具变量的有效性；在第二阶段回归中，机构投资者持股深度变量（inst_hold）与高管超额薪酬水平显著负相关，表明在控制内生性之后，基础结论依然成立；列（3）的IV-Probit估计结果同样证实了机构投资者持股深度会显著降低高管获得超额薪酬的概率。同理，表5-6中列（4）至列（6）的结果表明，上市公司外部机构投资者持股广度在控制内生性之后依然有助于降低高管超额薪酬。

表5-6　　　　控制内生性回归结果：持股深度与持股广度

变量	2SLS 估计		IV-Probit 估计	2SLS 估计		IV-Probit 估计
	（1）	（2）	（3）	（4）	（5）	（6）
	第一阶段	第二阶段		第一阶段	第二阶段	
l.inst_hold	0.565*** (0.011)					
inst_hold_ind	0.722*** (0.040)					
inst_hold		-0.004*** (0.001)	-0.025*** (0.008)			
l.inst_number				0.331*** (0.009)		
inst_number_ind				0.926*** (0.041)		

续表

变量	2SLS 估计		IV – Probit 估计	2SLS 估计		IV – Probit 估计
	(1)	(2)	(3)	(4)	(5)	(6)
	第一阶段	第二阶段		第一阶段	第二阶段	
inst_number					-0.082 *** (0.005)	-0.484 *** (0.055)
不可识别检验	592.744 ***			687.59 ***		
弱工具变量检验	3538.687 ***			1047.55 ***		
F 统计量	1655.57 ***			986.87 ***		
Wald test			3.28 *			33.91 ***
控制变量	控制	控制	控制	控制	控制	控制
industry/year	控制	控制	控制	控制	控制	控制
观测值	17219	17219	17219	17219	17219	17219
R^2/Pseudo R^2	0.923	0.923	0.381	0.921	0.921	0.378

注：***、*分别表示在1%、10%的统计水平上显著；回归中按公司代码进行了cluster处理，括号内为cluster聚类稳健标准误；弱工具变量检验报告的是Cragg – Donald Wald F statistic。

表5-7报告了个体机构投资者控制内生性的2SLS估计结果（篇幅限制，未报告2SLS第一阶段的回归结果以及IV – Probit的估计结果）。对比表5-5和表5-7可以发现，在控制内生性问题后，相关结论并未发生明显变化，证券投资基金持股比例的回归系数仍然显著为正，券商、保险公司、社保基金、信托公司的机构投资者持股比例的回归系数均显著为负，QFII、财务公司、银行的机构投资者持股比例的回归系数为负，但不具备统计上的显著性。上述结论表明，基础分析中关于个体机构投资者持股与高管超额薪酬之间关系的研究结论具有一定的稳健性。

最后，为了进一步保证研究结果的可靠性，避免因高管超额薪酬测算带来的偏差，本节利用薪酬最高前三名董事薪酬的自然对数替换高管绝对薪酬，并利用模型（2-1）重新计算高管超额薪酬，再重复模型（5-1）和模型（5-2）的回归分析，结果表明本节结果不受高管超额薪酬变量定义的影响。

表 5-7　控制内生性回归结果：个体异质性

变量	(1) 证券投资基金	(2) QFII	(3) 券商	(4) 保险公司	(5) 社保基金	(6) 信托公司	(7) 财务公司	(8) 银行
inst_fund	0.029*** (0.002)							
inst_qfii		-0.004 (0.010)						
inst_broker			-0.025*** (0.004)					
inst_insurance				-0.015*** (0.002)				
inst_security					-0.013*** (0.004)			
inst_entrust						-0.003* (0.002)		
inst_finance							-0.019 (0.015)	
inst_bank								-0.004 (0.008)

续表

变量	(1) 证券投资基金	(2) QFII	(3) 券商	(4) 保险公司	(5) 社保基金	(6) 信托公司	(7) 财务公司	(8) 银行
不可识别检验	432.564***	18.521***	241.232***	83.812***	326.336***	129.783***	25.887***	8.780**
弱工具变量检验	4345.457***	5161.111***	1476.709***	4653.798***	2762.121***	2285.752***	4517.321***	10000.000
F统计量	1911.29***	1687.53***	1789.73***	1675.01***	1693.19***	1694.45***	1686.64***	1681.64***
控制变量	控制	控制	控制	控制	控制	控制	控制	控制
industry/year	控制	控制	控制	控制	控制	控制	控制	控制
观测值	17219	17219	17219	17219	17219	17219	17219	17219
R^2	0.798	0.923	0.924	0.923	0.923	0.923	0.923	0.923

注：***、**、*分别表示在1%、5%、10%的统计水平上显著；回归中按公司代码进行了cluster处理，括号内为cluster聚类稳健标准误；弱工具变量检验报告的是Cragg–Donald Wald F statistic。

五、本节小结

本节从高管获得超额薪酬入手,探讨机构投资者的公司治理效应。首先,本节从机构投资者持股的整体角度出发,分析上市公司外部机构投资者总体持股深度与持股广度对高管超额薪酬可能产生的影响;其次,从机构投资者个体异质性角度,结合个体机构投资者在公司治理中是扮演"监督者"、"合谋者"抑或"旁观者"等角色进行了理论分析;最后,利用我国2010~2017年A股上市公司的微观数据进行了实证检验。结果发现:(1)整体层面上,我国上市公司外部机构投资者持股的深度和广度都有助于抑制公司内部高管获得超额薪酬的概率和降低高管超额薪酬水平,并且持股广度对高管超额薪酬的抑制效应相对较大;(2)个体层面上,证券投资基金持股比例与高管超额薪酬正相关,券商、保险公司、社保基金、信托公司的机构投资者持股比例与高管超额薪酬负相关,未有证据表明QFII、财务公司、银行的机构投资者持股与高管超额薪酬存在明显的相关性。本节的研究结果表明,券商、保险公司、社保基金、信托公司的公司外部机构投资者在降低上市公司代理成本方面主要充当"监督者"角色,证券投资基金更多体现为"合谋者",而QFII、财务公司、银行的机构投资者所发挥的监督作用相对有限,在公司治理中主要持"旁观者"的态度。

本节的研究结果具有一定的理论意义和实践启示。从理论上看,本节的研究丰富了机构投资者公司治理作用机制的文献,也拓展了高管超额薪酬影响因素的相关研究,研究结论有助于我们更准确地理解和把握机构投资者在公司治理中所扮演的角色。从实践上看,本节的研究具有以下的政策启示:首先,在保证机构投资者持股规模的情况下,上市公司要更加重视持股机构类型的多样化、多元化和结构的多层次;其次,上市公司要充分考虑机构投资者的个体异质性,重点发挥券商、保险公司、信托公司等充当"监督者"角色的机构投资者的公司治理作用,与此同时更要强化对证券投资基金等此类扮演"合谋者"角色的机构投资者的监管力度,以及引导QFII、财务公司、银行等持"旁观者"态度的机构投资者积极参与公司治理;最后,监管部门在培育和发展机构投资者时,要侧重于引导和规范这些投资者的投资理念和投资行为,并通过立法等手段强化对机构投资者的保护,进而营造良好的市场环境。

第二节 产品市场竞争、机构投资者持股与高管超额薪酬

一、引言

管理层权力理论认为,高管利用控制权进行寻租,干预董事会的薪酬契约设计,导致薪酬契约偏离有效的激励约束,从而获得超过正常谈判所得的收入,因此,高管超额薪酬是股东与高管之间的代理成本(郭科琪,2014)。针对这一现象,学者们开始从制度、环境、文化、政府、内部治理、信息披露、管理层权力等角度围绕高管超额薪酬的影响因素进行实证研究,旨在寻找有效降低高管超额薪酬的方法(Brick et al.,2006;Morse,2011;权小锋等,2010;郑志刚等,2012;罗宏等,2014;程新生等,2015),然而,上述研究忽视了公司外部治理机制的重要作用。

国内外相关经验研究表明,产品市场竞争与机构投资者持股都是公司重要的外部治理机制,其在降低公司代理成本和提升公司绩效方面发挥了重要作用(Almazan et al.,2005;Peress,2010;Ning et al.,2015;邢立全和陈汉文,2013;陈晓珊和刘洪铎,2019a)。本节以2010~2017年中国沪深两市 A 股非金融类上市公司作为研究样本,尝试从高管获得超额薪酬的视角出发,探讨产品市场竞争和机构投资者持股对高管超额薪酬的影响,并在此基础上进一步分析这两种公司治理机制在降低公司代理成本方面是否存在相互关系以及存在何种相互关系等。

本节的研究贡献在于:(1)区别于现有文献集中于从公司绩效或公司现金持有水平的角度讨论各种机制的公司治理效应,本节选择"高管超额薪酬"这一直观的研究视角,更加具体地体现公司治理成本,从而深入地剖析产品市场竞争与机构投资者持股的公司治理作用以及两种机制间的交互关系;(2)区别于既有文献从制度因素、公司内部治理、董事会文化等

角度探讨高管超额薪酬的影响因素，本节从公司的外部治理角度着手，讨论产品市场竞争和机构投资者持股这两种重要的外部治理机制与高管超额薪酬之间的关系，研究结论丰富和拓展了关于高管超额薪酬影响因素的研究文献，同时也提供了一种新的关于产品市场竞争与机构投资者持股在发挥公司治理效应方面的研究视角；(3) 在实践意义上，本节的研究结论揭示了产品市场竞争与机构投资者持股在公司治理中发挥着相互替代的作用，这对公司进一步完善公司治理框架、政府部门营造良好的市场竞争环境、证监部门深化外部机构投资者结构和持股规模的政策等，均有着重要的参考意义。

二、理论分析与研究假设

(一) 产品市场竞争与高管超额薪酬

产品市场竞争是企业间互动的重要载体。在公司治理中，产品市场竞争作为一种重要的外部治理机制，通过向股东和高管传递市场信息，能够有效降低代理成本，从而发挥公司治理效应。近年来，国内外相关文献集中讨论了产品市场竞争的公司治理作用，发现产品市场竞争会在一定程度上通过信息传递、清算威胁、战略选择等渠道影响高管的行为选择，进而对公司绩效产生一定的治理效应（Zheng et al., 2024）。总结来看，相关文献主要围绕产品市场竞争与公司治理、信息披露、盈余管理、资本结构、股票特质风险、公司并购、风险管理、投资模式等之间的关系展开研究（Irvine and Pontiff, 2009；Giroud and Mueller, 2011；姜付秀等, 2009；吴昊旻等, 2012；邢立全和陈汉文, 2013；王明虎和章铁生, 2017）。

尽管关于产品市场竞争的研究成果已经相当丰富，但是，针对我国上市公司高管"薪酬倒挂"等现象的研究中，仅有陈晓珊（2017）、刘志强（2015）、陈震和汪静（2014）等少数几篇文献对产品市场竞争与高管薪酬、薪酬契约有效性等之间的关系进行了初步探讨，暂未发现有研究从高管获得超额薪酬的角度讨论产品市场竞争的公司治理效应。管理层权力理论认为，高管利用自身掌握的控制权进行寻租，干预董事会的薪酬契约设计，导致薪酬契约偏离有效的激励约束，从而获得超过正常谈判所得的收入,因此,高管超额薪酬就是股东与高管之间的代理成本(罗宏等,2014;郭科琪,2014)。综合相关文献,产品市场竞争能够对高管的机会主义行为发挥有效的监督作用,因此,预期产品市场竞争与高管超额薪酬之间存在负相关关系。

基于上述分析,本节提出以下研究假设:

假设H5-3:产品市场竞争有助于降低高管超额薪酬。

(二) 机构投资者持股与高管超额薪酬

我国资本市场上的机构投资者发展迅速,并且机构投资者通过参与公司治理能够在与高管、股东之间的博弈中占据一定的优势。相关研究表明,机构投资者能够发挥有效的监督作用,通过约束高管的机会主义行为,降低公司代理成本,从而推动公司绩效的提升(方红星和林婷,2023;陆艺升等,2024)。譬如,张圣利和孙珊珊(2020)、张亚涛(2022)等学者研究发现,机构投资者持股通过提高高管薪酬—业绩敏感性,从而有效约束高管的行为。陈晓珊和刘洪铎(2019)的研究指出,机构投资者持股的深度和广度都有助于降低高管超额薪酬。

管理层权力理论认为,现代公司制度确立后所形成的公司所有权与经营权相分离导致高管对自身薪酬契约的设计有着实质性影响,他们可以寻租董事会或薪酬委员会进而为自己创造更高的薪酬待遇,相关文献普遍认为管理层权力是导致高管获得超额薪酬的重要原因(权小锋等,2010)。基于此,本节认为,机构投资者持股比例越高越有助于削弱高管的控制权,进而约束高管利用权力谋取私人利益的行为。因此,预期机构投资者持股比例与高管超额薪酬显著负相关。

基于上述分析,本节提出以下研究假设:

假设H5-4:机构投资者持股有助于降低高管超额薪酬。

(三) 产品市场竞争、机构投资者持股与高管超额薪酬

国内外关于公司治理机制之间相互关系的研究较多,相关成果也较为丰富,但这些文献基本围绕企业绩效或企业价值展开,鲜有从高管超额薪酬的角度进行研究。譬如,阿吉翁等(Aghion et al.,1999)、卡鲁纳(Karuna,2007)、拜纳等(Beiner et al.,2011)、陈晓珊(2017)等研究指出，高管薪酬激励对企业绩效的正向促进作用会随着产品市场竞争程度的加剧而增强，两者呈现一定的互补关系。牛建波和李维安（2007）从企业生产力的角度实证研究了产品市场竞争与公司其他治理机制之间的相互关系，发现产品市场竞争与股权结构之间存在互补关系，与董事会治理之间存在替代关系。申景奇和伊志宏（2010）从盈余管理的角度分析了产品市场竞争与机构投资者持股的公司治理效应，发现两者间的相互关系并不唯一，具体体现在低竞争和高竞争市场中存在替代关系，而在中等程度的竞争环境中存在互补关系。张济建等（2017）基于企业 R&D 投入视角的研究发现，随着产品市场竞争激烈程度的增强，独立机构投资者持股对 R&D 投入的正向影响越明显，表明产品市场竞争与独立机构投资者持股之间存在互补关系。陈晓珊和刘洪铎（2019b）从理论和实证两个角度全面分析了高管在职消费与产品市场竞争之间关于公司治理效应的相互关系，结果表明，高管在职消费与产品市场竞争这两种机制的公司治理效应间存在明显的替代性。

本节认为，产品市场竞争与机构投资者持股都有助于降低高管超额薪酬，在公司所面临的外部市场竞争程度较高的情况下，市场竞争的压力会对高管产生较大的约束作用和鞭策作用，从而缓解高管谋取私人利益的行为，此时机构投资者持股所发挥的边际效用比较有限；相反地，在公司所面临的外部市场竞争程度较低的情况下，由于缺乏竞争压力，高管本身会有较为强烈的动机利用权力获得非正常收入，此时机构投资者持股能够发挥有效的监督作用，约束高管的机会主义行为。

基于上述分析，本节提出以下研究假设：

假设 H5-5：产品市场竞争与机构投资者持股在降低高管超额薪酬方面存在明显的替代性。

三、研究设计

（一）样本选择与数据来源说明

本节选择我国沪深两市 A 股上市公司为研究对象，样本区间界定为 2010~2017 年，并对原始样本进行相关处理，包括剔除样本区间内的 *ST

和 ST 公司、金融服务类公司、数据缺失严重的公司等,最终获得 16903 个样本观测值。考虑到 2018 年之前,高管市场化薪酬体系并不完善,高管获取超额薪酬的现象频发,而 2018 年中国证监会修订并发布了《上市公司治理准则》,明确上市公司应当建立薪酬与公司绩效、个人业绩相联系的机制,由此,本节将研究聚焦于 2017 年及之前的时期可以更好地捕捉高管超额薪酬的典型事实。

本节的原始数据来自 CSMAR 国泰安金融研究中心数据库,其中,机构投资者数据来自 CCER 数据库,高管超额薪酬由作者构建计量模型估计所得。为避免异常值影响,本节对所有连续变量都进行 1% 和 99% 分位的 Winsorize 处理。

(二) 计量模型设计与变量说明

为了考察产品市场竞争与机构投资者持股对高管超额薪酬的影响,本节构建以下计量模型进行实证检验:

$$overpay_{i,t} = \alpha_0 + \alpha_1 holder_{i,t} + \alpha_2 competition_{i,t} + \Gamma control_{i,t} + \sum year_t + \sum industry_i + \varepsilon_{i,t} \quad (5-3)$$

模型(5-3)中,被解释变量 *overpay* 表示高管超额薪酬,本节运用模型(2-1)测算得到。解释变量 *holder* 表示机构投资者持股,本节主要选择机构投资者持有本公司的股份比例进行刻画,具体为剔除非金融类上市公司持股之外的所有机构投资者对公司的持股比例之和,包括基金、QFII、券商、保险公司、社保基金、信托公司、财务公司、银行等。变量 *competition* 表示产品市场竞争,本节主要借鉴格里菲斯(Griffith,2001)的做法,采用勒纳指数(*lerner*)进行衡量。勒纳指数是竞争的反向指标,其值越大表示企业的垄断势力越强,市场竞争性越弱。*control* 为一组控制变量。为进一步避免遗漏变量导致估计结果出现偏误,本节选择可能影响高管超额薪酬的公司特征变量和治理机制作为控制变量,具体包括独立董事薪酬激励、第一大股东持股比例、高管在职消费、管理层权力、股权制衡度、董事会规模、监事会规模、高层人员职业生涯关注、高层规模、高管持股比例、公司业绩、公司规模以及公司资产负债率。此外,本节还同时控制时间和行业固定效应。综上所述,本节主要变量的定义如表5-8所示。

表5-8 变量说明与定义

变量层级	变量符号	变量名称	变量定义
被解释变量	overpay	高管超额薪酬	根据模型（2-1）估计所得
解释变量	holder	机构投资者持股	证券投资基金、社保基金、QFII、券商、保险公司、信托公司、财务公司、银行等机构投资者的持股比例之和（%）
	competition	产品市场竞争	勒纳指数：（主营业务收入－主营业务成本）/主营业务收入
控制变量	lnallowance	独立董事薪酬激励	独立董事津贴的自然对数
	equity	第一大股东持股比例	第一大股东持股数量/公司股票数量
	perks	高管在职消费	管理费用/营业收入
	power	管理层权力	采用权力积分变量衡量：若董事长与总经理两职合一，取值1；若第一大股东持股比例/第二至第十大股东持股比例之和小于1，取值1；若高管持股，取值1；将上述三个变量累加所得
	z_score	股权制衡度	第一大股东持股比例/第二大股东持股比例
	director	董事会规模	董事会人数
	supervisor	监事会规模	监事会人数
	age_average	高层人员职业生涯关注	董事、监事和高管的平均年龄
	num_total	高层规模	董事、监事和高管的总人数
	share_manage	高管持股比例	高管持有本公司的股份比例
	roe	公司业绩	净利润/营业收入
	size	公司规模	总资产的自然对数
	lev	资产负债率	总负债/总资产
	year	年度效应	虚拟变量，对应某一年份取值1，否则取值0
	industry	行业效应	虚拟变量，对应某一行业取值1，否则取值0

资料来源：笔者整理。

四、实证分析

（一）描述性统计分析

（1）描述性统计分析。表5-9列示了所有变量的描述性统计信息。可以看到，在2010~2017年的考察期间，我国上市公司高管获得超额薪酬（overpay）的均值为0.225，最小值为-1.516，最大值为1.534，标准差达到0.676。上市公司间机构投资者持股比例差距较大，标准差达到4.397，平均持股4.810%，最小值为0，最大值为34.390%。样本公司的勒纳指数（产品市场竞争）均值为0.068，说明我国上市公司间的行业竞争较为激烈。

表5-9　　　　　　　　　变量描述性统计

变量	观测值	均值	标准差	最小值	最大值
overpay	16903	0.225	0.676	-1.516	1.534
holder	16903	4.810	4.397	0.000	34.390
competition	16903	0.068	0.158	-0.692	0.511
lnallowance	16903	10.720	1.548	0.000	12.210
equity	16903	35.600	15.440	0.485	75.400
perks	16903	0.100	0.080	0.010	0.489
power	16903	1.473	0.873	0.000	3.000
z-score	16903	10.850	18.190	1.003	116.800
director	16903	5.410	1.929	0.000	10.000
supervisor	16903	3.615	1.442	0.000	8.000
age_average	16903	45.560	10.250	0.000	55.000
num_total	16903	16.810	5.500	0.000	32.000
share_manage	16903	4.094	10.480	0.000	51.430
roe	16903	0.091	0.133	-0.495	0.554
size	16903	22.090	1.292	19.610	26.020
lev	16903	0.431	0.217	0.047	0.920

(2) 相关性分析。表 5-10 报告了主要变量的 Pearson 相关性检验结果①。可以看到,产品市场竞争与机构投资者持股都与高管超额薪酬显著负相关,初步表明产品市场竞争与机构投资持股作为公司的外部治理机制,有助于降低公司代理成本。从相关系数的大小看,各解释变量与被解释变量之间的相关系数都明显小于 0.5;进一步的 VIF 和 1/VIF 检验结果显示,关键变量间的方差膨胀因子都较小,充分表明本节的变量间不存在严重的多重共线性。

表 5-10　　　　　　　　　变量相关性检验

变量	overpay	holder	competition	VIF	1/VIF
overpay	1				
holder	-0.0048***	1		1.05	0.949
competition	0.0832***	0.0751***	1	2.82	0.354

注:*** 表示在 1% 的统计水平上显著;表中数据由软件 Stata 13.0 计算,经笔者整理。

(二) 实证分析

通过 Hausman 检验,本节的计量模型 (5-3) 适合固定效应估计。表 5-11 中列 (1) 和列 (2) 报告了模型 (5-3) 全样本的基础回归结果。可以看到,未加入控制变量和加入控制变量两组回归中,机构投资者持股 (holder) 均与高管超额薪酬 (overpay) 呈负相关关系,并且回归系数均在 1% 的统计水平上显著,表明机构投资者持股是一种有效的外部治理机制,能够降低公司代理成本,反映了上市公司应该不断强化机构投资者的监管作用。产品市场竞争的反向指标 (competition) 的回归系数显著为正,表明产品市场竞争越激烈越有助于降低高管超额薪酬,充分肯定了产品市场竞争的公司治理作用。上述结论验证了理论假设 H5-3 和假设 H5-4。由于控制变量不是本节关注的重点,故此不对其详细讨论。

---

① 限于篇幅,解释变量与控制变量、控制变量与被解释变量等之间的相关性结果以及 VIF、1/VIF 等检验结果均未报告,备索。

表 5-11　产品市场竞争、机构投资者持股与高管超额薪酬的关系检验结果

变量	(1) 全样本	(2) 全样本	(3) 高竞争	(4) 中竞争	(5) 低竞争
holder	-0.0085*** (0.002)	-0.0090*** (0.002)	-0.0073*** (0.002)	-0.0098*** (0.002)	-0.0112*** (0.003)
competition	0.2791*** (0.044)	0.3002*** (0.065)			
lnallowance		0.0197*** (0.004)	0.0265*** (0.006)	0.0065 (0.006)	0.0220*** (0.006)
equity		0.0018*** (0.001)	0.0014 (0.001)	0.0016* (0.001)	0.0022*** (0.001)
perks		0.3700*** (0.113)	0.2122 (0.231)	0.4409** (0.218)	0.1409 (0.125)
power		0.0595*** (0.009)	0.0554*** (0.014)	0.0706*** (0.016)	0.0490*** (0.014)
z_score		-0.0028*** (0.000)	-0.0025*** (0.001)	-0.0025*** (0.001)	-0.0030*** (0.001)
director		-0.0085 (0.006)	-0.0086 (0.008)	-0.0065 (0.010)	-0.0073 (0.009)
supervisor		-0.0384*** (0.008)	-0.0280** (0.012)	-0.0261** (0.012)	-0.0478*** (0.011)
age_average		-0.0025*** (0.001)	-0.0003 (0.001)	-0.0070*** (0.002)	-0.0009 (0.001)
num_total		0.0158*** (0.003)	0.0134*** (0.004)	0.0192*** (0.005)	0.0126*** (0.004)
share_manage		-0.0001 (0.001)	-0.0017 (0.001)	0.0007 (0.001)	-0.0009 (0.001)
roe		-0.1001 (0.075)	0.1061 (0.250)	-0.0732 (0.192)	0.1253** (0.063)
size		-0.0219** (0.009)	-0.0062 (0.013)	-0.0147 (0.014)	-0.0431*** (0.013)

续表

变量	(1) 全样本	(2) 全样本	(3) 高竞争	(4) 中竞争	(5) 低竞争
lev		-0.0831* (0.048)	-0.1009 (0.079)	0.0954 (0.086)	-0.1347** (0.062)
industry/year	控制	控制	控制	控制	控制
观测值	16902	16902	5603	5605	5604
Adj-R^2/Pseudo R^2	0.214	0.232	0.246	0.224	0.262

注：***、**、*分别表示在1%、5%、10%的统计水平上显著；回归中按公司代码进行了cluster处理，括号内为cluster聚类稳健标准误。

为更直观地展示产品市场竞争与机构投资者持股之间的关系，本节按勒纳指数的高低将全样本平均分为九组，将最低的三组定义为高竞争组，将中间的三组定义为中竞争组，将最高的三组定义为低竞争组，分析在不同的产品市场竞争强度下，机构投资者持股对高管超额薪酬的边际效应有何变化趋势，以此判断产品市场竞争与机构投资者持股之间关于公司治理效应的关系。

表5-11中列（3）至列（5）报告了按产品市场竞争强度分组的回归结果。可以看到，随着产品市场竞争激烈程度的降低，机构投资者持股对高管超额薪酬的抑制效应逐渐增强，回归系数高度显著。具体而言，对应高竞争→中竞争→低竞争三个组别，机构投资者持股对高管超额薪酬的边际效应分别为-0.0073→-0.0098→-0.0112，绝对值呈现单调递增的趋势。上述结论表明，产品市场竞争与机构投资者持股这两种外部治理机制在降低公司代理成本方面发挥着替代效应，验证了理论假设H5-5。

（三）稳健性检验

为使研究结论更加可靠，本节进行以下稳健性检验：

（1）内生性问题。前文研究证明机构投资者持股与高管超额薪酬之间存在显著的负向关系，但也不可避免地需要考虑到内生性问题。如果那些吸引了更多机构投资者的公司高管本身就未获得超额薪酬或所获得的超额薪酬较低，那么高管超额薪酬的降低就不能单纯认为是机构投资者持股所发挥的抑制效应。为控制上述内生性，本节选择机构投资者持股的行业平均值（holder_ind）作为工具变量，并采用2SLS估计方法进行回归。工具变量需要满足两个条件：一是与内生变量高度相关；二是与被解释变量不相关。机构投资者持股的行业均值与样本公司的机构投资者持股息息相关，但其并不会影响样本公司的高管超额薪酬，符合工具变量的有效性。

表5-12报告了控制内生性的检验结果。2SLS估计的第一阶段回归结果显示，机构投资者持股的行业均值与样本公司的机构投资者持股高度正相关，相关系数为0.9711，并且在1%的统计水平上高度显著；与此同时，该工具变量也通过了不可识别检验和弱识别检验。2SLS估计的第二阶段回归结果显示，机构投资者持股（holder）的回归系数为-0.0128，产品市场竞争的反向变量（competition）的回归系数为0.3063，表明机构投资者持股和产品市场竞争都与高管超额薪酬呈现显著的负相关关系，此外，对应高竞争→中竞争→低竞争三个组别，机构投资者持股对高管超额薪酬的边际效应分别为-0.0201→-0.0254→-0.0462，绝对值呈现单调递增的趋势，进一步证实了两种机制间的互补性。上述结论反映了本节的研究结论在控制内生性之后依然成立。

表5-12　　　　　　　　控制内生性的检验结果

变量	第一阶段	第二阶段			
		(1)	(2)	(3)	(4)
		全样本	高竞争	中竞争	低竞争
$holder\_ind$	0.9711*** (0.043)				
$holder$		-0.0128** (0.005)	-0.0201* (0.011)	-0.0254*** (0.009)	-0.0462*** (0.014)
$competition$		0.3063*** (0.066)			
控制变量	控制	控制	控制	控制	控制
industry/year	控制	控制	控制	控制	控制
不可识别检验	288.91*** (0.0000)				
弱识别检验	511.75*** (0.0000)				

续表

变量	第一阶段	第二阶段			
		(1)	(2)	(3)	(4)
		全样本	高竞争	中竞争	低竞争
观测值	16903	16903	5634	5634	5635
Adj-R^2/Pseudo R^2	0.232	0.232	0.268	0.211	0.202

注：***、**、*分别表示在1%、5%、10%的统计水平上显著；回归中按公司代码进行了cluster处理，括号内为cluster聚类稳健标准误。

(2) 替换关键变量。基于模型(2-1)对高管超额薪酬水平的估计，本部分构建高管是否获得超额薪酬的虚拟变量（*overpay_dum*）替换高管超额薪酬水平，当高管超额薪酬水平大于零时，*overpay_dum*取值1，反之取值0。考虑到被解释变量为0-1虚拟变量，故采用Logit估计方法，具体回归结果如表5-13列(1)至列(4)所示。可以看到，替换被解释变量之后，机构投资者持股与产品市场竞争对高管超额薪酬的影响未发生实质性改变，与此同时，对应高竞争→中竞争→低竞争三个组别，机构投资者持股对高管超额薪酬的边际效应分别为-0.0200→-0.0298→-0.0305，绝对值呈现单调递增的趋势，进一步佐证了产品市场竞争与机构投资者持股之间关于降低高管超额薪酬方面存在明显的替代性。

前文采用勒纳指数衡量产品市场竞争，作为稳健性检验，本节考虑采用赫芬达尔指数（*HHI*）作为产品市场竞争的稳健性检验变量，其计算方法为样本公司年营业收入占行业年营业收入比例的平方和，当行业内的公司数目一定时，*HHI*越大表明样本公司的市场占有率越高，即公司对市场的垄断性越强，反映了样本公司所在行业的市场竞争越不激烈，故*HHI*与*competition*一样，都是产品市场竞争的反向指标。与前文一致，本部分关于竞争程度的划分主要是按*HHI*的高低将样本平均分为九组，将*HHI*最低的三组定义为高竞争组，将中间的三组定义为中竞争组，将最高的三组定义为低竞争组。具体回归结果如表5-13列(5)至列(8)所示。可以看到，替换产品市场竞争变量后，机构投资者持股与产品市场竞争仍至少在5%的统计水平上能够降低高管超额薪酬，并且对应高竞争→中竞争→低竞争三个组别，机构投资者持股对高管超额薪酬的边际效应分别为-0.0077→-0.0090→-0.0096，绝对值呈现单调递增的趋势，充分说明两种机制间的替代性。

表 5-13　替换关键变量的检验结果

变量	因变量：overpay_dum					因变量：overpay		
	(1)	(2)	(3)	(4)	(5)	(6)	(7)	(8)
	全样本	高竞争	中竞争	低竞争	全样本	高竞争	中竞争	低竞争
holder	-0.0244*** (0.006)	-0.0200** (0.009)	-0.0298*** (0.009)	-0.0305*** (0.009)	-0.0040** (0.002)	-0.0077*** (0.003)	-0.0090*** (0.003)	-0.0096*** (0.003)
competition	1.1921*** (0.264)							
HHI					0.6772*** (0.154)			
控制变量	控制	控制	控制	控制	控制	控制	控制	控制
industry/year	控制	控制	控制	控制	控制	控制	控制	控制
观测值	15183	5072	4991	5005	16902	5602	5652	5648
Adj-R²/Pseudo R²	0.073	0.079	0.079	0.090	0.088	0.155	0.255	0.281

注：***、** 分别表示在1%、5%的统计水平上显著；回归中按公司代码进行了cluster处理，括号内为cluster聚类稳健标准误。

(3) 替换估计方法。考虑到本节的样本中并不是所有的上市公司高管都获得超额薪酬，样本可能存在明显的聚类现象，故本部分采用 Tobit 估计替换固定效应估计进行稳健性检验。表 5 – 14 报告了替换估计方法的检验结果。可以看到，在采用 Tobit 估计方法进行回归之后，机构投资者持股变量的回归系数为 – 0.0051，产品市场竞争的反向变量的回归系数为 0.3351，并且都至少在 5% 的统计水平上高度显著，表明提高机构投资者持股比例和产品市场竞争程度均有助于降低高管超额薪酬，验证了研究假设 H5 – 3 和假设 H5 – 4；此外，对应高竞争→中竞争→低竞争三个组别，机构投资者持股对高管超额薪酬的边际效应分别为 – 0.0068 → – 0.0077 → – 0.0081，绝对值单调递增，充分验证了机构投资者持股和产品市场竞争这两种机制在降低高管超额薪酬方面的替代性，佐证了研究假设 H5 – 5。上述结论表明，替换估计方法并未改变本节的研究结论。

表 5 – 14　　　　　　　　替换估计方法的检验结果

变量	因变量：overpay			
	(1)	(2)	(3)	(4)
	全样本	高竞争	中竞争	低竞争
holder	– 0.0051 ** (0.002)	– 0.0068 ** (0.003)	– 0.0077 ** (0.003)	– 0.0081 ** (0.004)
competition	0.3351 *** (0.096)			
控制变量	控制	控制	控制	控制
industry/year	控制	控制	控制	控制
观测值	16903	5607	5607	5606
Pseudo R^2	0.018	0.015	0.016	0.026

注：***、** 分别表示在 1%、5% 的统计水平上显著；回归中按公司代码进行了 cluster 处理，括号内为 cluster 聚类稳健标准误。

五、进一步分析

前文基于全样本的研究发现，机构投资者持股与产品市场竞争均与高管超额薪酬呈现显著的负相关关系，并且这两种机制在降低高管超额薪酬方面发挥着明显的替代作用。那么，随之而来的问题是：国有性质和非国有性质的公司所面对的市场竞争程度明显不一样，公司的产权性质是否会对上述结论产生影响？此外，高管超额薪酬作为管理层权力的产物，上述研究结论是否也会受到管理层权力的影响？本部分将着重对这两个问题进行分析，以进一步夯实本节的研究结论。

（一）产权性质的影响

依据上市公司的最终控制人性质对全样本进行划分，如果上市公司的最终控制人为各级政府，则确定为国有企业，否则确定为非国有企业。表5-15报告了产权性质的影响检验结果。可以看到，机构投资者持股能够有效降低国有企业的高管超额薪酬，但其对非国有企业未能产生显著的影响。产品市场竞争能同时对国有企业和非国有企业的高管超额薪酬发挥抑制效应，但从回归系数的大小看，前者大于后者，表明产品市场竞争对国有企业的边际影响效应明显大于非国有企业。这是因为，非国有企业始终在市场竞争中成长，对市场变化较为敏感，使得产品市场竞争机制对非国有企业高管超额薪酬的边际抑制效应可能较低；而国有企业存在事实上的"所有者缺位"，监督存在不足，故产品市场竞争本身的约束力可能更有助于提升国有企业的经营效率，降低高管超额薪酬。

从分样本的回归结果看，对应高竞争→中竞争→低竞争三个组别，国有企业中机构投资者持股对高管超额薪酬的边际效应分别为 $-0.0103 \rightarrow -0.0142 \rightarrow -0.0173$，绝对值呈现明显的单调递增趋势，表明在国有企业中机构投资者持股与产品市场竞争这两种机制在降低高管超额薪酬方面存在明显的替代性，但未有证据表明非国有企业中也存在类似的情况。上述结论表明，前文的基本研究结论仅在国有企业中成立。

（二）管理层权力的影响

依据管理层权力积分变量（power）的大小将全样本平均分为六组，将power最高的三组定义为管理层权力大组，将最低的三组定义为管理层权力小组。表5-16报告了管理层权力的影响检验结果。可以看到，无论样本公司的管理层权力大小，机构投资者持股和产品市场竞争这两种机制均能够有效降低高管超额薪酬。从回归系数的大小看，机构投资者持股对

表 5-15　产品市场竞争、机构投资者持股与高管超额薪酬：产权性质的影响

变量	国有企业					非国有企业			
	(1)	(2)	(3)	(4)	(5)	(6)	(7)	(8)
	全样本	高竞争	中竞争	低竞争	全样本	高竞争	中竞争	低竞争
$holder$	-0.0139*** (0.002)	-0.0103*** (0.003)	-0.0142*** (0.003)	-0.0173*** (0.003)	-0.0030 (0.002)	-0.0051 (0.003)	-0.0023 (0.004)	-0.0057* (0.003)
$competition$	0.4751*** (0.099)				0.1815** (0.078)			
控制变量	控制	控制	控制	控制	控制	控制	控制	控制
industry/year	控制	控制	控制	控制	控制	控制	控制	控制
观测值	9363	2696	3662	2964	7539	2898	1929	2637
Adj-R^2/Pseudo R^2	0.168	0.165	0.192	0.201	0.351	0.389	0.359	0.372

注：***、**、*分别表示在1%、5%、10%的统计水平上显著；回归中按公司代码进行了cluster处理，括号内为cluster聚类稳健标准误。

表 5-16　产品市场竞争、机构投资者持股与高管超额薪酬：管理层权力的影响

变量	管理层权力大				管理层权力小			
	(1)	(2)	(3)	(4)	(5)	(6)	(7)	(8)
	全样本	高竞争	中竞争	低竞争	全样本	高竞争	中竞争	低竞争
holder	-0.0074*** (0.002)	-0.0086** (0.003)	-0.0095*** (0.003)	-0.0046 (0.004)	-0.0102*** (0.002)	-0.0065** (0.003)	-0.0082** (0.004)	-0.0163*** (0.003)
competition	0.4070*** (0.096)				0.2499*** (0.080)			
控制变量	控制	控制	控制	控制	控制	控制	控制	控制
industry/year	控制	控制	控制	控制	控制	控制	控制	控制
观测值	8495	2673	3114	2672	8403	2921	2484	2926
Adj-R^2/Pseudo R^2	0.209	0.228	0.210	0.251	0.264	0.279	0.272	0.299

注：***、**分别表示在1%、5%的统计水平上显著；回归中按公司代码进行了cluster处理，括号内为cluster聚类稳健标准误。

管理层权力小组的作用略大，而产品市场竞争对管理层权力大组的作用略大。这是因为，机构投资者可能与上市公司同时存在商业关系和投资关系，管理层权力越大越可能约束机构投资者发挥积极的监督作用，而产品市场竞争作为一种外部的客观环境因素，更能够约束由于管理层权力过大所导致的高管谋取私人利益的机会主义行为。

从分样本的回归结果看，对应高竞争→中竞争→低竞争三个组别，机构投资者持股对高管超额薪酬的边际效应分别为 －0.0065→－0.0082→－0.0163，绝对值呈现明显的递增趋势，表明在管理层权力较小的公司中，机构投资者持股与产品市场竞争这两种机制在降低高管超额薪酬方面存在明显的替代性，但未有证据表明管理层权力较大的公司中也存在类似的情况。上述结论表明，前文的基本研究结论仅在管理层权力较小的公司中成立。

六、本节小结

本节选择我国沪深两市 A 股非金融类上市公司 2010~2017 年的微观数据，以反映公司代理成本的高管超额薪酬为研究视角，系统而全面地实证研究了产品市场竞争、机构投资者持股与高管超额薪酬之间的关系，从而检验两种机制间的公司治理效应以及相互间的交互关系。研究结果表明，产品市场竞争与机构投资者持股作为公司重要的外部治理机制，能够有效降低高管超额薪酬，并且这两种机制在降低高管超额薪酬方面存在明显的替代性；进一步分析发现，上述研究结论在国有企业和管理层权力较小的公司中更明显。

本节研究的政策含义是，对于公司而言，上市公司在完善自身治理框架的实践中要注重内外治理机制的联合建设以及各机制间的相互作用，从而最大化地发挥各治理机制的公司治理效应，提高公司治理的有效性。对于政府而言，政府应该扮演积极的"引导人"角色，通过营造良好的市场竞争氛围，规范市场竞争秩序，从而强化产品市场竞争的外部治理作用。对于证监部门而言，证监部门应该深化机构投资者的规范政策，从持股结构和持股规模着手制定相关政策，促进机构投资者积极参与公司治理的实践中，从而充分发挥"监督者"的角色。

第六章 公司联合治理与高管超额薪酬：高管薪酬契约有效性视角

第一节 引 言

一直以来，我国上市公司的高管频繁获得超额薪酬的现象引起社会公众和学者们的广泛关注①。相关研究表明，可能引致高管获得超额薪酬的因素包括多个方面，譬如公司内部治理结构（方军雄，2012）、高管个人特征（郭科琪，2014）、高管薪酬契约有效性（Liu and Mauer，2011）、董事会文化（郑志刚等，2012）、现金股利政策（刘星和汪洋，2014）、外部环境（罗昆和曹光宇，2015），等等。其中，笔者认为高管的薪酬契约有效性和公司的现金股利政策②是最重要的影响因素。

这是因为，根据最优薪酬契约理论，董事会建立基于公司业绩的薪酬制度把股东与高管的利益联系起来，有助于降低由于信息不对称引致的代理成本，从而提升公司治理水平（Amzaleg et al.，2014）。高管的薪酬契约有效性越高，意味着公司业绩的增长大部分应归功于高管的努力，高管

---

① 据同花顺 iFinD 统计，2023 年，管理层薪酬总额过亿元的共有 5 家公司，分别是中信证券（1.66 亿元）、三一重工（1.47 亿元）、迈瑞医疗（1.26 亿元）、复星医药（1.26 亿元）及中国平安（1.11 亿元）；其中，迈瑞医疗是薪酬超千万元的高管人数最多、薪酬较高的上市公司，且 2023 年每位高管的薪酬比 2022 年度均略有增长。从整体来看，2023 年高管薪酬最高的是药明康德董事长、实际控制人李革，税前年薪为 4196.86 万元；其次是通威股份副总裁李斌，年薪 2628 万元；迈瑞医疗董事长李西廷以 2662.82 万元年薪居第三。

② 本节所指的现金股利是指年度现金分红。

理应获得更高的薪酬,此时高管所获得的高额薪酬被看作是高管的能力和努力工作的合理性补偿(Kaplan and Minton,2006;Albuquerque et al.,2013;杨青等,2010;江伟,2010)。然而,这一观点却不断受到管理层权力理论的挑战。管理层权力理论认为,高管获得超额薪酬实质上是高管利用权力扭曲薪酬契约并谋取私利的证据(Bebchuk et al.,2002)。高管薪酬契约中存在一部分与业绩脱钩的报酬,即使公司业绩不好,高管也可以获得超额薪酬。此时的超额薪酬是高管干预董事会的薪酬契约设计,导致薪酬契约偏离有效的激励约束,从而获得超过正常谈判所得的收入,被视为是股东与高管之间的代理成本(罗宏等,2014;郭斯琪,2014)。那么,董事会通过提高高管的薪酬契约有效性,把高管薪酬与公司业绩紧密结合,最大化地降低与业绩脱钩的比例,则有助于增强对高管能力和努力的甄别力,从而抑制高管谋取私人利益的行为。可见,提高高管的薪酬契约有效性有助于降低高管超额薪酬。

此外,公司的现金股利政策通常是由高管施行的,它本身与高管的薪酬制度具有内生性。相关研究表明,上市公司进行现金分红直接降低了公司的留存收益水平,有效控制了高管可以使用的现金流水平,阻碍了高管进行非效率投资、享受超额职务消费、谋取超额薪酬等机会主义行为;与此同时,由于公司的自由现金流减少,高管如果需要投资,需要从外部资本市场融资,会受到外部监管机构的监督,这两方面的同时作用有助于降低股东与高管之间的代理成本(纪建悦等,2005;张海燕和陈晓,2008)。由此可见,公司提升现金股利分配水平也有助于降低高管超额薪酬。

然而,上述两种机制在联合使用的过程中,可能会产生差异化的效果。原因在于:董事会为高管制定的所谓"业绩型薪酬契约"在实践中常受到薪酬粘性的挑战,体现在当公司业绩不佳时,高管薪酬的降幅明显低于公司业绩的降幅,并且高管不会因为公司业绩的下降而被解聘或受到明显的惩罚。随着高管薪酬契约有效性的提高,高管薪酬与公司业绩更加紧密地被捆绑在一起,此时的高管就越有动机进行薪酬辩护,以体现自己所获得的超额薪酬的合理性和正当性(谢德仁等,2012),从而弱化了薪酬契约的治理作用。与此同时,在给定高管薪酬契约有效性的情形下,公司进一步将部分留存收益以现金股利的形式进行分配,便会明显约束高管的投资决策和行为，使得高管在有限的投资中丧失了可能的私人获益，而这种获益通常会在公司现金充沛的情况下，高管积极投资项目获益后公司会以薪酬的形式发放给高管作为业绩激励。由此可见，当高管自身薪酬同时受到薪酬契约和公司股利政策的约束时，理性的高管更有动机通过增加在职消费、进行关联交易、寻租董事会等形式来间接提高自身薪酬。总而言之，随着高管薪酬契约有效性的提升，公司发放现金股利对高管超额薪酬的抑制作用会被削弱，表明高管薪酬契约有效性和现金股利政策这两种治理机制之间的内生性可能会弱化联合机制的公司治理作用，对此，我们将在下文予以深入分析和检验。

基于上述理论分析，本章主要关注的是，在公司的具体实践中，高管的薪酬契约有效性与公司的现金股利政策是否会影响高管超额薪酬，若答案是肯定的，那么会产生什么样的影响？更进一步地，两者的联合机制是否会产生差异化的结果？对上述问题的回答将有助于更好地厘清公司内部机制的治理作用以及联合机制的适用性，为进一步完善公司治理提供理论支持和经验证据。

本章的研究贡献体现在以下三个方面：第一，综观国内外的相关研究现状，鲜有文献将高管薪酬契约有效性、公司现金股利政策与高管超额薪酬纳入同一个分析框架。第二，本章深入考察高管薪酬契约有效性、现金股利政策与高管超额薪酬之间的关系，发现这两种机制的联合运用会促使高管获得更高水平的超额薪酬，这揭示了公司内部不同机制的联用可能会弱化相互的治理作用，为公司更好地完善治理框架提供了理论支撑和经验证据；与此同时，本章对现金股利分配问题的探讨亦为监管部门进一步完善股利分配政策，培育公司回报股东的信念和意识提供了思路。第三，本章的研究发现高管薪酬契约有效性和现金股利分配均具有生命周期特征，成长期、成熟期、衰退期三个阶段内高管薪酬契约有效性和现金股利发放水平均呈现"倒U型"特征，这为公司内部治理机制的研究提供了新的视角，同时亦进一步拓展和丰富了基于企业生命周期视角的相关研究。

本章的篇章结构安排如下：第二节为理论模型；第三节为理论分析与研究假设；第四节为研究设计；第五节为实证分析；第六节为机制分析；第七节为本章小结。

第二节 理论模型

一、收益确定性情形下的水平分析

借鉴阿加（Agha，2016）的研究，我们假设某一上市企业内部存在一个风险中性的委托人和一个风险规避的经理人，该企业期初拥有一只股票、一个有利可图的投资机会以及足以满足该投资项目的现金流量（即 $C_1 > I^0 > 0$），不失一般性，本章假设资本利得和现金股利的折现率和个人所得税均为零。

考虑模型持续两期。在 t_1 期，经理人将公司的现金流分为投资资金（I_1）和现金分红（D_1）两部分①，预算约束为 $I_1 + D_1 = C_1$。在 t_2 期，假定经理人在 t_1 期所进行的投资项目得以获益，与产品生命周期保持一致，并借鉴阿加瓦尔和萨姆威克（Aggarwal and Samwick，2006）的做法，笔者将企业在 t_2 期的投资收益函数设定为下列凹函数形式：

$$\prod\nolimits_2 = I_1 - \frac{I_1^2}{2\varphi} + \varepsilon_2 \qquad (6-1)$$

其中，$\prod\nolimits_2$ 为 t_2 期企业的投资收益，$\varphi(\varphi > 0)$ 刻画了该投资项目的效率，ε_2 为扰动项，$\varepsilon_2 \sim N(0, \sigma_\varepsilon^2)$。

在 t_1 期，经理人公布选择组合（I_1，D_1）的决策之后，市场会做出相应的反应，此时公司的股票市场价格表示为：

$$P_1 = D_1 + E(\tilde{P}_2) = D_1 + I_1 - \frac{I_1^2}{2\varphi} \qquad (6-2)$$

其中，P_1 为企业在 t_1 的短期企业价值，它由企业在 t_2 期所获得的现金分红 D_1 和企业在 t_2 期可能获得的投资收益 $\prod\nolimits_2$ 组成。

我们先对模型（6-1）基于投资变量 I_1 求偏导，可知 $I^0 = \varphi$，最优的

---

① 经理人亦有可能变相挪用公司的现金流，譬如职务消费；与此同时，出于预防性动机，企业亦有可能将部分现金储蓄起来。为简化分析，本节在模型中未考虑上述可能性，但仍然假定预算约束是有效的。

现金分红水平为 $D^0 = C_1 - I^0 = C_1 - \varphi$，因此，在不存在代理成本和利益冲突的情形下，$(\varphi, C_1 - \varphi)$ 组合即为经理人在 t_1 期的最优选择。

然而，公司获得的投资机会需要经理人付出努力和时间精力，我们假定为获得 t_1 期的投资机会，经理人所付出的成本为 KI_1，这里的 $K(K>0)$ 即为投资的边际成本（Aggarwal and Samwick，2006）。同时，我们假定该投资项目的进行亦可产生一定的私人收益 BI_1（Stulz，1990），这里的 $B(B>0)$ 即为投资的边际收益。明显地，B 与 K 的大小决定了经理人在该项目中的获益情况，$B>K$ 意味着经理人获得私人收益，$B<K$ 意味着经理人遭遇损失，据此，在 $B-K>0$ 的前提下，我们将 $(B-K)$ 定义为经理人所获得的超额薪酬。

给定投资可能产生的成本和私人收益，理性的经理人会选择偏离最优的组合 $(\varphi, C_1 - \varphi)$。为了缓解这种代理问题，根据最优契约理论，在 t_1 期，委托人会给经理人制定一定的激励措施，通过将经理人的薪酬与短期的企业价值相挂钩的方法试图将经理人与股东的利益捆绑在一起，参照霍姆斯特姆和米尔格罗姆（Holmstrom and Milgrom，1987），笔者将经理人的薪酬契约设定为以下线性形式：

$$W = w_2 + \chi \cdot E(\tilde{P}_1) \quad (6-3)$$

其中，w_2 表示固定薪酬，不与企业业绩挂钩；$\chi(0<\chi<1)$ 为薪酬—业绩敏感性，它刻画了经理人的薪酬水平与企业价值的相关程度。

综上所述，在 t_1 期，经理人选择最优的投资水平和现金分红水平以最大化自身效用：

$$E(U_2) = \max_{I_1, D_1} w_2 + \chi \left(D_1 + I_1 - \frac{I_1^2}{2\varphi} \right) - KI_1 + BI_1 - \chi^2 \frac{\gamma}{2} \sigma_\varepsilon^2 \quad (6-4)$$

$$\text{s. t. } I_1 + D_1 = C_1$$

$$I_1 > 0$$

其中，γ 表示经理人的风险规避系数，$\chi^2 \frac{\gamma}{2} \sigma_\varepsilon^2$ 为经理人的风险折现。

根据一阶条件，我们求得以下均衡结果：

$$I_1^* = \varphi + \frac{\varphi(B-K)}{\chi} \quad (6-5)$$

$$D_1^* = C_1 - I_1^* = C_1 - \left[\varphi + \frac{\varphi(B-K)}{\chi} \right] \quad (6-6)$$

根据模型（6-5）和模型（6-6）可知，在存在代理问题的情形下，经理人的投资决策和分红决策取决于该投资项目可带来的净收益。具体而言，当 $B-K<0$，即经理人的投资决策未能给其带来净收益时，$I_1^*<I^0$ 且 $D_1^*>D^0$，说明此时的经理人倾向于投资不足和过度分红；相反地，当 $B-K>0$，即经理人的投资决策能给其带来净收益时，$I_1^*>I^0$ 且 $D_1^*<D^0$，说明此时的经理人倾向于过度投资和分红不足；而当 $B=K$，即经理人的投资决策所带来的收益与其所付出的成本相抵时，模型退化为不存在代理问题的情形，此时 $I_1^*=I^0$ 且 $D_1^*=D^0$。由于本章主要关注的是经理人获得超额薪酬的情形，故在接下来的分析中我们外生给定 $B-K>0$。

由模型（6-5）和模型（6-6），我们可以求得经理人超额薪酬水平与其薪酬—业绩敏感性、现金股利之间的关系：

$$\frac{\partial(B-K)}{\partial \chi}\bigg|_{B-K>0\ \&\ 0<\chi<1\ \&\ \varphi>0} = \frac{I_1^*-\varphi}{\varphi} > 0 \qquad (6-7)$$

$$\frac{\partial(B-K)}{\partial D_1^*}\bigg|_{B-K>0\ \&\ 0<\chi<1\ \&\ \varphi>0} = \frac{-\chi}{\varphi} < 0 \qquad (6-8)$$

模型（6-7）表明，提高经理人的薪酬—业绩敏感性会提高经理人的超额薪酬水平，但实际上，在 $B-K>0$ 的条件下，公司本身存在投资过度（$I_1^*>I^0$）和分红不足（$D_1^*<D^0$），此时，通过提高经理人的薪酬与企业价值的相关性反而可以降低代理成本，约束经理人的投资行为，抑制经理人谋取私人利益。模型（6-8）表明，提高现金分红水平会降低经理人的超额薪酬水平。这是因为，根据预算约束理论，在 t_1 期公司的现金流全部用作投资和分红，因此，在经理人通过投资谋取个人利益的时候，提高公司的分红水平反而有助于迫使经理人减少过度投资，进而降低超额薪酬。

接下来，我们进一步分析委托人的最优化问题。作为公司的所有者，委托人的最优化问题为在给定经理人的薪酬下追求企业净利润的最大化，此时，我们假设经理人市场是竞争性的，经理人可以通过选择固定薪酬（w_0）来保证其保留效用（u_0），并且我们外生假定公司的现金分红水平严格大于 0，即 $D_1>0$，因此，委托人的最优化问题表示为：

$$E(\prod_2 - W) = D_1 + \left(I_1 - \frac{I_1^2}{2\varphi}\right) - KI_1 + BI_1 - \chi^2 \frac{\gamma}{2}\sigma_\varepsilon^2 - u_0 \qquad (6-9)$$

$$\text{s. t. } D_1 > 0$$

我们将经理人的最优选择组合 (I_1^*, D_1^*) 代入模型（6-9）中，并基于薪酬—业绩敏感性（χ）分别求一阶和二阶偏导，得到以下表达式：

$$\varphi(B-K)^2 - \varphi(B-K)\chi - \gamma\sigma_\varepsilon^2\chi^4 = 0 \quad (6-10)$$

$$-\varphi(B-K)^2 - 4\gamma\sigma_\varepsilon^2\chi^3 = 0 \quad (6-11)$$

由模型（6-10）可知，当 $\chi \to 0$ 时，模型（6-8）严格大于 0，当 $\chi \to 1$ 时，模型（6-10）严格小于 0；由模型（6-11）可知，$\forall \chi \in (0, 1)$ 使得模型（6-11）为负。上述信息反映出存在一个最优的 $\chi^* \in (0, 1)$。

根据模型（6-10）并结合条件 $B - K > 0$，我们解得经理人超额薪酬水平（$B - K$）关于薪酬—业绩敏感性（χ）的表达式为：

$$B - K = \sqrt{\frac{\gamma\sigma^2}{\varphi} \cdot \frac{\chi^4}{1-\chi}} \quad (6-12)$$

根据模型（6-12），我们求解经理人超额薪酬水平对薪酬—业绩敏感性的一阶偏导，得到：

$$\left.\frac{\partial(B-K)}{\partial\chi}\right|_{D_1>0 \,\&\, 0<\chi<1} = \sqrt{\frac{\gamma\sigma^2}{\varphi}} \cdot \frac{1}{2}\sqrt{\frac{1-\chi}{\chi^4}} \cdot \frac{\chi^3(4-3\chi)}{(1-\chi)^2} > 0 \quad (6-13)$$

模型（6-13）表明，在发放现金股利的公司，经理人的薪酬—业绩敏感性与经理人超额薪酬水平正相关，换句话说，同时提升经理人薪酬与企业价值的相关性以及提高公司的派现水平会明显提高经理人的超额薪酬水平。这是因为，在公司存在事实上的投资过度（$I_1^* > I^0$）和分红不足（$D_1^* < D^0$）的情况下，基于 $I_1 + D_1 = C_1$ 的预算约束，公司一方面通过提高股利分红以降低投资资金，抑制经理人的过度投资行为，有助于提升企业绩效，另一方面，通过提升经理人的薪酬—业绩敏感性将公司更多有效率的投资项目的获益以薪酬的形式发放于经理人作为激励，这两方面的共同作用反而会促使经理人获得更高的薪酬水平。

二、收益不确定性情形下的概率分析

上文主要基于确定性条件对经理人的超额薪酬水平进行分析，而当考虑事件的不确定性时，结论是否一致，我们需要在本部分进行概率分析。保持模型的其他假设不变，我们对模型进行简化。假定经理人在 t_1 期所作出的投资决策,在 t_2 期可能给其带来 B 单位的私人收益($B>0$)或损失($B<0$),并且对应的概率分别为 $\lambda(0 \leq \lambda \leq 1)$ 和 $1-\lambda$。因此,经理人的最优化问题修改为:

$$E(U_2) = \max_{I_1, D_1} w_2 + \chi\left(D_1 + I_1 - \frac{I_1^2}{2\varphi}\right) + B\lambda I_1 - \chi^2 \frac{\gamma}{2}\sigma_\varepsilon^2 \quad (6-14)$$

$$\text{s. t. } I_1 + D_1 = C_1$$

$$I_1 > 0$$

对模型(6-14)关于 I_1 求一阶偏导,可以得到以下均衡结果:

$$I_1^{**} = \varphi + \frac{\varphi B \lambda}{\chi} \quad (6-15)$$

$$D_1^{**} = C_1 - I_1^{**} = C_1 - \left[\varphi + \frac{\varphi B \lambda}{\chi}\right] \quad (6-16)$$

由模型(6-15)和模型(6-16)可知,当经理人的投资决策未能给自己带来私人收益时(即 $B<0$),$I_1^{**} < I^0$ 且 $D_1^{**} > D^0$,表明公司存在投资不足和过度发放股利的情况;而当经理人的投资决策能给自己带来净收益时(即 $B>0$),$I_1^{**} > I^0$ 且 $D_1^{**} < D^0$,表明公司存在过度投资和发放股利不足的情况。

我们进一步对模型(6-15)和模型(6-16)分别基于 χ 和 D_1^{**} 求一阶偏导,可以得到:

$$\frac{\partial \lambda}{\partial \chi}\bigg|_{0 \leq \lambda \leq 1 \ \& \ \varphi>0 \ \& \ B>0} = \frac{I_1^{**} - \varphi}{\varphi B} > 0 \quad (6-17)$$

$$\frac{\partial \lambda}{\partial D_1^{**}}\bigg|_{0 \leq \lambda \leq 1 \ \& \ 0<\chi<1 \ \& \ B>0} = \frac{-\chi}{\varphi B} < 0 \quad (6-18)$$

模型(6-17)表明,当投资能给经理人带来正收益的前提下,提高经理人的薪酬—业绩敏感性会提高经理人获得私人收益的概率,然而,在 $B>0$ 的条件下,公司实际上存在过度投资和发放股利不足的情况,此时提高经理人的薪酬—业绩敏感性反而会约束经理人的过度投资行为,抑制经理谋取私人利益的行为,进而降低经理人获得超额薪酬的概率。模型(6-18)表明,在投资能给经理人带来正收益的前提下,提高公司的现金股利能够降低经理人获得超额薪酬的概率,这主要基于预算约束考虑,将公司的自由现金流更多地用于现金分红有助于减少投资资金,降低公司的过度投资,从而避免经理人通过投资谋取私利,因此,提高现金分红有助于降低经理人获得超额薪酬的概率。

考虑收益的不确定性并且外生假定公司存在事实上的分红,此时委托人的最优化问题可以表示为:

$$E(\prod_2 - W) = D_1 + \left(I_1 - \frac{I_1^2}{2\varphi}\right) + B\lambda I_1 - \chi^2 \frac{\gamma}{2}\sigma_\varepsilon^2 - u_0 \quad (6-19)$$
$$\text{s. t. } D_1 > 0$$

同理,我们将经理人的最优选择组合 (I_1^{**}, D_1^{**}) 代入模型 (6-19) 中,并基于薪酬—业绩敏感性 (χ) 分别求一阶偏导,得到以下表达式:

$$B^2\varphi(1-\chi)\lambda^2 + \varphi B\chi\lambda - \gamma\sigma_\varepsilon^2\chi^4 = 0 \quad (6-20)$$

根据模型 (6-20) 并结合条件 $0 \leq \lambda \leq 1$,我们解得经理人可能获得超额薪酬的概率 (λ) 关于薪酬—业绩敏感性 (χ) 的表达式为:

$$\lambda = \frac{-\varphi B\chi + \sqrt{\varphi^2 B^2\chi^2 + 4B^2\varphi(1-\chi)\gamma\sigma_\varepsilon^2\chi^4}}{2B^2\varphi(1-\chi)} \quad (6-21)$$

根据模型 (6-21),我们求解经理人超额薪酬水平对薪酬—业绩敏感性的一阶偏导,得到:

$$\frac{\partial\lambda}{\partial\chi} = \frac{(1+\chi)\sqrt{B^2\varphi\chi^2[\varphi - 4\gamma\sigma_\varepsilon^2(-1+\chi)\chi^4]} - B\chi[6\gamma\sigma_\varepsilon^2(-2+\chi)(-1+\chi)\chi^4 + \varphi(1+\chi)]}{2B(-1+\chi)^3\sqrt{B^2\varphi\chi^2[\varphi - 4\gamma\sigma_\varepsilon^2(-1+\chi)\chi^4]}}$$

$$(6-22)$$

结合条件 $D_1 > 0$,$0 < \chi < 0$,$B > 0$,$0 \leq \lambda \leq 1$,$\varphi > 0$,我们可以推出 $\frac{\partial\lambda}{\partial\chi} > 0$,这表明在发放现金股利的公司中,经理人的薪酬—业绩敏感性与经理人获得超额薪酬的概率正相关,也就是说,同时提升经理人的薪酬—业绩敏感性和公司的派现水平会明显提高经理人获得超额薪酬的概率,原因与前文的解释类似,这里不再赘述。

综合上述理论分析,我们总结出以下待检验的理论命题:

命题1:提升高管薪酬—业绩敏感性会降低高管的超额薪酬水平(降低高管获得超额薪酬的概率)。

命题2:提高现金股利有助于降低高管的超额薪酬水平(降低高管获得超额薪酬的概率)。

命题3:同时提升高管的薪酬—业绩敏感性和公司的现金分红水平会提高高管的超额薪酬水平(提高高管获得超额薪酬的概率)。

第三节 理论分析与研究假设

高管薪酬激励是现代企业制度下解决高管和股东利益冲突的一种重要机制（Jensen and Meckling，1976；傅颀和汪祥耀，2013）。从某种程度上看，高管薪酬激励由显性激励和隐性激励两部分组成。其中，显性激励是基于明确条文约定的高管付出与回报的激励性薪酬契约，一般包括基本工资、奖金、绩效与期权等激励性收益；而隐性激励则主要是指在职消费、内部晋升、个人机会主义行为等隐性利益。有效契约理论认为，高管薪酬主要取决于高管的个人特质（包括高管风险偏好、管理能力）和高管工作任务的复杂程度（Bizjak et al.，2008；Wowak et al.，2011；李维安等，2010；方军雄，2012）。由于不可避免的信息不对称及高管能力和努力的判断需要评价依据，与股东利益相关的公司业绩便成为董事会制定高管薪酬契约的有效判断标准。因此，如何在激励高管创造会计业绩的同时又能抑制高管不以损害公司价值为代价，是代表股东意志的董事会在薪酬制定过程中要考虑的重要问题。当高管薪酬的制定充分激励了高管努力工作，使得高管获得与业绩密切挂钩的绩效补偿时，薪酬契约的有效性便得以体现。

然而，现实的情形是，薪酬契约的制定受到公司内部因素和外部环境（包括正式制度和非正式制度）的共同影响（Conyon and Peck，1998；Kuhnen and Niessen，2009；李培功和沈艺峰，2013；赵宜一和吕长江，2015）。在我国高管薪酬激励机制并不健全的早期阶段，薪酬契约设计中薪酬—业绩尚未建立关联。高管为了寻求更多的薪酬补偿，在最大化自身利益的驱使下有追求超额薪酬的动机，导致企业中高管谋取超额薪酬的现象屡屡发生（罗宏等，2014）。尤其是当缺乏有效的内外部治理环境约束时，权力膨胀的高管凌驾于董事会之上，甚至介入到董事选聘环节，强烈干预薪酬契约的制定过程（Jensen and Murphy，1990），进而获得超出正常薪酬范围的额外报酬（Bebchuk et al.，2002）。这种超额薪酬无法反映高管的努力程度及其对公司业绩的贡献，显然进一步加深了委托代理矛盾。因此，最优契约理论指出，制定薪酬—业绩高度关联的薪酬契约，将高管与股东的利益进行紧密捆绑,成为解决上述矛盾的一种可行和有效的制度安排。当薪酬契约有效性越高时,高管越有努力工作从而实现公司业绩增长的动力,进而获得固定薪金之外更高的报酬补偿。这表明,高管薪酬与业绩挂钩的契约设计是委托代理框架下能够有效约束高管谋取超额薪酬行为的一种治理机制,薪酬契约有效性通过缓解高管的自利倾向降低了第一类代理成本,从而对企业业绩产生正向效应,进而形成良性循环。基于上述分析,本章提出假设 H6-1:

假设 H6-1:提升高管的薪酬契约有效性有助于降低高管超额薪酬。

自 2000 年以来,证监会持续颁布了与现金分红相关的一系列制度规范。上市公司虽然拥有现金分红的自主决定权,但由于再融资资格与股利分配水平相挂钩,分红政策实质上具有"半强制性"的特征。上市公司实施正常分红的条件是同时满足正的留存收益和充足的自由现金流(谢德仁,2013)。当企业拥有充足现金时,高管往往倾向于过度投资,进而获取过度投资带来的高薪、权力以及构筑职位沟壑(Jensen,1986)。

随着企业分配现金股利水平的提升,企业的留存收益水平和自由现金流会相应降低,这将有效控制高管增加在职消费(Burrough and Helyar,1990;罗宏和黄文华,2008)、投资价值损害的项目(Jensen,1986)、谋取超额薪酬等机会主义行为。与此同时,公司自由现金流的相对不足,迫使高管需要转向外部资本市场寻求融资,来自债权人和新投资者等的监督显然不利于高管通过投资谋取私利(Easterbrook,1984)。即使高管拥有相对信息优势,且在会计信息的生成过程中扮演重要角色,高管在进行偏离股东价值最大化的投资决策时仍会捉襟见肘。这样,现金股利就成为一种约束高管机会主义行为的间接机制。提高现金股利的发放,通过减少企业支付能力和增强对高管监督的双重作用,大大降低了高管谋取超额薪酬的概率和水平。当高管同时兼具股东身份,即高管持有股份的情形下,分配现金股利使得高管也同样受益,股东与高管之间的代理问题得到缓解,这时高管谋取私人利益,追求超额薪酬的意愿也随之降低。综上所述,本章提出假设 H6-2:

假设 H6-2:提升公司的现金股利水平有助于降低高管超额薪酬。

上述分析表明,单独提升高管薪酬契约有效性或单独提升公司现金股利水平均有利于缓解委托代理矛盾，降低高管超额薪酬。但是，当这两种机制被联合使用时，其对高管超额薪酬的影响可能并不能形成合力的强化作用，相反地，更可能产生弱化的效果。原因在于：董事会为高管制定的所谓"业绩型薪酬契约"在实践中存在明显的粘性特征（方军雄，2009），当公司业绩上升时，高管能够获得相应的高额薪酬，但当公司业绩下滑时，理性的高管却会以市场环境恶化、生产成本上升等因素为由对外归因，进而推卸责任，导致高管薪酬在公司业绩上升时的增长幅度明显大于业绩下滑时的减少幅度（陈晓珊和施赟，2020）。薪酬粘性的存在，使得高管薪酬契约有效性的激励约束作用大打折扣。

随着高管薪酬契约有效性的提升，公司进一步发放现金股利会明显减少可供投资的资金，导致高管的投资决策和行为受到抑制，其只能在可行的投资中进一步择优。在这种情形下，一方面，理性的高管会选择高风险高回报的项目，因为这类项目在投资成功时高管可以获得相应的与业绩挂钩的薪酬奖励，并且即使投资失利，由于薪酬契约的粘性特征，高管可能遭受的薪酬惩罚也相较甚微，更可能的结果是绝大部分的风险仍由公司的股东承担；另一方面，投资受限使得高管丧失了投资更多的项目获益后公司以薪酬的形式发放给高管作为激励的业绩报酬。因此，始终以最大化个人利益为目标的理性高管，会考虑如何在"业绩型薪酬契约"的激励和约束机制下提高业绩，同时规避自身风险，也试图克服因公司发放现金股利所导致的投资受限问题。

综上所述，在给定薪酬契约有效性的前提下，薪酬契约的粘性特征会明显导致契约的公司治理作用减弱，若此时公司进一步实施现金分红，则高管因投资资金受限很可能无法获得预期的薪酬水平，这时委托代理问题依旧存在，高管仍有追求额外收益以补偿预期薪酬的动机，如增加在职消费、进行关联交易、利用权力干扰自身薪酬契约的制定等。因此，本章预期，二人同心，未必能其利断金。即同时提升高管的薪酬契约有效性和公司的现金股利水平最终可能导致高管仍能获得明显高于正常水平的超额薪酬。综上所述，本章提出假设 H6-3：

假设 H6-3： 同时提升高管的薪酬契约有效性和公司的现金股利水平会提高高管超额薪酬。

第四节 研究设计

一、样本与数据来源

本章选取 2007~2017 年中国沪深两市 A 股主板上市公司为实证研究的样本,并对样本进行如下筛选:(1) 剔除金融、证券、货币服务类公司;(2) 剔除主要财务数据和公司治理数据缺失的样本;(3) 剔除样本期内被 ST、*ST 的公司,最终得到的研究样本包括 18505 个观测值。选择 2007 年为样本区间起点主要基于以下两个方面的考虑:一是考虑到政策的滞后性,尽管证监会于 2000 年开始对上市公司的现金分红进行了规范,但直到 2006 年 5 月 8 日开始实施的《上市公司证券发行管理办法》中才开始对有再融资需求的公司作了明确的 7% 的最低现金分红比例规定,政策实施效果具有一定的滞后性,因此本章选择 2007 年为研究起点;二是考虑到会计准则的变化,我国上市公司自 2007 年 1 月 1 日起开始执行与国际会计准则趋同的新会计准则,为避免会计准则变化导致相关信息的偏误以及统一会计准则考虑,本章将样本区间的起点界定为 2007 年。

本章所用上市公司高管绝对薪酬数据、财务数据、公司治理数据等均来自 CSMAR 国泰安金融研究中心数据库,高管超额薪酬以及薪酬契约有效性等数据由作者通过模型估计进行整理。为了避免极端值的影响,本章对所有连续型变量在上下 1% 的水平进行了 Winsorize 处理。

二、模型设计与变量说明

为了检验高管薪酬契约有效性、现金股利政策与高管超额薪酬之间的关系,本章构建如下计量模型:

$$Overpayment_{i,t} = \alpha_0 + \alpha_1 PPS_{i,t} + \alpha_2 Dividend_{i,t} + \alpha_3 Dividend \times PPS_{i,t} + \Gamma control_{i,t} + \sum industry_i + \sum year_t + \varepsilon_{i,t} \quad (6-23)$$

模型（6-23）中，$Overpayment_{i,t}$ 表示高管超额薪酬，包含高管超额薪酬水平 $Overpay$ 和高管是否获得超额薪酬虚拟变量 $Overpay\_dum$ 两个变量，前者采用模型（2-1）测算得到，回归分析中采用 OLS 估计；后者在高管超额薪酬水平的基础上构建超额薪酬虚拟变量（$Overpay\_dum$）刻画，当高管超额薪酬水平（$Overpay$）大于零时，哑变量取值 1，相反地，当高管超额薪酬水平（$Overpay$）小于零时，哑变量取值 0，并在回归中采用 Logit 估计。

$PPS_{i,t}$ 表示高管薪酬契约有效性。关于高管薪酬契约有效性的衡量，本章主要基于詹森和墨菲（Jensen and Murphy，1990）的"业绩决定薪酬"假设加以刻画。理论上，管理者的货币薪酬契约可以表示为线性方程 $W = \overline{W} + \chi \times Y$，其中，$\overline{W}$ 为固定底薪，不与企业业绩挂钩，Y 是企业业绩，系数 χ 即为薪酬契约有效性。现实中，高管薪酬高低会受企业特征以及公司治理情况的影响，对此，本章在方军雄等（2016）时间序列模型的基础上进一步构建能同时体现时间和个体特征的面板模型（6-24）进行回归估计，并在模型的固定效应回归中按照年份和个体提取企业业绩变量 ROA 的回归系数作为薪酬契约有效性的衡量指标。具体的估算模型设定如下：

$$pay_{i,t} = \chi_0 + \chi_1 roa_{i,t} + \chi_2 size_{i,t} + \chi_3 lev_{i,t} + \chi_4 IA_{i,t} + \chi_5 state_{i,t} + \chi_6 zone_{i,t}$$
$$+ \chi_7 equity_{i,t} + \chi_8 ratio_{i,t} + \chi_9 director_{i,t} + \chi_{10} supervisor_{i,t} +$$
$$+ \sum industry + \sum year + \varepsilon_{i,t} \qquad (6-24)$$

其中，变量 pay、roa、$size$、lev、IA、$state$、$zone$、$equity$、$ratio$、$director$、$supervisor$ 分别表示高管薪酬、企业资产收益率、企业规模、企业资产负债率、企业无形资产比、企业产权性质、企业所处区位、第一大股东持股比例、独立董事比例、董事会规模、监事会规模。

$Dividend_{i,t}$ 表示公司现金股利政策，包含公司是否发放现金股利虚拟变量（DIV）和每股现金股利（DPS）两个变量。本章综合肖珉（2010）、刘星等（2016）、陈红和郭丹（2017）等的做法同时采用以下两种方法衡量现金股利：一是设置公司是否发放现金股利的虚拟变量（DIV），若公司当年发放现金股利则取值 1，否则取值 0；二是每股现金股利（DPS），即用每股普通股的税前现金股利衡量。需要特别说明的是，本章只关注公司现金股利分红，不考虑送股形式的分红。$Dividend \times PPS_{i,t}$ 为高管薪酬契约有效性和现金股利政策的连续型交互项，包含 $DIV \times PPS$ 和 $DPS \times PPS$

两个变量。

$control_{i,t}$ 为一组控制变量，主要参考辛清泉（2007）、权小锋等（2010）、罗宏等（2014）的做法，在以下几个方面进行了控制。第一，在企业特征方面，控制了成长性水平（$tobinq$）、企业规模（$size$）、财务杠杆（lev）、产权性质（$state$）、区域哑变量（$zone$）五个变量；第二，在公司治理方面，控制了第一大股东持股比例（$equity$）、独立董事比例（$ratio$）、董事会规模（$director$）、监事会规模（$supervisor$）四个变量。此外，本章还设置了行业（$industry$）和年度（$year$）哑变量以控制行业效应与时间效应。本章的回归模型中均采用公司层面的聚类稳健标准误进行调整（cluster 处理）。综上所述，相关变量的说明与定义如表 6-1 所示。

表 6-1 变量说明与定义

变量类型	变量名称	变量符号	变量定义
被解释变量	高管超额薪酬水平	$Overpay$	高管绝对薪酬与模型（6-21）估计所得的预期薪酬的差额
	高管获得超额薪酬的概率	$Overpay\_dum$	虚拟变量，当超额薪酬水平大于 0 时，取值 1，否则取值 0
解释变量	薪酬契约有效性	PPS	根据模型（6-24）估计所得的回归系数
	公司是否发放现金股利	DIV	虚拟变量，若公司发放现金股利时，取值 1，否则取值 0
	每股现金股利	DPS	每股股利：每股普通股的税前现金股利
控制变量	成长性水平	$tobinq$	公司托宾 Q 值：市值/总资产
	企业规模	$size$	总资产取自然对数
	财务杠杆	lev	总负债/总资产
	产权性质	$state$	国有控股公司取值 1；非国有控股公司取值 0
	区域哑变量	$zone$	注册地为东部沿海地区取值 1；为中西部地区取值 0
	第一大股东持股比例	$equity$	第一大股东持股数量/公司股本数量总和
	独立董事比例	$ratio$	独立董事数量/董事会总人数
	董事会规模	$director$	董事会人数
	监事会规模	$supervisor$	监事会人数

续表

变量类型	变量名称	变量符号	变量定义
控制变量	公司业绩	roa	营业利润/总资产
	无形资产比	IA	无形资产/总资产
	行业哑变量	industry	对应某一行业时取值1，否则取值0
	时间哑变量	year	对应某一年度时取值1，否则取值0

第五节 实证分析

一、描述性统计

表6-2给出了主要变量的描述性统计结果。数据显示，2007~2017年，我国上市公司高管超额薪酬水平（Overpay）均值为0.002，最小值为-2.475，最大值为1.750，说明部分公司存在超额薪酬，亦有部分公司存在实际薪酬低于正常水平的现象。高管获得超额薪酬的概率变量（Overpay_dum）的均值为0.609，表明大概有60.9%的样本存在超额薪酬。高管薪酬契约有效性变量（PPS）平均值为2.617，表明公司业绩每提升1个单位，将使得高管薪酬平均提高2.617个单位。上市公司发放现金股利虚拟变量（DIV）的均值为0.667，意味着接近66.7%的公司有实施现金股利政策，但仍然有33.3%的公司没有发放现金股利，这说明了"半强制分红政策"并不是对所有的上市公司都有约束力。每股现金股利变量（DPS）均值为0.157，最小值和最大值分别为0.001、6.787，表明上市公司间的派现水平存在较大差距。

表6-2　　　　　　　　变量描述性统计信息

变量	观测值	均值	标准差	最小值	最大值
Overpay	18505	0.002	0.814	-2.475	1.750
Overpay_dum	18505	0.609	0.488	0.000	1.000
PPS	18505	2.617	0.517	1.835	3.781

续表

变量	观测值	均值	标准差	最小值	最大值
DIV	18505	0.667	0.471	0.000	1.000
DPS	18505	0.157	0.217	0.001	6.787
tobinq	18505	2.242	2.137	0.205	12.880
size	18505	21.800	1.235	18.900	25.470
lev	18505	0.426	0.228	0.007	1.067
state	18505	0.503	0.500	0.000	1.000
zone	18505	0.604	0.489	0.000	1.000
equity	18505	36.360	15.410	9.087	76.000
ratio	18505	0.369	0.052	0.300	0.571
director	18505	8.943	1.784	5.000	15.000
supervisor	18505	3.776	1.140	3.000	7.000
roa	18505	0.031	0.063	−0.248	0.230
IA	18505	0.035	0.051	0.000	0.271

资料来源：表中数据由软件 Stata 13.0 计算，经笔者整理。

本章进一步对相关变量进行了 Pearson 和 Spearman 相关性检验，结果发现各变量间的相关系数绝对值均小于 0.5，并且方差膨胀因子的值均在 1~3 的范围内，充分表明本章所选择的变量不存在明显的多重共线性问题。

二、多元回归分析

表 6-3 报告了模型（6-23）的回归结果。从列（1）和列（6）的回归结果看，在未引入现金股利政策变量的情况下，高管薪酬契约有效性的回归系数均显著为负，表明单独提高高管薪酬契约有效性有助于降低高管超额薪酬，验证了假设 H6-1。同理，从列（2）、列（3）、列（7）、列（8）的回归结果看，在未引入高管薪酬契约有效性变量的情况下，现金股利政策的回归系数同样显著为负，表明公司积极分配现金股利与提升分配水平均有助于降低高管超额薪酬，验证了假设 H6-2。上述实证结果充分印证了前文的理论分析，即提升高管薪酬契约的有效性或者增加现金股利分配水平有助于发挥这两种机制各自的公司治理作用，抑制高管谋取私人利益的机会主义行为。然而，这两种机制的联合使用明显会产生差异化的效果。

表6-3 高管薪酬契约有效性、现金股利政策与高管超额薪酬

变量	因变量：Overpay						因变量：Overpay_dum			
	(1)	(2)	(3)	(4)	(5)	(6)	(7)	(8)	(9)	(10)
PPS	-2.184*** (0.760)			-3.811*** (0.584)	-2.936*** (0.535)	-4.185** (1.811)			-0.805** (0.352)	-0.716*** (0.255)
DIV		-0.032** (0.014)		-1.174*** (0.198)			-0.189*** (0.036)		-2.170** (0.909)	
DIV×PPS				0.511*** (0.076)					0.958*** (0.343)	
DPS			-0.026** (0.013)		-1.233*** (0.264)			-0.196*** (0.035)		-5.043*** (1.371)
DPS×PPS					0.651*** (0.139)					2.522*** (0.559)
tobinq	0.023*** (0.008)	0.023*** (0.008)	0.023*** (0.008)	0.032*** (0.006)	0.044*** (0.011)	0.050** (0.020)	0.041** (0.019)	0.041** (0.019)	0.063*** (0.017)	0.044*** (0.011)
size	0.064*** (0.014)	0.065*** (0.014)	0.065*** (0.014)	0.065*** (0.012)	0.047*** (0.015)	0.107*** (0.033)	0.094*** (0.032)	0.093*** (0.032)	0.060*** (0.013)	0.047*** (0.015)
lev	-0.143** (0.060)	-0.143** (0.060)	-0.143** (0.060)	0.074 (0.050)	0.279*** (0.072)	-0.214 (0.146)	-0.226 (0.144)	-0.226 (0.144)	0.247*** (0.055)	0.279*** (0.072)
state	0.084** (0.041)	0.137*** (0.037)	0.137*** (0.037)	0.033 (0.026)	0.066** (0.031)	0.206** (0.094)	0.312*** (0.083)	0.312*** (0.083)	0.077*** (0.020)	0.066** (0.031)

续表

变量	因变量：Overpay					因变量：Overpay_dum				
	(1)	(2)	(3)	(4)	(5)	(6)	(7)	(8)	(9)	(10)
zone	0.144*** (0.031)	0.143*** (0.031)	0.143*** (0.031)	0.104*** (0.024)	0.086*** (0.028)	0.335*** (0.070)	0.319*** (0.069)	0.321*** (0.069)	0.065*** (0.022)	0.086*** (0.028)
equity	-0.005*** (0.001)	-0.003*** (0.001)	-0.003*** (0.001)	-0.002*** (0.001)	-0.003*** (0.001)	-0.006** (0.003)	-0.000 (0.002)	-0.000 (0.002)	-0.003*** (0.001)	-0.003*** (0.001)
ratio	-0.095 (0.234)	-0.116 (0.235)	-0.120 (0.235)	0.050 (0.195)	0.133 (0.226)	-0.165 (0.571)	-0.169 (0.563)	-0.190 (0.564)	0.176 (0.151)	0.133 (0.226)
director	0.017** (0.008)	0.018** (0.008)	0.018** (0.008)	0.025*** (0.007)	0.025*** (0.008)	0.024 (0.020)	0.025 (0.019)	0.025 (0.019)	0.030*** (0.007)	0.025*** (0.008)
supervisor	-0.016 (0.012)	-0.015 (0.012)	-0.015 (0.012)	-0.018* (0.011)	-0.014 (0.012)	-0.028 (0.026)	-0.027 (0.025)	-0.028 (0.025)	-0.025** (0.010)	-0.014 (0.012)
_cons	-1.284*** (0.330)	-1.536*** (0.304)	-1.540*** (0.304)	4.210*** (1.231)	2.471** (1.079)	-1.946** (0.792)	-1.989*** (0.735)	-1.962*** (0.734)	-4.320 (5.737)	2.471** (1.079)
industry/year	控制	控制	控制	控制	控制	控制	控制	控制	控制	控制
观测值	18505	18505	18505	18505	18505	18505	18505	18505	18505	18505
R^2/Pseudo-R^2	0.620	0.616	0.615	0.314	0.418	0.258	0.249	0.250	0.418	0.440

注：***、**、*分别表示在1%、5%、10%的统计水平上显著；回归中按公司代码进行了cluster处理，括号内为cluster聚类稳健标准误。

从列（4）、列（5）、列（9）、列（10）的回归结果来看，在将高管薪酬契约与公司现金股利政策引入同一个框架之后，高管薪酬契约有效性与现金股利政策这两个变量的回归系数仍然显著为负，但两者的相乘项的回归系数则显著为正，意味着同时提升高管薪酬契约有效性和公司现金股利分配水平，反而会促进高管获得超额薪酬，验证了假设 H6-3。上述结果表明，相对于单独使用而言，公司治理机制间的联合使用并不总是发挥强化作用，相反地，二人同心，并不一定其利断金。上述两种机制的联合使用反而弱化了其公司治理作用，说明在给定薪酬契约有效性的情况下，发放现金股利的公司，其高管在现金流不足的情况下丧失的投资收益影响薪酬的部分，会通过增加在职消费等其他方式进行补充，此时高管仍会获得明显高于正常水平的超额薪酬。

三、稳健性检验

为保证研究结果的稳定性和研究结论的可靠性，本章进行如下稳健性检验。

（一）内生性问题

高管薪酬契约有效性、现金股利政策等与高管超额薪酬之间可能存在内生性，单纯采用 OLS 和 Logit 估计可能会使结果不够精确，对此，考虑采用工具变量法进行回归。本章关于高管薪酬契约有效性的工具变量选择的是行业内上市公司的数量，现金股利政策的工具变量选择的是公司股东的数量。首先，行业内上市公司的数量决定了该行业的竞争程度，面对激烈的市场竞争，董事会更可能制定较高的薪酬契约有效性以激励和约束高管付出更多的努力，那么公司业绩的增长大部分会归功于高管的努力，高管获得超额薪酬可视为高管的能力和努力工作的合理性补偿。但是，由于高管薪酬契约中不可避免地存在与业绩脱钩的部分，即使公司业绩不好，高管也可能利用其他渠道获得超额薪酬，即无论市场竞争情况如何，高管仍可获得超额薪酬，所以，市场竞争与高管超额薪酬并没有直接关系。其次，公司的股东数量会显著影响股利的分配力度，但其与高管超额薪酬同样没有直接关系。故本章选择的工具变量符合有效性要求。对应被解释变量为高管超额薪酬水平和是否获得超额薪酬分别采用2SLS和IV-Probit估计，具体回归结果如表6-4所示。

表6-4　　　　　　　　控制内生性问题的回归结果

变量	因变量：Overpay		因变量：Overpay_dum	
	（1）	（2）	（3）	（4）
PPS	-3.813*** (0.435)	-3.713*** (0.737)	-0.831** (0.372)	-0.747*** (0.286)
DIV	-1.176*** (0.155)		-2.241** (0.962)	
DIV×PPS	0.511*** (0.058)		0.989*** (0.367)	
DPS		-1.982*** (0.656)		-5.257*** (1.507)
DPS×PPS		0.977*** (0.288)		2.629*** (0.624)
控制变量	控制	控制	控制	控制
industry/year	控制	控制	控制	控制
第一阶段F统计量	256.483 (p=0.0000)	209.415 (p=0.0000)		
Wald检验			$\chi^2(1)=7.09$ (p=0.0078)	$\chi^2(1)=7.10$ (p=0.0077)
观测值	18505	18505	18505	18505
R^2	0.314	0.440	0.278	0.246

注：***、**分别表示在1%、5%的统计水平上显著；回归中按公司代码进行了cluster处理，括号内为cluster聚类稳健标准误。

（二）将所有解释变量滞后一期

考虑到信息传递的滞后性，当期的薪酬契约有效性和现金股利政策可能会对下期的高管超额薪酬产生影响，为此，我们将模型（6-23）中的所有解释变量均作滞后一阶处理，保持被解释变量不变。表6-5报告了解释变量滞后一期处理的回归结果。与表6-3相比，关键测试变量回归系数的符号与显著性水平均未有重大变化，支持前文的相关研究结论。

表6-5　　　　　　　　解释变量滞后一期的回归结果

变量	因变量：Overpay		因变量：Overpay_dum	
	(1)	(2)	(3)	(4)
L.PPS	-4.038*** (0.665)	-3.102*** (0.623)	-4.040*** (0.490)	-3.099*** (0.475)
L.DIV	-1.162*** (0.220)		-1.164*** (0.169)	
L.DIV×PPS	0.489*** (0.082)		0.489*** (0.062)	
L.DPS		-1.135*** (0.321)		-1.135*** (0.400)
L.DPS×PPS		0.595*** (0.122)		0.596*** (0.147)
_cons	7.159*** (1.848)	4.970*** (1.727)	7.167*** (1.360)	4.961*** (1.310)
控制变量	控制	控制	控制	控制
industry/year	控制	控制	控制	控制
观测值	17731	17731	17731	17731
R^2/Pseudo-R^2	0.335	0.440	0.335	0.440

注：***表示在1%的统计水平上显著；回归中按公司代码进行了cluster处理，括号内为cluster聚类稳健标准误。

（三）替换高管绝对薪酬变量

采用"薪酬最高前三名董事的薪酬总额"取自然对数（Pay_r）作为替换变量，分别利用模型（2-1）和模型（6-24）估算超额薪酬（$Overpay\_r$）和薪酬契约有效性（PPS_r），再重新进行回归。在检验薪酬契约有效性、现金股利与超额薪酬的关系时，现金股利变量与薪酬契约有效性变量的相乘项相应改变，其他变量保持不变。表6-6列（1）和列（2）报告了替换高管绝对薪酬变量的工具变量法回归结果。可以看到，在替换关键变量后，回归结果与前文类似，支持前文的相关研究结论。

表6-6　　　　　　　　　　替换关键变量的回归结果

变量	替换高管绝对薪酬变量		替换现金股利变量	
	因变量：$Overpay\_r$		因变量：$Overpay$	因变量：$Overpay\_dum$
	(1)	(2)	(3)	(4)
PPS_r	-2.979*** (0.959)	-3.132*** (0.932)		
DIV	-0.180* (0.100)			
$DIV \times PPS\_r$	0.119*** (0.034)			
DPS		-0.517*** (0.151)		
$DPS \times PPS\_r$		0.335*** (0.054)		
PPS			-8.741*** (1.916)	-0.809** (0.338)
PR			-0.220** (0.101)	-0.804** (0.338)
$PR \times PPS$			0.094** (0.043)	0.342** (0.146)
$\_cons$	2.988 (2.055)	3.653* (1.959)	13.899*** (3.861)	0.393 (1.080)
控制变量	控制	控制	控制	控制
industry/year	控制	控制	控制	控制
观测值	18505	18505	18505	18505
R^2/Pseudo-R^2	0.454	0.482	0.335	0.440

注：***、**、*分别表示在1%、5%、10%的统计水平上显著；回归中按公司代码进行了cluster处理，括号内为cluster聚类稳健标准误。

（四）替换现金股利变量

本章之前选择"公司是否发放现金股利虚拟变量"和"每股股利"作为公司现金股利政策的代理变量，作为稳健性检验，本章借鉴魏志华等

(2014)、陈云玲（2014）、王茂林等（2014）等研究采用现金股利支付率（*PR*）作为衡量指标，其计算方法为每股现金股利/每股净利润。保持其他变量不变，现金股利与薪酬契约有效性的相乘项相应改变。表6-6列（3）和列（4）报告了替换现金股利变量的回归结果。可以看到，采用股利支付率作为公司现金股利政策的衡量指标后，主要变量的回归系数的符号和显著性水平与前文高度一致。

（五）引入更多控制变量

前文理论分析指出，当高管同时兼具股东身份时，公司分配现金股利使得高管也同时获益，可有效缓解股东与高管之间的代理问题，此时高管谋取超额薪酬的意愿随之降低。为验证上述逻辑，本章进一步在模型（6-23）中加入能体现高管股东身份的高管持股比例（*share_executive*）、两职合一（*dual*）以及两者分别与现金股利虚拟变量的相乘项（*DIV* × *share_executive*、*DIV* × *dual*）四个变量，并重新进行计量回归。表6-7的回归结果显示，两组回归中高管薪酬契约有效性和现金股利的回归系数仍显著为负，两者的交乘项显著为正，再次验证了前文的基础结论。此外，对应因变量为高管超额薪酬水平，高管持股比例和两职合一变量的回归系数分别为-0.001、-0.046，但不具备统计上的显著性，而相乘项的回归系数分别为-0.001、-0.002，并且在10%的统计水平上显著；对应因变量为高管是否获得超额薪酬的虚拟变量，高管持股比例和两职合一的回归系数分别为-0.004、-0.002，同样不具备统计上的显著性，而交乘项的回归系数分别为-0.008、-0.199，都具备统计上的显著性。上述结果表明，当高管兼具股东身份时，公司现金股利分配水平的提升确实有助于抑制高管谋取超额薪酬的行为。

表6-7　　　　　　模型引入更多控制变量的回归结果

变量	因变量：*Overpay*	因变量：*Overpay_dum*
	(1)	(2)
PPS	-0.035*** (0.012)	-0.145*** (0.045)

续表

变量	因变量：Overpay (1)	因变量：Overpay_dum (2)
DIV	-0.037*** (0.011)	-0.140*** (0.041)
DIV × PPS	0.059*** (0.019)	0.223*** (0.075)
share_executive	-0.001 (0.001)	-0.004 (0.003)
DIV × share_executive	-0.001* (0.000)	-0.008*** (0.003)
dual	-0.046 (0.029)	-0.002 (0.003)
DIV × dual	-0.002* (0.001)	-0.199* (0.111)
_cons	0.558*** (0.184)	0.218 (0.820)
控制变量	控制	控制
industry/year	控制	控制
观测值	18505	18505
R^2/Pseudo-R^2	0.384	0.276

注：***、*分别表示在1%、10%的统计水平上显著；回归中按公司代码进行了cluster处理，括号内为cluster聚类稳健标准误。

综合以上稳健性检验的结果来看，在经过内生性问题的控制、将所有解释变量滞后一期处理、替换高管绝对薪酬变量、替换现金股利变量、引入更多的控制变量等操作后，相关回归结果从总体上看均支持了前文的相关研究结论，表明本章的研究结论具有较高的可靠性。

第六节 机制分析：基于企业生命周期视角

前文研究发现，单独提高高管薪酬契约有效性和发放现金股利均会抑制高管获得超额薪酬,但同时实施两种措施反而会促使高管获得超额薪酬,那么讨论其具体的影响机制便非常必要。事实上,现有文献发现高管薪酬契约和企业现金股利均存在相应的生命周期。譬如,王旭和徐向艺(2015)基于企业生命周期的视角研究发现,在企业成长期和衰退期,高管薪酬激励能够有效抑制代理成本,而在企业成熟期,则是高管声誉激励机制在发挥抑制效应。法玛和弗兰奇(Fama and French, 2001)、格兰杰等(Grullon et al., 2002)、迪安基洛等(DeAngelo et al., 2006)相继提出现金股利生命周期理论,指出企业在初创阶段因为面临大量的投资机会而不分配股利或支付较少的现金股利,在成熟阶段则倾向于支付较多的现金股利。宋福铁和屈文洲(2010)实证分析了股利政策的影响因素,发现我国上市公司现金股利支付意愿呈现生命周期特征,而现金股利支付率不具有生命周期特征。罗琦和李辉(2015)研究发现,我国资本市场确实存在股利生命周期理论,相较于成长性公司,成熟型公司更倾向于发放现金股利。

表6-8报告了不同企业生命周期内主要变量的描述性统计结果,从超额薪酬的水平看,企业成长期、成熟期和衰退期的高管超额薪酬均值分别为-0.023、0.029、-0.022,这表明仅在企业的成熟期内高管存在超额薪酬的现象。从高管薪酬激励的强度看,成长期、成熟期和衰退期的高管薪酬契约有效性均值分别为2.467、2.721、2.460,呈现"倒U型"特征。从现金股利的实施情况看,成长期、成熟期和衰退期企业派现意愿和派现水平同样呈现"倒U型"特征,在成熟期内,企业派现意愿最强烈,派现水平亦最高。上述信息表明,高管薪酬契约有效性与企业关于现金股利的派现意愿和派现水平均呈现一定的生命周期特征。

表6-8　　　　　　　　　　主要变量分周期描述性统计

生命周期	变量	观测值	均值	标准差	最小值	最大值
成长期	*Overpay*	5058	-0.023	0.825	-3.429	2.611
	PPS	4189	2.467	0.399	1.835	3.781
	DIV	4945	0.618	0.486	0.000	1.000
	DPS	4945	0.080	0.168	0.000	6.419

续表

生命周期	变量	观测值	均值	标准差	最小值	最大值
成熟期	*Overpay*	7081	0.029	0.841	-3.779	2.822
	PPS	7970	2.721	0.591	1.835	3.781
	DIV	7110	0.730	0.444	0.000	1.000
	DPS	7110	0.124	0.237	0.000	6.787
衰退期	*Overpay*	6366	-0.022	0.819	-3.429	2.611
	PPS	6346	2.460	0.384	1.835	3.781
	DIV	6450	0.602	0.489	0.000	1.000
	DPS	6450	0.076	0.156	0.000	6.419

注：为较好地观察数据的原始信息，这里未对变量进行 Winsorize 处理；本表中关于企业生命周期的划分主要借鉴王旭和徐向艺（2015）的方法。

基于表6-8的描述性统计信息并结合相关文献的结论，可以知道，当企业处于成长期和衰退期时，高管货币薪酬激励能够发挥降低代理成本的作用，与此同时，这两个阶段企业的派现意愿较不强烈，派现水平也较低。然而，当企业处于这两个阶段时，企业内部事实上并不存在高管获得超额薪酬的现象，在这种情况下，同时提高高管的薪酬契约有效性和提高现金股利水平便有助于增加高管的薪酬水平。同理，当企业处于成熟期时，企业本身存在高管获得超额薪酬的现象，并且此时的高管货币薪酬激励不发挥约束作用，但在这个阶段，公司发放现金股利的意愿最强烈，派现水平较高。因此，同时提高高管的薪酬契约有效性和提高现金股利水平势必会极大地促进高管获得更多的超额薪酬。

第七节 本章小结

针对上市公司高管存在的"超额薪酬""薪酬倒挂"现象，结合证监会发布的"半强制分红政策"，本章采用理论和实证相结合的分析方法系统地讨论了上市公司高管薪酬契约有效性与公司股利政策对高管超额薪酬的影响。具体而言，本章先构建关于企业投资和分红的两期模型，并基于最优契约理论引入高管薪酬契约有效性指标，分析高管薪酬契约有效性与公司现金股利政策分别与高管超额薪酬可能呈现的关系特征，进而选取2007~2017年我国沪深两市A股主板上市公司作为研究样本进行实证研究，在控制了行业、时间等固定效应和内生性后，得到了以下结论：高管薪酬契约有效性与企业现金股利政策均会降低高管超额薪酬，但同时提升高管薪酬契约有效性和提高现金股利水平反而会提高高管超额薪酬。

本章进一步基于企业生命周期视角的机制分析发现，由于高管薪酬契约和公司现金股利政策均具有一定的生命周期特征，故在不同的生命阶段，同时提高高管的薪酬契约有效性和增加现金股利分配均会促进高管获得超额薪酬。基于本章的研究，我们得到以下启示。

第一，依据不同的企业生命阶段设计不同的治理机制。建议企业落实到具体的周期阶段，当处于成长期和衰退期时，可以适当提高高管的薪酬契约有效性，发挥薪酬契约的激励和约束作用，与此同时，鉴于这两个阶段企业的发展事实，建议减少现金股利的发放水平，将留存收益用于再投资，可以有效缓解公司投资不足的情况；当处于成熟期时，企业发展进入高速运转状态，此时可以适当降低高管薪酬契约的有效性，因为此时薪酬契约发挥的边际作用较小，与此同时，鉴于这个阶段企业的价值创造事实，建议企业将利润以现金股利的形式发放给股东，有利于约束高管的过度投资行为。

第二，建立透明的薪酬评价体系，避免高管"超额分红"。本章的研究表明，我国上市公司存在事实上的高管超额薪酬现象，并且这种现象主要发生于成熟型公司。事实上，成熟型公司资金实力较为雄厚，经营管理也比较稳定，高管往往有着较大的控制权，因此，公司内部要建立更加透明的薪酬评价体系，增强董事会的独立性和监督职能，防止高管干预薪酬的制定，进而降低高管的超额薪酬水平（降低高管获得超额薪酬的概率）。此外，成熟型公司的派现意愿最为强烈，派现水平最高，对此，建议此类公司要强化内部监督，切实保护中小投资者的利益，防止现金股利政策成为高管谋取超额薪酬的工具。

第三，完善现金股利监管政策，实行差异化的监管模式。为缓解我国上市公司一直以来"重融资、轻回报""股利分配缺乏稳定性和连贯性"等问题，证监会自2000年开始陆续出台一系列政策文件，旨在强化公司回报股东的意识，规范公司的分红计划，从而进一步增强股票市场的活力（陈云玲，2014）。然而，这些"半强制分红政策"并不一定对所有的公司产生约束力，譬如对于那些没有再融资需求的上市公司而言，此类政策基本不起作用。对此，建议监管部门进一步完善股利分配政策，针对成长型、成熟型、衰退型等处于不同生命阶段的公司，针对有再融资需求与没有再融资需求的公司，针对处于竞争性行业与非竞争性行业的公司等采取差异化的监管模式。譬如，相较于成熟型公司而言，成长型公司有着较为强烈的再融资需求，但是此类公司往往派现意愿较弱，派现水平也相当低，因此，可以对此类公司实行强制性股利政策，提高融资门槛；而衰退型公司融资需求较低，并且公司经营绩效不断下降，故对此类公司可以适当放宽再融资条件，降低融资门槛，以提升公司的经营活力。同理，针对内部资金充足并且没有再融资需求的公司（称为"铁公鸡"公司），证监会同样应该设计有效的约束政策以确定此类公司积极分配现金股利。总之，证监会需要根据具体的公司类别调整最低分红"门槛"，实施差异化的分红政策，但在这个过程中亦应该适当地减少行政干预（王志强和张玮婷，2012）。

不可避免地，本章也存在明显的不足。譬如，由于样本数据的分布特征，当企业处于成长期和衰退期时，高管不存在实质上的超额薪酬，故无法对机制分析部分辅以分组实证检验，从而使得机制分析部分的严谨性有所欠缺。

第七章 研究结论和政策建议

第一节 研究结论

一、公司内部治理机制与高管超额薪酬

从内部控制质量的角度看,内部控制质量与高管超额薪酬水平显著负相关,即公司内部控制质量越高,高管超额薪酬水平越低。产权性质和产品市场竞争是影响内部控制质量与高管超额薪酬之间相关关系的重要调节变量,从产权角度看,在中央企业中,内部控制质量与高管超额薪酬之间不存在明显的相关关系;与民营企业相比,地方国有企业中内部控制质量对高管超额薪酬的抑制作用更大;从产品市场竞争角度看,样本公司面临的产品市场竞争越激烈,内部控制质量与高管超额薪酬的负相关性越强。中介效应分析发现,内部控制质量通过约束管理层权力和打破重视人情关系的董事会文化,降低了高管超额薪酬。

从冗员负担的角度看,冗员负担会显著促进高管获得超额薪酬,并且该结论在控制内生性和一系列稳健性检验下都成立。进一步分析发现,冗员负担对高管超额薪酬的促进效应在处于成熟期、民营绝对控股、垄断行业、面临激烈的市场竞争、董事长与总经理两职分离、管理层权力低的类型的企业中更明显。

从独立董事的角度看,独立董事薪酬激励与高管超额薪酬之间存在

明显的"U型"关系，即给予独立董事适当的薪酬有助于激励独立董事发挥积极的监督作用，降低高管超额薪酬，但超过正常水平之后继续加大独立董事薪酬激励反而会驱使独立董事与高管合谋，进而提升高管超额薪酬。

从实际控制人特征的角度看，我国民营上市公司实际控制人拥有境外居留权会促使公司内部的高管获得超额薪酬。进一步研究发现，拥有境外居留权的实际控制人更热衷于"掏空"行为，并且无论实际控制人是否兼任高管，其境外居留权都会显著促进高管获得超额薪酬；此外，实际控制人的境外居留权与高管超额薪酬之间的正相关关系在实际控制人可永久居留的国家或地区未与我国签署引渡条约以及公司治理较差的公司中更加明显，并且高管存在通过提高薪酬—业绩敏感性为自己获得超额薪酬进行"结果正当性"的辩护行为，从而制造出其薪酬契约合理性的表象。

二、公司外部治理机制与高管超额薪酬

从机构投资者的角度，整体层面上，我国上市公司外部机构投资者持股的深度和广度都有助于抑制公司内部高管获得超额薪酬的概率和降低高管超额薪酬水平，并且持股广度对高管超额薪酬的抑制效应相对较大。个体层面上，证券投资基金持股比例与高管超额薪酬正相关，券商、保险公司、社保基金、信托公司的机构投资者持股比例与高管超额薪酬负相关，未有证据表明QFII、财务公司、银行的机构投资者持股与高管超额薪酬存在明显的相关性。表明券商、保险公司、社保基金、信托公司的公司外部机构投资者在降低上市公司代理成本方面主要充当"监督者"角色，证券投资基金更多体现为"合谋者"，而QFII、财务公司、银行的机构投资者所发挥的监督作用相对有限，在公司治理中主要持"旁观者"的态度。

从产品市场竞争的角度，产品市场竞争与机构投资者持股作为公司重要的外部治理机制，能够有效降低高管超额薪酬，并且这两种机制在降低高管超额薪酬方面存在明显的替代性；进一步分析发现，上述研究结论在国有企业和管理层权力较小的公司中更明显。

三、公司联合治理机制与高管超额薪酬

高管薪酬契约有效性与企业现金股利政策均会降低高管超额薪酬，但同时提升高管薪酬契约有效性和提高现金股利水平反而会提高高管超额薪酬。进一步基于企业生命周期视角的机制分析发现，由于高管薪酬契约和公司现金股利政策均具有一定的生命周期特征，故在不同的生命阶段，同时提高高管的薪酬契约有效性和增加现金股利分配均会促进高管获得超额薪酬。

第二节 政策建议

综合上述研究结论，本书分别从政府和企业两个层面提出相关的政策建议。

一、政府层面

在中国制度环境下，地方政府与企业行为、经济活动、市场环境等联系紧密。在市场经济背景下，政府以市场机制为基础，综合运用各种宏观和微观政策来引导企业和市场行为。从宏观调控的角度看，政府主要发挥着导向性和补偿性的作用，有助于推动市场经济健康发展。因此，在政府层面上，政府应该扮演积极的"引导人"角色，在培育和发展机构投资者时侧重于引导和规范这些投资者的投资理念和投资行为，也可通过立法手段强化对机构投资者的保护，促使机构投资者积极参与公司治理的实践中，从而充分发挥"监督者"的角色。与此同时，政府也要积极营造良好的市场竞争氛围，规范市场竞争秩序，以强化产品市场竞争的外部治理作用。此外，政府在持续稳步推进国有企业的混合所有制改革中要注重企业内部的产权制衡改革，同时减少政府干预，切实降低混合所有制企业的冗员负担。具体有以下两个方面的建议。

（1）合理发挥政府"有形之手"的宏观调控作用，加强对上市公司内外部公司治理制度的监管和引导。第一，对于国有企业，建议政府科学下放政策性目标，根据企业功能设定合适的冗员水平，避免政府过度干预造成国有上市公司冗员负担过重；第二，出台内部控制体系建设并完善相关指导办法，引导上市公司全面建立有效内部控制体系和制定科学的薪酬契约，鼓励上市公司积极披露内部控制信息和高管薪酬信息，利用政府和社会公众的监督力帮助上市公司提高内外部信息透明度和公司治理水平；第三，建议相关部门出台相应硬性和软性监管政策，完善上市公司独立董事的提名与选聘制度，并考虑在独立董事薪酬制定过程中增加中小股东的表决程序，同时进一步加强独立董事失职的民事法律责任机制的建设，督促独立董事勤勉履职；第四，通过宏观政策手段引导机构投资者投资理念的转变，并通过法律制度的完善加强保障机构投资者的合理权益，强化券商、保险公司、社保基金、信托公司等机构投资者在公司治理中的"监督者"角色，弱化证券投资基金的"合谋者"角色，进一步引导 QFII、财务公司、银行等机构投资者改变其"旁观者"角色。

（2）加强市场监管，创造良好营商环境。一方面，建议相关部门加强对恶性竞争事件的监管和处罚，加大对实际控制人"金蝉脱壳"行为的法律惩治力度，控制和规范上市公司实际控制人与高管的合谋行为，有效规范市场竞争秩序，为企业创造良性的外部竞争环境；另一方面，对处于不同生命周期的上市公司采取差异化现金股利政策和监管政策，以提高股票市场的灵活性。

二、企业层面

在公司层面上，上市公司要积极推动内部控制评价体系的完善，运用内部控制系统约束管理层的机会主义行为；同时也可尝试推行独立董事股权激励措施和失职民事法律责任机制建设；此外，上市公司也应持续强化信息披露，建立透明的薪酬评价体系，并动态调整高管薪酬契约，在这过程中也要重点关注高管的薪酬辩护行为。基于第三章的现状研究发现，中国上市公司基本实现基于业绩的高管薪酬制度，但高管薪酬—业绩敏感性呈明显的下降趋势。高管薪酬制度是现代企业治理的重要环节，其设计的合理性与否直接关系到企业的业绩与长期发展。对此，提出以下三个方面的建议。

（1）建议上市公司持续规范内部制度建设，充分运用内部治理机制约束高管超额薪酬。第一，上市公司尤其是中央政府控股的上市公司要加强内部控制制度建设，完善内部控制评价体系。第二，国有企业要注重分类改革和治理，不同功能的企业要设定不同程度的冗员规模，重点解决特殊功能类和公益类企业的冗员问题；在国有企业的混合所有制改革过程中，应科学设计混改后的混合所有制企业合理的雇员数量，并积极利用人才市场机制。第三，要增强董事会的独立性和监督职能，建立更加透明且更加重视企业长期业绩的薪酬评价体系，建议采用更加市场化的薪酬契约，动态调整高管不合理的高额报酬。第四，建议上市公司主动披露实际控制人情况，尤其是要重点披露拥有境外居留权的实际控制人的非正常交易信息，包括关联交易、对外担保、资金调度等财务信息，接受政府和资本市场监督。

（2）建议上市公司合理利用外部治理机制，引导市场这一"无形之手"真正参与企业管理和治理中。首先，在保证机构投资者持股规模的情况下，建议上市公司注重吸引异质机构投资者，提高持股机构类型的多样化、多元化和结构的多层次。由此，运用异质机构投资者所具备的不同的专业能力、投资理念、资源优势，优化上市公司的内部治理框架，改善公司经营状况，从而提升公司经营效率。其次，重点发挥券商、保险公司、信托公司等充当"监督者"角色的机构投资者的公司治理作用，更好地抑制高管获得超额薪酬的自利行为。

（3）建议上市公司切实推进公司内外治理机制的联合建设，发挥不同机制之间关于公司治理效应的互补性，并依据不同的企业生命阶段设计不同的治理机制。具体而言，当企业处于成长期和衰退期时，可适当提高高管的薪酬契约有效性，发挥薪酬契约的激励和约束作用；同时，减少现金股利的发放水平，将留存收益用于再投资，可有效缓解公司投资不足的情况。当企业处于成熟期时，因为此时薪酬契约发挥的边际作用较小，可适当降低高管薪酬契约有效性；同时，建议企业将利润以现金股利的形式发放给股东，有利于约束高管的过度投资行为。此外，成熟型公司要强化内部监督，切实保护中小投资者的利益，防止现金股利政策成为高管谋取超额薪酬的工具。

第三节 研究不足与未来展望

一、研究不足

本书分析从内部治理、外部治理和联合治理三个维度实证研究了公司治理机制与中国上市公司高管超额薪酬之间的关系，厘清了中国上市公司高管获取超额薪酬的驱动因素，得到的研究结论是对现有文献的有益补充，但局限于作者的研究水平和现实情况，本书的研究仍然存在较多需要改进和深入研究之处，具体体现在以下几个方面。

（1）样本对象的选取。本书的样本局限于沪深两市 A 股非金融类上市公司，对金融类、中小板、创业板等上市公司考虑不够，而金融类公司的治理机制、资本结构、监督管理、行业特点、产品类别等方面与一般实体公司有着明显的差异，因此一般的公司治理理论对于商业银行不一定完全适用。此外，本书同样没有涉及未上市公司，而这类公司在公司治理、高管薪酬契约设计等方面缺乏完善的法律制度监管，亟须更多理论与实践的支持。因此，从研究对象来看，本书仍有较大的研究空间。

（2）研究内容的设计。本书在内部治理机制的选取上主要从内部控制质量、冗员负担、独立董事薪酬激励、实际控制人境外居留权等角度探讨上述机制对高管超额薪酬的影响，未考虑到大股东治理和董事会治理方面的机制。在外部治理机制的选取上主要从机构投资者持股和产品市场竞争的视角开展研究，但上市公司外部治理与我国资本市场法律制度和企业所处区位的法治环境相关性较强，类似资本市场诉讼制度、媒体监督等机制均未作讨论。在联合机制的选取上主要从薪酬契约有效性和现金股利等方面开展研究，未能构建更完善的联合治理框架。

（3）指标衡量的准确性。本书用计量模型的回归残差作为高管超额薪酬的衡量指标，指标准确性受到模型参数的影响。此外，受限于数据可获得性，本书对高管晋升、职业激励、隐性消费等均未作考察，使整体研究的全面性略有不足。

二、未来展望

本书存在的研究局限和不足也为未来可能的研究拓展指明了方向。

（1）研究对象。囿于数据的同比性，本书仅以上市公司为研究对象，但同一产品市场上也存在大量非上市公司，未来研究可以进一步拓展研究样本，增强研究结论的普适性和一般性。此外，本书也只对非金融类上市公司展开研究，研究结论是否适用于全行业所有上市公司有待验证，未来的研究也可以将研究对象延伸至金融类上市公司、非上市公司和外国企业等。

（2）研究内容。首先，针对内部治理机制方面，本书从高管获得超额薪酬的视角研究内部控制质量的公司治理效应，未来可以选择从高管变更、高管隐性激励等更加丰富的角度进行深入分析。与此同时，本书也仅从总体上研究独立董事的薪酬激励与高管超额薪酬之间的关系，后续研究可以进一步从独立董事的异质性角度进行扩展分析，譬如独立董事的履职动机、履职时间、社会网络、个人背景特征等如何影响独立董事的监督效果。尤其是关于独立董事的奖惩机制与履职效率之间的关系、独立董事的专职程度如何影响其监督职能、独立董事如何分配时间和精力来充分发挥公司治理作用等问题也值得深入探讨。此外，本书未能深入分析和解释拥有境外居留权这种人口特征与没有这种特征的高管在薪酬设定上是否具有一定的差异性，这也将是作者进一步研究的方向。

其次，针对外部治理机制方面，本书未来可以从以下三个方面展开：一是研究异质机构投资者对高管隐性激励的影响，如在职消费、职业晋升、职业关注，等等。二是可以考虑更多的机构投资者异质性，包括依据商业关系划分为压力抵抗型和压力敏感型机构投资者、投资主导型和业务主导型投资者，依据持股时间划分为短期和长期机构投资者，依据独立性划分为独立性和非独立性机构投资者等，可以使得研究内容更加丰富。三是可以考虑将研究样本扩大至金融类公司或者非上市公司，提升研究样本的全面性可以进一步提高研究结果的可靠性和普适性。

最后，针对联合治理机制方面，本书仅讨论了对高管超额薪酬影响最明显的两个因素（高管薪酬契约有效性和发放现金股利），对于其他公司治理机制而言，机制间的联合使用是否存在强化或者弱化公司治理作用，值得进一步深入分析。

（3）研究方法。本书主要采用规范分析、实证分析等主流研究方法，未来可以进一步运用案例研究、博弈论、田野调查等科学方法开展研究。

参考文献

[1] 陈晓珊,刘洪铎. 内部控制质量与高管超额薪酬 [J]. 审计研究, 2019 (5): 86-94.

[2] 陈晓珊,刘洪铎. 机构投资者持股、高管超额薪酬与公司治理 [J]. 广东财经大学学报, 2019 (2): 46-59.

[3] 陈晓珊,施赟. 薪酬契约有效性、现金股利政策与高管超额薪酬:二人同心,其利断金 [J]. 南大商学评论, 2021 (1): 162-183.

[4] 陈晓珊. 产品市场竞争与机构投资者持股的公司治理效应——基于高管超额薪酬视角 [J]. 会计论坛, 2021 (1): 122-142.

[5] 陈晓珊. 冗员负担与高管超额薪酬:促进还是抑制? [J]. 上海对外经贸大学学报, 2021 (6): 87-98.

[6] 陈晓珊,匡贺武. 独立董事薪酬激励与高管超额薪酬:静态博弈与实证分析 [J]. 云南财经大学学报, 2023 (10): 82-96.

[7] 陈晓珊,刘洪铎. 实际控制人境外居留权与高管超额薪酬 [J]. 南大商学评论, 2022 (2): 132-153.

[8] 陈晓珊. 高管薪酬激励与产品市场竞争的公司治理效应:替代还是互补 [J]. 人文杂志, 2017 (9): 46-57.

[9] 陈晓珊,刘洪铎. 高管在职消费与产品市场竞争的公司治理效应:替代还是互补 [J]. 浙江工商大学学报, 2019b (4): 53-68.

[10] 陈晓珊,刘洪铎. 冗员负担与现金股利政策——来自混合所有制企业的经验证据 [J]. 中南财经政法大学学报, 2019a (2): 31-41.

[11] 陈晓珊,蒋嘉敏,陈思敏,等. 实际控制人境外居留权与公司现金持有量 [J]. 管理现代化, 2024 (3): 103-109.

[12] 陈信元,陈东华,时旭. 公司治理与现金股利:基于佛山照明的案例研究 [J]. 管理世界, 2003 (8): 118-126.

[13] 陈云玲. 半强制分红政策的实施效果研究 [J]. 金融研究, 2014 (8): 162-177.

[14] 陈红, 郭丹. 股权激励计划: 工具还是面具?——上市公司股权激励、工具选择与现金股利政策 [J]. 经济管理, 2017 (2): 85-99.

[15] 陈汉文, 周中胜. 内部控制质量与企业债务融资成本 [J]. 南开管理评论, 2014 (3): 103-111.

[16] 陈汉文, 屈依娜. 内部控制与现金股利政策 [J]. 厦门大学学报 (哲学社会科学版), 2016 (5): 118-127.

[17] 陈林荣, 裘益政, 韩洪灵. 内部控制与高管薪酬激励契约的有效性 [J]. 商业经济与管理, 2017 (11): 60-72.

[18] 陈震, 汪静. 产品市场竞争、管理层权力与高管薪酬—规模敏感性 [J]. 中南财经政法大学学报, 2014 (4): 135-142.

[19] 陈运森, 谢德仁. 董事网络、独立董事治理与高管激励 [J]. 金融研究, 2012 (2): 168-182.

[20] 程新生, 刘建梅, 陈靖涵. 薪酬辩护: 超额薪酬与战略信息披露 [J]. 金融研究, 2015 (12): 146-161.

[21] 陈春华, 蒋德权, 张颖. 境外居留权、控制方式与研发国际化——来自中国创业板和中小板上市公司的经验证据 [J]. 重庆大学学报 (社会科学版), 2018 (3): 91-102.

[22] 陈作华, 方红星. 超额薪酬对高管机会主义减持的影响: 权力体现还是能力体现? [J]. 会计研究, 2023 (11): 93-104.

[23] 曹越, 罗政东, 张文琪. 共同机构投资者对审计费用的影响: 合谋还是治理? [J]. 审计与经济研究, 2023 (3): 22-34.

[24] 程小可, 武迪, 高升好. 注册制下IPO过程中机构投资者合谋报价研究: 来自科创板与创业板的经验证据 [J]. 中国软科学, 2022 (8): 103-118.

[25] 董静, 邓浩然, 赵国振. CEO超额薪酬与战略变革——基于行为代理理论的研究 [J]. 经济管理, 2020 (10): 137-155.

[26] 段升森, 迟冬梅, 张玉明. 网络媒体、高管薪酬与代理成本 [J]. 财经论丛, 2019 (3): 63-71.

[27] 窦超, 罗劲博. 中小股东利用社交媒体"发声"能否改善高管

薪酬契约［J］．财贸经济，2020（12）：85-100．

［28］方红星，林婷．机构投资者实地调研如何影响公司非效率投资——基于代理冲突和信息不对称的机制检验［J］．经济管理，2023（2）：117-134．

［29］方军雄．高管权力与企业薪酬变动的非对称性［J］．经济研究，2011（4）：107-120．

［30］方军雄．高管超额薪酬与公司治理决策［J］．管理世界，2012（11）：144-155．

［31］方红星，金玉娜．公司治理、内部控制与非效率投资：理论分析与经验证据［J］．会计研究，2013（7）：63-69．

［32］高凤莲，王志强．独立董事社会资本与高管薪酬—绩效敏感度［J］．经济管理，2016（8）：82-97．

［33］高汉．投资者积极行动主义：能否改善小股东"理性冷漠"［J］．河南社会科学，2010（1）：108-111．

［34］郭科琪．上市公司高管超额薪酬问题研究——基于董事会性别构成的视角［J］．财政研究，2014（5）：18-21．

［35］洪峰．独立董事治理、管理层权力与超额薪酬——基于董事网络的实证分析［J］．贵州财经大学学报，2015（2）：31-40．

［36］韩洁，田高良，李留闯．连锁董事与社会责任报告披露：基于组织间模仿视角［J］．管理科学，2015（1）：18-31．

［37］韩亮亮．异质机构投资者、实际控制人性质与银行高管货币薪酬［J］．商业经济与管理，2016（10）：69-87．

［38］黄送钦，吴利华，许从宝．高管超额薪酬影响了企业债务融资吗［J］．当代财经，2017（11）：110-122．

［39］江伟．行业薪酬基准与管理者薪酬增长——基于中国上市公司的实证分析［J］．金融研究，2010（4）：144-159．

［40］纪建悦，李江涛，张志亮，等．股利政策代理成本理论的再探讨［J］．中国管理科学，2005（13）：55-62．

［41］蒋荣，陈丽蓉．产品市场竞争治理效应的实证研究：基于CEO变更视角［J］．经济科学，2007（2）：102-111．

［42］姜付秀，黄磊，张敏．产品市场竞争、公司治理与代理成本

[J]．世界经济，2009（10）：46－59．

[43] 蒋尧明，梁美蓉．独立董事任期交错与履职有效性［J］．当代财经，2024（12）：98－110．

[44] 卢锐，柳建华，许宁．内部控制、产权与高管薪酬业绩敏感性［J］．会计研究，2011（10）：42－48．

[45] 卢锐，魏明海，黎文靖．管理层权力、在职消费与产权效率［J］．南开管理评论，2008（5）：85－92．

[46] 罗琦，宋梦薇．市场情绪、公司投资与管理者薪酬——基于股票论坛的经验证据［J］．经济管理，2021（9）：120－136．

[47] 刘凤委，孙铮，李增泉．政府干预、行业竞争与薪酬契约——来自国有上市公司的经验证据［J］．管理世界，2007（9）：76－84．

[48] 刘鑫，张雯宇．独立董事参与度对 CEO 超额薪酬影响研究——基于深度与广度的双元视角［J］．金融评论，2019（1）：73－94，125．

[49] 刘志强．CEO 权力、产品市场竞争与在职消费［J］．云南财经大学学报，2015（6）：124－134．

[50] 刘运，叶德磊．产品市场竞争、现金分红与公司业绩［J］．当代财经，2018（7）：123－132．

[51] 吕长江，赵宇恒．国有企业管理者激励效应研究——基于管理层权力的解释［J］．管理世界，2008（11）：99－109．

[52] 刘星，谭伟荣，李宁．半强制分红政策、公司治理与现金股利政策［J］．南开管理评论，2016（5）：104－114．

[53] 罗琦，李辉．企业生命周期、股利决策与投资效率［J］．经济评论，2015（2）：115－125．

[54] 刘行，梁娟，建蕾．实际控制人的境外居留权会使民营企业更多避税吗？［J］．财经研究，2016（9）：133－144．

[55] 梁娟．实际控制人的境外居留权对审计费用影响的实证研究［J］．中央财经大学学报，2015（3）：55－61．

[56] 林乐，谢德仁，陈运森．实际控制人监督、行业竞争与经理人激励——来自私人控股上市公司的经验证据［J］．会计研究，2013（9）：36－43．

[57] 刘剑民，张莉莉，杨晓璇．政府补助、管理层权力与国有企业

高管超额薪酬 [J]. 会计研究, 2019 (8)：64-70.

[58] 林毅夫, 刘明兴, 章奇. 政策性负担与企业的预算软约束：来自中国的实证研究 [J]. 管理世界, 2004 (8)：81-89.

[59] 罗宏, 黄敏, 周大伟, 等. 政府补助、超额薪酬与薪酬辩护 [J]. 会计研究, 2014 (1)：42-48, 95.

[60] 罗进辉, 向元高, 林筱勋. 本地独立董事监督了吗？——基于国有企业高管薪酬视角的考察 [J]. 会计研究, 2018 (7)：57-63.

[61] 刘运国, 郑明晖, 徐悦. 客户集中度与高管薪酬粘性——基于风险承担视角 [J]. 会计与经济研究, 2024 (1)：3-22.

[62] 李争光, 丁梦云, 孙文祥, 等. 机构投资者异质性与高管薪酬差距 [J]. 财务研究, 2019 (5)：79-88.

[63] 陆艺升, 罗荣华, 朱菲菲. 机构投资者相机抉择与控股股东股权质押及其公司治理效应 [J]. 经济研究, 2024 (7)：111-129.

[64] 李仙灵. 实际控制人境外居留权与审计师选择的关系研究 [J]. 全国流通经济, 2019 (36)：180-182.

[65] 骆长琴. 实际控制人境外居留权与会计稳健性——基于民营上市公司的经验证据 [J]. 财会月刊, 2021 (21)：82-91.

[66] 刘新民, 沙一凡, 王垒, 等. 机构投资者抱团与高管超额薪酬 [J]. 财经论丛, 2021 (7)：90-100.

[67] 刘斯琴, 祁怀锦, 刘艳霞. 碳中和目标下的机构投资者持股偏好研究——来自绿色债券的证据 [J]. 证券市场导报, 2024 (4)：67-79.

[68] 牟韶红, 李启航, 陈汉文. 内部控制、产权性质与超额在职消费——基于2007-2014年非金融上市公司的经验研究 [J]. 审计研究, 2016 (4)：90-98.

[69] 孟庆斌, 李海彤, 车玫洁, 等. 实际控制人境外居留权与公司战略选择 [J]. 管理评论, 2023 (11)：253-271.

[70] 毛磊, 王宗军, 王玲玲. 机构投资者与高管薪酬——中国上市公司研究 [J]. 管理科学, 2011 (5)：99-110.

[71] 牛建波, 李维安. 产品市场竞争和公司治理的交互关系研究 [J]. 南大商学评论, 2007 (1)：83-103.

[72] 牛彪, 王建新, 王超. 促进治理还是加剧污染: 共同机构投资者如何影响企业环境绩效 [J]. 企业经济, 2023 (8): 14-23.

[73] 潘越, 戴亦一, 魏诗琪. 机构投资者与上市公司"合谋"了吗: 基于高管非自愿变更与继任选择事件的分析 [J]. 南开管理评论, 2011 (2): 69-81.

[74] 彭利达. 大股东与上市公司现金分红: 异质机构投资者的调节作用 [J]. 金融经济学研究, 2016 (3): 98-106.

[75] 邱风, 张青. 我国独立董事激励约束机制的博弈分析 [J]. 当代财经, 2006 (5): 67-70.

[76] 权小锋, 吴世农, 文芳. 管理层权力、私有收益与薪酬操纵 [J]. 经济研究, 2010 (11): 73-87.

[77] 权烨, 王满. 资本市场开放对高管超额薪酬的影响——基于陆港通的经验证据 [J]. 财经问题研究, 2022 (6): 63-71.

[78] 沈永建, 倪婷婷. 政府干预、政策性负担与高管薪酬激励——基于中国国有上市公司的实证研究 [J]. 上海财经大学学报, 2014 (6): 62-70.

[79] 宋理升, 任义忠. 民营企业家移民会影响盈余质量吗?——来自民营上市公司的经验证据 [J]. 商业经济与管理, 2015 (12): 69-80.

[80] 宋福铁, 屈文洲. 基于企业生命周期理论的现金股利分配实证研究 [J]. 中国工业经济, 2010 (2): 140-149.

[81] 施东晖. 证券投资基金的交易行为及其市场影响 [J]. 世界经济, 2001 (10): 26-31.

[82] 申景奇, 伊志宏. 产品市场竞争与机构投资者的治理效应——基于盈余管理的视角 [J]. 山西财经大学学报, 2010 (11): 50-59.

[83] 沈艺峰, 陈旋. 无绩效考核下外部独立董事薪酬的决定 [J]. 南开管理评论, 2016 (2): 4-18.

[84] 孙谦, 尹美群. 提升内部控制质量能降低企业ESG评级分歧吗 [J]. 科学决策, 2024 (10): 16-34.

[85] 唐雪松, 蒋心怡, 雷啸. 会计信息可比性与高管薪酬契约有效性 [J]. 会计研究, 2019 (1): 37-44.

[86] 唐雪松, 杜军, 申慧. 独立董事监督中的动机——基于独立意

见的经验证据 [J]. 管理世界, 2010 (9): 138-149.

[87] 谭雪. 实际控制人移民海外、异常高派现及其治理——基于代理理论的分析 [J]. 中南财经政法大学学报, 2019 (1): 57-65.

[88] 谭燕, 徐玉琳, 秦帅, 等. 独立董事信息获取与高管薪酬合理性——来自股东大会的经验证据 [J]. 会计与经济研究, 2022, 36 (1): 68-85.

[89] 唐文秀, 周兵, 徐辉. 产品市场竞争、研发投入与财务绩效——基于产权异质性的比较视角 [J]. 华东经济管理, 2018 (7): 110-119.

[90] 田丹, 吕文栋, 刘凯丽. 内部控制对创新风险的作用机制——基于风险缓和模型的研究 [J]. 财贸经济, 2022 (5): 129-144.

[91] 王茂林, 何玉润, 林慧婷. 管理层权力、现金股利与企业投资效率 [J]. 南开管理评论, 2014 (2): 13-22.

[92] 魏志华, 李茂良, 李常青. 半强制分红政策与中国上市公司分红行为 [J]. 经济研究, 2014 (6): 100-114.

[93] 魏志华, 王孝华, 蔡伟毅. 实际控制人境外居留权与避税天堂直接投资 [J]. 经济管理, 2022 (3): 159-177.

[94] 王旭, 徐向艺. 基于企业生命周期的高管激励契约最优动态配置——价值分配的视角 [J]. 经济理论与经济管理, 2015 (6): 80-93.

[95] 王志强, 张玮婷. 上市公司财务灵活性、再融资期权与股利迎合策略研究 [J]. 管理世界, 2012 (7): 151-163.

[96] 王治, 张皎洁, 郑琦. 内部控制质量、产权性质与企业非效率投资——基于我国上市公司面板数据的实证研究 [J]. 管理评论, 2015 (9): 95-107.

[97] 伍伟, 刘惠好. 机构投资者股权对银行公司治理与绩效的影响 [J]. 金融论坛, 2008 (10): 23-28.

[98] 吴昊旻, 杨兴全, 魏卉. 产品市场竞争与公司股票特质性风险 [J]. 经济研究, 2012 (6): 101-115.

[99] 吴珊, 邵剑兵. 管理者超额薪酬与企业双元创新 [J]. 东北大学学报 (社会科学版), 2023 (5): 36-48.

[100] 吴育辉, 吴世农. 企业高管自利行为及其影响因素研究——基于我国上市公司股权激励草案的证据 [J]. 管理世界, 2010 (5): 141-

149.

[101] 王明虎,章铁生.产品市场竞争、资本结构波动与费用粘性[J].商业经济与管理,2017(3):69-80.

[102] 王雪平.实际控制人境外居留权与企业技术创新——基于中国制造业民营上市公司的经验证据[J].现代财经,2019(7):94-113.

[103] 吴晓晖,李玉敏,柯艳蓉.共同机构投资者能够提高盈余信息质量吗[J].会计研究,2022(6):56-74.

[104] 王亚男,陈俊杰.机构投资者实地调研与内部控制质量提升[J].江汉学术,2025(1):69-82.

[105] 吴战篪,袁玉.机构投资者分心与股价反馈效应——基于管理层学习的视角[J].系统工程理论与实践,2025(1):1-29.

[106] 万立全,宋翔宇.网络媒体报道与高管薪酬粘性——基于媒体文本情绪数据的证据[J].会计之友,2022(17):126-133.

[107] 王静,朱瑞雪,李长娥.高管薪酬粘性与企业创新——基于国有上市公司的实证检验[J].东岳论丛,2022(8):109-122,192.

[108] 王靖宇,张宏亮.产品市场竞争与企业投资效率:一项准自然实验[J].财经研究,2019(10):125-137.

[109] 王永恒,孙世敏,王雅文.凸性契约设计与CEO薪酬契约有效性:来自薪酬粘性的证据[J].现代财经(天津财经大学学报),2024(12):105-122.

[110] 辛清泉,林斌,王彦超.政府控制、经理薪酬与资本投资[J].经济研究,2007(8):110-122.

[111] 肖珉.现金股利、内部现金流与投资效率[J].金融研究,2010(10):117-134.

[112] 谢军.股利政策、第一大股东和公司成长性:自由现金流理论还是掏空理论[J].会计研究,2006(4):51-57.

[113] 徐嘉倩,史珂,徐莉萍,等.管理层权力下沉与高管薪酬激励效率损失[J].当代财经,2024(1):86-99.

[114] 许年行,于上尧,伊志宏.机构投资者羊群行为与股价崩盘风险[J].管理世界,2013(7):31-42.

[115] 熊家财,苏冬蔚,刘少波.制度环境、异质机构投资者与股价

信息含量 [J]. 江西财经大学学报, 2014 (7): 48-58.

[116] 邢立全, 陈汉文. 产品市场竞争、竞争地位与审计收费——基于代理成本与经营风险的双重考量 [J]. 审计研究, 2013 (3): 50-58.

[117] 谢德仁, 黄亮华. 代理成本、机构投资者监督与独立董事津贴 [J]. 财经研究, 2013 (2): 92-102.

[118] 谢德仁, 姜博, 刘永涛. 经理人薪酬辩护与开发支出会计政策隐性选择 [J]. 财经研究, 2014 (1): 125-134.

[119] 谢德仁, 林乐, 陈运森. 薪酬委员会独立性与更高的经理人薪酬—业绩敏感度——基于薪酬辩护假说的分析和检验 [J]. 管理世界, 2012 (1): 121-140.

[120] 许楠, 刘浩, 蔡伟成. 独立董事人选、履职效率与津贴决定——资产专用性的视角 [J]. 管理世界, 2018 (3): 109-123.

[121] 邢秋航, 韩晓梅. 独立董事影响审计师选择吗?——基于董事网络视角的考察 [J]. 会计研究, 2018 (7): 79-85.

[122] 薛云奎, 白云霞. 国家所有权、冗余雇员与公司业绩 [J]. 管理世界, 2008 (10): 96-105.

[123] 杨青, 黄彤, Steven Toms, 等. 中国上市公司CEO薪酬存在激励后效吗? [J]. 金融研究, 2010 (1): 166-185.

[124] 叶陈刚, 裘丽, 张立娟. 公司治理结构、内部控制质量与企业财务绩效 [J]. 审计研究, 2016 (2): 104-112.

[125] 伊志宏, 李艳丽, 高伟. 市场化进程、机构投资者与薪酬契约 [J]. 经济理论与经济管理, 2011 (10): 75-84.

[126] 杨蕾, 卢锐. 独立董事与高管薪酬——基于中国证券市场的经验证据 [J]. 当代财经, 2009 (5): 110-115.

[127] 杨德明, 赵璨. 超额雇员、媒体曝光率与公司价值——基于《劳动合同法》视角的研究 [J]. 会计研究, 2016 (4): 49-54.

[128] 叶建宏, 汪伟. 政策性负担、薪酬委员会独立性与经理人超额薪酬——来自后股改时期国有上市公司的证据 [J]. 江西财经大学学报, 2015 (4): 31-41.

[129] 尹筑嘉, 阳欣珈, 陈为, 等. 共同机构投资者抱团能提升企业社会责任吗?——基于信息效应和治理效应的研究 [J]. 系统工程理论与

实践，2015（1）：1-20.

[130] 叶飞腾，程涵修，史雨萱．内部控制能否抑制审计师与高管同乡关系对审计质量的负面影响？[J]．南京审计大学学报，2024（6）：32-40.

[131] 郑志刚，孙娟娟，Rui Oliver．任人唯亲的董事会文化和经理人超额薪酬问题[J]．经济研究，2012（12）：111-124.

[132] 张海燕，陈晓．从现金红利看第一大股东对高级管理层的监督[J]．南开管理评论，2008（2）：15-21.

[133] 赵洁．内部控制质量、产品市场竞争与分析师预测[J]．浙江工商大学学报，2016（3）：80-92.

[134] 张炳发，修浩鑫．内部控制、高管权力对高管薪酬业绩敏感性的影响——基于制造业上市公司的实证分析[J]．中国海洋大学学报（社会科学版），2017（2）：91-96.

[135] 赵息，张西栓．内部控制、高管权力与并购绩效——来自中国证券市场的经验证据[J]．南开管理评论，2013（2）：75-81.

[136] 张传财，陈汉文．产品市场竞争、产权性质与内部控制质量[J]．会计研究，2017（5）：67-74.

[137] 周美华，林斌，林东杰．管理层权力、内部控制与腐败治理[J]．会计研究，2016（3）：56-63.

[138] 张敏，姜付秀．机构投资者、企业产权与薪酬契约[J]．世界经济，2010（8）：43-58.

[139] 张济建，苏慧，王培．产品市场竞争、机构投资者持股与企业R&D投入关系研究[J]．管理评论，2017（11）：89-97.

[140] 周繁，谭劲松，简宇寅．声誉激励还是经济激励——独立董事"跳槽"的实证研究[J]．中国会计评论，2008（2）：177-192.

[141] 赵德武，曾力，谭莉川．独立董事监督力与盈余稳健性——基于中国上市公司的实证研究[J]．会计研究，2008（9）：55-63.

[142] 张天舒，陈信元，黄俊．独立董事薪酬与公司治理效率[J]．金融研究，2018（6）：155-170.

[143] 赵健梅，王晶，张雪．非执行董事对超额薪酬影响研究——来自中国民营上市公司的证据[J]．证券市场导报，2017（10）：20-25.

[144] 张胜，魏汉泽，李常安. 实际控制人居留权特征与企业税收规避——基于我国民营上市公司的经验证据 [J]. 会计研究，2016（4）：77-84.

[145] 张天琴. 市场化程度、冗余雇员与高管薪酬业绩敏感性 [D]. 南京：南京大学，2011.

[146] 赵雅娜，敖小波. 国有企业政策性负担对企业财务行为的影响研究 [J]. 经济问题，2016（11）：105-111.

[147] 张敏，王成方，刘慧龙. 冗员负担与国有企业的高管激励 [J]. 金融研究，2013（5）：140-151.

[148] 曾庆生，陈信元. 国家控股、超额雇员与劳动力成本 [J]. 经济研究，2006（5）：74-86.

[149] 张宏亮，曹丽娟. 冗员约束影响了国有企业的投资行为吗？[J]. 北京工商大学学报（社会科学版），2016（3）：18-28.

[150] 张圣利，孙珊珊. 异质机构投资者与高管薪酬契约有效性 [J]. 会计之友，2020（15）：105-111.

[151] 张亚涛. 机构投资者交叉持股对高管薪酬契约的治理效应 [J]. 金融学（季刊），2022（3）：96-120.

[152] 詹雅晴，王凌峰. 机构投资者异质性、内部控制质量与高管薪酬—绩效敏感性 [J]. 商业会计，2022（11）：23-29.

[153] 张新民，赵文卓. 媒体报道与运气薪酬：基于传统媒体与社交媒体的比较研究 [J]. 北京工商大学学报（社会科学版），2023（3）：53-65.

[154] 周泽将，王浩然. 股东大会投票与独立董事异议行为：声誉效应VS压力效应 [J]. 经济管理，2021（2）：157-174.

[155] 张铁铸，冯文钦. 机构投资者关注企业的环境诉讼风险吗——基于中级环保法庭设立的准自然实验 [J]. 经济学报，2024（4）：344-373.

[156] 张易，赵启程，尹玉刚. 企业管理数字化与高管薪酬粘性 [J]. 财经科学，2023（11）：119-132.

[157] Almazan A, Hartzell J C, Starks L T. Active Institutional Shareholders and Cost of Monitoring: Evidence from Executive Compensation [J]. Financial Management, 2005, 34（4）：5-34.

[158] Aghion P, Dewatripont M, Rey P. Competition, Financial Discipline and Growth [J]. The Review of Economic Studies, 1999, 66 (4): 825 – 852.

[159] Albuquerque A M, De Franco G, Verdi R S. Peer Choice in CEO Compensation [J]. Journal of Financial Economics, 2013, 108 (1): 160 – 181.

[160] Aggarwal R K, Samwick A A. Empire-builders and Shirkers: Investment, Firm Performance, and Managerial Incentives [J]. Journal of Corporate Finance, 2006 (12): 489 – 515.

[161] Agha M. Agency Costs, Executive Incentives and Corporate Financial Decisions [J]. Australian Journal of Management, 2016, 41 (3): 425 – 458.

[162] Adams R, Ferreira D. Do Directors Perform for Pay [J]. Journal of Accounting and Economics, 2008 (46): 154 – 171.

[163] Beiner S, Schmid M, Wanzenried G. Product Market Competition, Managerial Incentives, and Firm Valuation [J]. European Financial Management, 2011, 17 (2): 331 – 366.

[164] Bebchuk L A, Fried J M. Executive Compensation as an Agency Problem [J]. Journal of Economic Perspectives, 2003, 17 (3): 71 – 92.

[165] Bebchuk L A, Fried J M. Pay without Performance: Overview of the Issues [J]. Academy of Management Perspectives, 2006, 20 (1): 5 – 24.

[166] Bebchuk L A, Grinstein Y, Peyer U. Lucky CEOs and Lucky Directors [J]. Journal of Finance, 2010 (65): 2363 – 2401.

[167] Brick I E, Palmon O, Wald J K. CEO Compensation, Director Compensation, and Firm Performance: Evidence of Cronyism [J]. Social Science Electronic Publishing, 2006, 12 (3): 403 – 423.

[168] Brandes P, Gernova M, Hall S. Navigating Shareholder Influence: Compensation Plans and the Shareholder Approval Process [J]. Academy of Management Perspectives, 2008, 22 (1): 41 – 57.

[169] Brickley J, Lease R, Smith C. Ownership Structure and Voting on

Antitakeover Amendments [J]. Journal of Financial Economics, 1988, 20 (1): 267-291.

[170] Boustan L, Kahn M, Rhode P. Moving to Higher Ground: Migration Response to Natural Disasters in the Early Twentieth Century [J]. American Economic Review, 2012, 102 (3): 234-244.

[171] Bai C, Lu J, Tao Z. The Multitask Theory of State Enterprise Reform: Empirical Evidence from China [J]. American Economic Review, 2006, 96 (2): 353-357.

[172] Bryan D B, Mason T W. Lead Independent Director Reputation Incentives and Audit Fees [J]. Journal of Corporate Accounting & Finance, 2024, 35 (4): 156-173.

[173] Chen D, Chen Y, Li O Z, et al. Foreign Residency Rights and Corporate Frauds [J]. Journal of Corporate Finance, 2018 (51): 142-163.

[174] Cheng M, Dhaliwal D, Zhang Y. Does Investment Efficiency Improve after the Disclosure of Material Weaknesses in Internal Control over Financial Reporting? [J]. Journal of Accounting and Economics, 2013, 56 (1): 1-18.

[175] Core J, Guay W, Larcker D. The Power of the Pen and Executive Compensation [J]. Journal of Financial Economics, 2008, 88 (1): 1-25.

[176] Cao Z, Du X, Zhao L. Institutional investors' information access and executive pay gaps: Evidence from corporate site visits in China [J] Pacific-Basin Finance Journal, 2025 (90): 102671.

[177] Focke M. Do sustainable institutional investors influence senior executive compensation structures according to their preferences? Empirical evidence from Europe [J]. Corporate Social Responsibility and Environmental Management, 2022, 29 (5): 1109-1121.

[178] Fama E, French K. Disappearing Dividends: Changing Firm Characteristics or Lower Propensity to Pay [J]. Journal of Financial Economics, 2001 (60): 3-43.

[179] Fee C E, Hadlock C J. Management Turnover and Product Market Competition: Empirical Evidence from the U. S. Newspaper Industry [J]. Jour-

nal of Business, 2000, 73 (2): 205 - 243.

[180] Griffith R. Product Market Competition, Efficiency and Agency Costs: An Empirical Analysis [R]. IFS Working Paper, 2001.

[181] Giroud X, Mueller H. Corporate Governance, Product Market Competition, and Equity Prices [J]. Journal of Finance, 2011, 66 (2): 563 - 600.

[182] Grinstein Y, Michaely R. Institutional Holdings and Payout Policy [J]. Journal of Finance, 2005, 60 (3): 1389 - 1426.

[183] Grullon E, Michael R, Swaminathan B. Are Dividend Changes a Sign of Firm Maturity [J]. Journal of Business, 2002, 75 (3): 387 - 424.

[184] Graham R, Li S, Qin J. Managerial Attributes and Executive Compensation [J]. Review of Financial Studies, 2012, 25 (1): 144 - 186.

[185] Hanson G, McIntosh C. The demography of Mexican Migration to the United Stated [J]. American Economic Review, 2009, 99 (2): 22 - 27.

[186] Hazarika S, Karkoff J M, Nahata R. Internal Corporate Governance, CEO Turnover, and Earning Management [J]. Journal of Financial Economics, 2012, 104 (1): 44 - 69.

[187] Hartzell J C, Starks L T. Institutional investors and executive compensation [J]. Journal of Finance, 2003, 58 (6): 2351 - 2374.

[188] Holmstrom B, Milgrom P. Aggregation and Linearity in the Provision of Inter-temporal Incentives [J]. Econometrica: Journal of the Econometric Society, 1987 (55): 303 - 328.

[189] Irvine P, Pontiff J. Idiosyncratic Return Volatility, Cash Flows, and Product Market Competition [J]. Review of Financial Studies, 2009, 22 (3): 1149 - 1177.

[190] Jensen M C. Agency Costs of Free Cash Flow, Corporate Finance, and Takeovers [J]. The American Economic Review, 1986, 76 (2): 323 - 329.

[191] Jensen M C, Murphy K. Performance Pay and Top-management Incentives [J]. Journal of Political Economy, 1990, 98 (2): 225 - 264.

[192] Jensen M C, Meckling W. Theory of the Firm: Managerial Behav-

ior, Agency Costs and Ownership Structure [J]. Journal of Financial Economics, 1976, 3 (4): 305 – 360.

[193] Jensen M C. The Modern Industrial Revolution, Exit, and the Failure of Internal Control Systems [J]. Journal of Finance, 1993, 48 (3): 831 – 880.

[194] Kuhnen C M, Niessen A. Public Opinion and Executive Compensation [J]. Management Science, 2012, 58 (7): 1249 – 1272.

[195] Karuna C. Industry Product Market Competition and Managerial Incentives [J]. Journal of Accounting and Economics, 2007, 43 (2 – 3): 275 – 297.

[196] Klan R, Dharwadkar R, Brandes P. Institutional Ownership and CEO Compensation: A Longitudinal Examination [J]. Journal of Business Research, 2005, 58 (8): 1078 – 1088.

[197] Kaplan S, Minton B A. How Has CEO Turnover Changed? Increasingly Performance Sensitive Boards and Increasingly Uneasy CEOs [R]. NBER Working Paper, 2006.

[198] Li W, Huang Y, Zhou H, et al. CEO Power, Internal Control Quality, and Entrepreneurial Innovation Spirit in Family Enterprises [J]. International Review of Financial Analysis, 2024 (95): 103364.

[199] Le Q, Alireza V, Kamran A, et al. Independent Directors' Reputation Incentives and Firm Performance—an Australian Perspective [J]. Pacific – Basin Finance Journal, 2022 (72): 101709.

[200] Lin Y, Deng H, Wang Y. Institutional Investors' Site Visits and Corporate Financialization in China [J]. International Review of Financial Analysis, 2025 (97): 103852.

[201] Liu C, Yin C. Institutional investors' monitoring attention, CEO compensation, and relative performance evaluation [J]. Finance Research Letters, 2023 (56): 104121.

[202] Liu B. Institutional Investor Attention, Compensation Incentive and Corporate Performance [J]. Financial Engineering and Risk Management, 2021, 4 (2): 48 – 52.

[203] Min D, Ozkan A. Institutional Investors and Director Pay: An Empirical Study of UK Companies [J]. Journal of Multinational Financial Management, 2008, 18 (1): 16 – 29.

[204] Morse A, Nanda V, Seru A. Are Incentive Contracts Rigged by Powerful CEOs [J]. Journal of Finance, 2011, 66 (5): 1779 – 1821.

[205] Maxey D, Ten Wolde R. CEO Pay may be Crucial as Funds Shop [N]. Wall Street Journal, 1998 – 5 – 26 (C25).

[206] Malatesta P H, Dewenter K L. State-owned and Privately Owned Firms: An Empirical Analysis of Profitability, Leverage, and Labor Intensity [J]. American Economic Review, 2001, 91 (1): 320 – 334.

[207] Ning Y, Hu X, Xavier G. An Empirical Analysis of the Impact of Large Changes in Institutional Ownership on CEO Compensation Risk [J]. Journal of Economics and Finance, 2015, 39 (1): 23 – 47.

[208] Nguyen D B, Nielsen M K. The Value of Independent Directors: Evidence from Sudden Deaths [J]. Journal of Financial Economics, 2010, 98 (3): 550 – 567.

[209] Peress J. Product Market Competition, Insider Trading, and Stock Market Efficiency [J]. Journal of Finance, 2010, 65 (1): 1 – 43.

[210] Paletta A, Alimehmeti G. SOX Disclosure and the Effect of Internal Controls on Executive Compensation [J]. Journal of Accounting Auditing & Finance, 2016 (1): 1 – 19.

[211] Pandher G, Currie R. CEO Compensation: A Resource Advantage and Stakeholder-bargaining Perspective [J]. Strategic Management Journal, 2013, 34 (1): 22 – 41.

[212] Ryan H E, Wiggins R A. Who is in Whose Pocket? Director Compensation, Board Independence and Barriers to Effective Monitoring [J]. Journal of Financial Economics, 2004, 73 (3): 497 – 524.

[213] Shin J Y, Seo J. Less Pay and More Sensitivity? Institutional Investor Heterogeneity and CEO Pay [J]. Journal of Management, 2011, 37 (6): 1719 – 1746.

[214] Shleifer A, Vishny W R. Politicians and Firms [J]. Quarterly

Journal of Economics, 1994, 109 (4): 995 – 1025.

[215] Wu W, Zhang X, Zhou Z. Institutional Investors' Corporate Site Visits and Pay-performance Sensitivity [J]. Pacific – Basin Finance Journal, 2022 (76): 101875.

[216] Xie W, Guo J, Zhang H. Confucian Culture and the External Pay Gap [J]. China Journal of Accounting Research, 2023, 16 (2): 100291.

[217] Yang X, Jin Z, Tan J. Foreign Residency Rights and Companies' Auditor Choice [J]. China Journal of Accounting Research, 2019, 12 (1): 93 – 112.

[218] Yermack D. Remuneration, Retention and Reputation Incentives for Outside Directors [J]. Journal of Finance, 2004 (59): 2281 – 2308.

[219] Zhao Q, Wang H, Li D, et al. Institutional Investors' Shareholding, Control Transfer and Corporate Performance [J]. International Journal of Economics and Finance, 2021, 13 (12): 1 – 13.

[220] Zhao J, Qu J. Decision-making of Powerful CEOs on Green Innovation: The Roles of Performance Feedback and Institutional Investors [J]. International Journal of Finance & Economics, 2023, 23 (4): 4125 – 4156.

[221] Zheng X, Zhang X, Yang G, et al. Product Market Competition, Corporate Governance and Stock Price Crash Risk: Evidence from China [J]. Applied Economics Letters, 2024 (31): 1150 – 1158.